王桂妹 著

新文化与旧传统

五四文化守成派十论

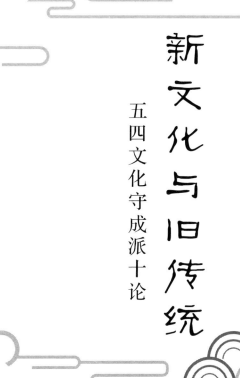

社会科学文献出版社
SOCIAL SCIENCES ACADEMIC PRESS (CHINA)

本著作受到国家社会科学基金青年项目
"文化守成与二十世纪中国文学现代转型的多重路径"（08CZW039）资助

理解"反对派":深度认知五四新文化/文学运动的必要端口

(代前言)

王桂妹

五四,作为包含着相互关联、互为因果的五四新文化运动、文学革命和五四学生爱国运动的大事件,是中国走向现代的标志性历史事件,并在一百多年来的历史进程中,凝聚为整个民族的现代精神遗产——五四精神,政治、思想、道德伦理、文化及文学,都能从中找到自己的现代合法性依据。而每到历史关键转折点,五四精神又总是发挥着思想资源和精神动力的作用。尽管人们对于五四精神内涵的理解因基于不同历史语境、面对不同时代课题、出于个人/群体/派别的不同诉求,会各有侧重,甚至产生抵牾与论争,但从根本上讲,无论是把五四内涵定义为"启蒙""救亡""文艺复兴",还是"爱国""反帝反封建",基本上都是从正面立场在言说五四。或者说,是从"新文化""新思想"的顺向视角对五四进行内涵分析和价值评判。众所周知,五四之初,尤其是作为五四学生运动思想先导的五四新文化运动和文学革命,是在与反对者们的激烈论争和交锋中发动并确立自身历史合法性的。这些被当时五四新青年以及后来的"五四"阐释者们统称为"反对派"的个人或者派别,远比五四新文化运动/文学革命的发动者们有着更为复杂的状况。如果说五四新文化运动倡导者们的主张、目的各有不同,但终究还能在

"态度的统一性"（汪晖语）中组成一个整体，那么，"反对派"们则很难被统一到一个旗号之下。这些"反对派"中既包括了林纾、严复、辜鸿铭，又包括了桐城派、甲寅派、学衡派乃至东方文化派，甚至还可以包括晚年章太炎、晚年梁启超等诸多个人和群体。尽管这些被笼统归到"反对派"阵营的群体和个人，在政治、思想、文化乃至文学理念上千差万别，但在由五四新文化运动/文学革命的发动者、支持者、继承者、阐释者所讲述的"五四故事"中，他们往往被固化、板结成一块。这也从另一个角度表明，这些不被细分的"反对派"，实际上只是被当作五四一系列大事件的陪衬或者注脚而存在，以"守旧"和"顽固"反衬着五四新文化运动/文学革命及五四学生运动的"先进性"和"开拓性"。

毋庸置疑，五四新文化运动/文学革命之后的"五四故事"，都是在新文化和新文学以及新民主主义革命立场下的讲述，这几乎成为唯一合法的叙事框架。与此相对应，这一框架下的"反对派"也被牢牢地钉在五四的"审判席"上，乃至历史的"耻辱柱"上，成为一种"无声"的在场、缺席的在场。"五四故事"因为这种单向度的叙述和阐释变得更加纯粹而纯净，这在某种程度上固然强化了五四的时代价值和历史功绩，但也简化了五四应有的丰富性和复杂性，并影响到我们对于五四的全面理解。因此，当历经百年沧桑之后，当我们能够立于新的历史高度再度审视五四这份珍贵的思想文化精神遗产时，就应该获得一种更为超拔的视野，不但要厘清五四新旧论争中新文化派"必然会有"也"必须要有"的"非此即彼"的决绝姿态，辨析这种态度的现实锋芒和与之相匹配的历史暗影，还应看到在后来的革命认识框架和阶级思维方式中形成的"敌我"定位和阶级定性所造成的历史曲解。在此基础上，以一种更全面的眼光、更理性的态度去对待整个五四语境中的各种声音，尤其是一直被忽视、长期被作为历史负资产的"反对派"的声音，这既是对历史的一种尊重，也是我们重新辨析这段历史、深度认知五四精神的必要端口。

纵观五四一百多年的阐释史，五四新文化运动/文学革命的"反对派"也经历了一个遭蔑视、被敌视，随后又被重新审视、受重视乃至被仰视的曲折历程。

五四新文化运动及文学革命之后，较早且具权威性的新文学史著大概要数胡适的《五十年来中国之文学》（1922 年）和"中国新文学大系（1917～1927 年）"（1935 年）。虽然已经是胜利者的回溯与总结，但历史的尘埃刚刚落定，难免依旧蕴含着确证新文学自身合法性的意味。在这一过程中，五四新旧思想、文化及文学的论争是作为关键存在而被细细讲述的故事。由五四新文化运动和文学革命的发动者们全面记录的这一"真实"历史过程，铭刻了新文化/新文学筚路蓝缕、开拓新时代的历史功勋。在这一亲历者的历史阐释中，作为论争对立面的"反对派"既受到了重视，也遭到了蔑视。用胡适的话来说，简直"不值一驳"。胡适的态度几乎代表了五四新青年的整体态度。"中国新文学大系（1917～1927 年）"的五四书写方式、态度以及所使用的基本史料被后来的新文学史撰述所继承，一直延续到新中国成立初期，延续到被公认奠定了中国现代文学学科基础的王瑶著《中国新文学史稿》（1951 年）中。这部新文学史著尽管恪守史家应有的客观、公正的态度，但既然立意要以新民主主义思想对新文学史进行重述，那么思想斗争的强化、阶级属性的确认，已成必然。这部新文学史著因为"对于许多作家作品都不能指出他们的社会性质"①　而受到了批评，可见，随着阶级性质的划分，把五四时期新文化/新文学的"反对派"定性为政治意义上的"反动派"已经是自然而然的事。在五四新旧论争过程中，五四新文化派也曾直指对方为"反动"，诸如《驳王敬轩君信之反动》《学衡派的反攻》《甲寅派的反动》《老章又反叛了》等，都是新旧论战中的"名篇"。但是，一个根本性的区别是，这里的"反对""反动""反叛"只是五四新文化

---

①　《〈中国新文学史稿〉（上册）座谈会记录》，《文艺报》1952 年第 20 号。

派对反对派的普遍指称，并没有特殊的"政治意涵"。章士钊甚至欣然领受这一"反动派"称号，并为"反动"的积极与正面价值进行辩护："'反动'者，非不可居之名，而亦无有常位者也。乾嘉经学之后，承以桐城义理之文，方姚之徒，反动派也。八股空疏则骛为经世有用之学，如魏默深、冯林一、康长素、梁卓如，反动派也。胡适之'规复'白话，自称理二千年来为死文学所抹杀之旧绪，其义叶于反动尤至。高君亦相与乱流而进耳，莫能外也。纵高君曰：'吾为革命，不得曰反动'。则须知革命与反动，为抵力分字之二名。质理两方应守之律应归一致。"① 在章士钊看来，所谓的"反动"与"革命"不过是一种运动中两种相反的力量而已，二者的位置也是变动不居的。无独有偶，另一"反动派"主将、学衡派的吴宓也在积极的意义上定义"反动者"："夫按之历史实迹，所名为反动者，率皆由于起伏循环之理，相反而实相成，何推翻之足云，何破坏之可言。"② 包括新文学作家周作人，也曾在同样的意义上使用"反动"一词。在《中国新文学的源流》中，周作人即把中国文学的变迁史看作一部"言志派"和"载道派"两种潮流彼此消长、互为反动的历史，清代的八股文、桐城派古文是对明末新文学运动的"反动"，民国以来的新文学运动又是对晚清文学的"反动"，是"反动"之"反动"。"反动"和"反动派"这两个中性词（甚至具有反对历史旧物的积极意义），到了阶级分析框架中则成为彻头彻尾的"贬义词"和"洪水猛兽"，与之相匹配，"阴险""仇恨""反扑"这些带有阶级斗争色彩的词也成为描绘这些"反动派"的标配，并一直延续到新时期以来流行甚广的现代文学史著中。③

　　五四新文化运动和文学革命的反对派再次浮出历史地表，成为学界关注的焦点是在 20 世纪 90 年代。在"告别革命""反思激进"

---

① 孤桐：《反动辨》，《甲寅》周刊第 1 卷第 15 号，1925 年。
② 吴宓：《马勒尔白逝世三百年纪念》，《学衡》1928 年第 65 期。
③ 钱理群等：《中国现代文学三十年》，上海文艺出版社 1987 年版，第 38～39 页。

"反思现代性"的社会思潮中，五四的文化激进主义遭到了反思，与此相对应，新文化运动和文学革命的反对派则在"文化保守主义"或者"文化守成主义"的名义下被集结，其价值得到了学界的重新评估和认定。或者说，发现反对派，重估五四文化守成派，成为此一时期"言说五四"的另一种方式。在这一过程中，随着学界对这些反对派的历史进步价值的发掘，尤其是对五四新文化和新文学所具有的"发生学"意义的认定，"反对派—反动派""可憎""可悲""可怜"的历史面相逐渐化解，甚至呈现出"可爱""可敬"的一面。例如，在对林纾的新释中，学人已经开始从新文学发生学的意义上重新考证其价值，视林纾为中国新文学的"不祧之祖"。① 与此同时，林纾刚直好骂人、乐善好施、不依傍权势的"清介"（郑振铎语）人格也被发现。于是，林纾曾经在新文学史中被描绘的蚍蜉撼树、螳臂当车的可怜又可笑的形象也被"独踞虎溪""孤身挑群雄"一类带有悲壮色彩的描摹所替代。再如，对于甲寅派，学界通过把《甲寅》月刊与《甲寅》周刊分而论之，梳理《甲寅》月刊对于《新青年》（原名《青年杂志》）的思想先导作用，甚至认定《甲寅》月刊乃"五四新文学运动的思想先声"。② 此外，学界对学衡派的重评更是从未间断，学术视角从"保守主义"、"新人文主义"到"古典主义"不一而足，一时成为学界热潮。

在近年来对五四时期的"文化保守主义"或曰"文化守成主义"的研究思潮中，五四反对派的历史价值得到了认证，历史面相也得到了修正，由以往的蔑视、敌视转为重视乃至仰视。但是，一个值得深思的问题是，这些重评，往往依旧是从五四新文学和新文

---

① 参见张俊才《林纾评传》（中华书局 2007 年版）和杨联芬《晚清至五四：中国文学现代性的发生》（北京大学出版社 2003 年版）中第三章"林纾与中国文学现代性的发生"。

② 李怡：《〈甲寅〉月刊：五四新文学运动的思想先声》，《中国现代文学研究丛刊》2003 年第 4 期。

化的顺向视角看待这些反对派，亟亟于发掘其对新文化、新文学的先导、开拓、奠基之功。换言之，这些反对派是因其"新"质、因其"进步"性、因其与新文学有着同一路向，才重新获得了价值。这些善意的重评固然有道理，也有效化解了身为五四继承者重评反对派并赋予其正面价值时的一种紧张。但问题也很明显，为新文化/新文学开路、奠基，实际上并非这些反对派的本意，甚至正好相反，"保守""守成""守旧"，或者更直白地说，反对、批评五四新文化和新文学之"新"才是其本色。而且，这些反对派往往公开、主动甚至凛然地以新文化/新文学的"反动派"自居。林纾"卫道"的决心自不待言，甲寅派领袖章士钊也故意要做"反动派"，学衡派同样有着明确的"反对派"的身份认定，以便对新文化/新文学运动起到一种"整理收束"之功，以期起到"正负质济"的作用。因此，理解反对派，不但要知其"新"，更要识其"旧"，并要认定"旧"并非就是"零"或者"负"价值。否则，五四在"弃旧图新""推陈出新"的激烈变革时期所具有的思想张力也就不存在了。另外，论争的勇气、交锋的锐气为论争双方共有，以往新文学史书写对于反对派的丑化和矮化，也从另一个角度削弱了五四新青年身为思想斗士的高度和硬度。莫若说，五四新青年"扎硬寨，打死战"（郑振铎语）的精神，所对应的恰是反对者"自立脚跟，坚确求道"①的决心，而这，恰恰构成了五四时期蜕旧成新、生机勃勃的思想勃发语境。正是反对派的"坚持"和"固守"才保障了这一思想论争场域的有效张力。能够识其"旧"，并敢于正视其"旧"的价值和意义，这就是笔者所说的理解五四的另一必要端口。百年后回望五四，我们理应获得这样的理性和从容。

实际上，我们正在获得一种宽容的眼光和大五四的历史视野，

---

① 〔丹麦〕勃兰兑斯：《辜鸿铭论》，黄兴涛编《旷世怪杰》，东方出版中心 1998 年版，第 265 页。

平视论争双方，理性看待新旧。孔范今早在 20 世纪 90 年代就发出了"继承五四精神，走出五四认知模式"的倡导；① 到了 21 世纪，这一调整变得更加普遍。比如，秦弓在论及五四时期文坛中的新与旧时，多次提及"你中有我，我中有你，互渗互动，相融相生"的关系；② 李怡提出了"五四文化圈"的概念，从检视"五四遗产"的角度提倡一种包容性思路："在作为历史发动火车头的五四新文化派的背景上，存在着一个更为广阔的'五四文化圈'，它由新文化的倡导者、质疑者、反对者与其他讨论者共同组成。"③ 陈思和在论及五四文学的"先锋性和大众化"时，通过把五四文学或说 20 世纪文学分成两个层面——常态形式发展变化的主流层面和以先锋姿态出现的新文学层面，从而"把过去新文学、旧文学的问题悬置起来了。这样讲，可以既包括新文学，也包括传统文学，还包括通俗文学"。④ 朱寿桐则提出了"文派制衡观"："一种健康的文学生态和文化生态，应该是多元共生的局面，这种局面的出现要有各种各样的文人派别，它们通过相互制约达到一种平衡。任何时代文化、文学的健康发展都需要这种文派制衡的生态。"⑤ 中国五四新文化运动的迅速发展和五四新文学的健康成长"并非完全得之于新文化思想和新文学创作的一枝独秀般的运作，而是在诸多文派相互制衡下的健康生态调节和催发的结果"。⑥ 朱德发、魏建在《现代中国文学通鉴》中提出了"文化渗染观"，把中国现代文学的生成和发展影响

---

① 孔范今：《走出历史的峡谷》，山东文艺出版社 1997 年版。
② 秦弓：《论五四时期的传统文学观》，《中国社会科学》2001 年第 6 期；《五四时期反对派的挑战对新文学的意义》，《中国社会科学院研究生院学报》2007 年第 3 期；《"五四"时期文坛上的新与旧》，《文艺争鸣》2007 年第 5 期；等等。
③ 李怡：《谁的五四——论"五四文化圈"》，《中国现代文学研究丛刊》2009 年第 3 期。
④ 陈思和：《"五四"文学：在先锋性和大众化之间》，《北京大学研究生学志》2008 年第 2 期。
⑤ 朱寿桐：《中国现代社团文学史》，人民文学出版社 2004 年版，第 93 页。
⑥ 朱寿桐：《中国现代社团文学史》，人民文学出版社 2004 年版，第 97 ~ 98 页。

归属为"政治文化"、"新潮文化"、"传统文化"和"消费文化",这四种文化并不是价值判断,而只是形态认定,这就为不同文化渗染下的文学建立了一个平等的价值评判机制。① 也正是在这一观念下,被规划到"传统文化渗染"下的五四反对派,不但超脱出了反动阵营,更获得了与新文学相对等的地位。这些对五四新文化/新文学运动的双边、多边的价值认知,相对于以往新/旧、进步/落后、革命/反动的二元认知,有了很大的跃迁。

在笔者看来,中国自近代以来所面临的亡国灭种的危机,使"变"已经成为国人的共识,"求变"已经成为忧患意识深重的知识界寻求救亡图存的不二法门。所谓的文化激进派和文化守成派并非在"变"与"不变"的根本问题上争执不下,而是在变革的内容、变革的尺度、变革的节奏、变革的路径上,各有立场,各抒己见。究竟是"破旧立新""弃旧图新"更符合社会现实,还是"守旧开新""新旧相衔"更符合文化的变革规律,恐怕才是两派的真正分歧。因此,笔者认为更应该从时代的不同色差中,而不是从正反两极,去辨识文化守成派与文化激进派以及保守与激进之间的关系。

本书所辑录的即是笔者最近十年来从反对派的角度对五四进行的思考,也是笔者此前十年间从《新青年》角度探讨五四新文化和新文学的一个继续和深入,既为澄清以往研究中的不足和模糊之处,也为解决自己在以往研究中只与五四新青年对话所产生的逼仄感,以及伴随而生的诸多困惑:在这场激烈的新旧思想、文化和文学论争中,五四新青年为什么着意把林纾引入战阵?这些读着林译小说成长的新青年为什么敢于对林纾不尊不敬、嬉笑怒骂?当林纾被五四新青年围攻时,同被新青年嘲讽的严复又在哪里?那些被新青年痛批的"桐城谬种""选学妖孽"为什么选择了集体失声?在对待

---

① 朱德发、魏建主编《现代中国文学通鉴(1900—2010)》(上卷),人民出版社2012年版,第55页。

林纾的态度上，为什么一贯温和的周作人出尔反尔，最后颇有不依不饶的架势？相反，主张"痛打落水狗"的鲁迅却显得如此温婉有致？《甲寅》从月刊到周刊是否真走了一条从"进步"到"反动"的退化之路？而在 20 世纪 90 年代以来兴起的保守主义文化思潮中，这些已成历史定案的"反动派"在多大程度上得到了化解？等等。本书中的篇什就是试着为萦绕于笔者脑际的这些问题寻找答案，并在这一寻找过程中对这些五四反对派的精神人格和思想状况有了进一步了解。同时，更因对"反方"的深入了解而加深了对于"正方"——五四新文化/新文学、五四新青年、五四精神的认知。

本书所论，依旧集中于五四新旧论争场域中的一些问题。所涉及的五四反对派也是那些最典型的个案和群体。而单就这些守旧派或者保守派而言，五四新旧论争，只是他们人生、精神乃至职业生涯中的一个阶段、一些片段、日常生活的一部分，当然也是对于时代、对于历史、对于其个人都产生了重要影响的阶段。这些反对派大都在五四之前就已经拥有了一定的学术声誉、文学声名乃至政治地位，五四新文化运动及文学革命发生后，虽然时代潮流巨变，但他们继续生存，其文化及文学活动并未中断，只不过与新登上历史舞台的新文化、新文学群体相比，已经沉入历史侧面，不再为人所关注罢了。因此，只就"五四语境"来阐释这些因五四而被定义为守旧派、保守派乃至反对派的诸多个人和群体，无异于就冰山的一角评估整个冰山，不但不全面，还会因未知、无知太多而产生误解。因此，应该从历史的长河、中国学术的总体脉络、中国文学的大传统中去看待这些人的贡献或者影响，而这，将是一个更复杂也更富有挑战性的课题。

理解五四时期的反对派，并不是为了"超越'五四'""解构'五四'"，而是更全面地理解五四，继承五四。我们每个人所讲述的"五四故事"也许各有侧重，但五四精神已经铭刻于中国的历史，五四精髓已经深入我们每个继承者的血脉。

目录
CONTENTS

在"狂人"的精神链条上：
林纾人格论

　　"狂"在中国的文化谱系上有着独特的美学特征和人格魅力，是中国知识分子在逼仄的生存空间和有限的人生时间中追求思想独立和精神自由的一种方式。由于历代知识分子所处的现实境遇不同，所面临的精神困境和心灵苦闷也各有差异，因而所表现出来的"狂者"姿态和用以突破现实和精神困厄的方式也各有特色，如研究者所总结的：秦汉时期的狂直和佯狂；魏晋士人的诞狂和理傲；盛唐文人的烂漫之狂；宋代苏东坡式的诗狂和酒狂；明代李卓吾式的豪杰之狂、王阳明式的"圣狂"；等等。① 这些被称为"狂人"的知识分子虽然性格各异，但是既然都位于"狂人"的精神文化链条上，还是体现出大致相似的精神气质，如恃才傲物的性情、不畏强权的气节、众人皆醉我独醒的孤独生命体验，以及与之相伴生的放浪形骸的生活方式等。与儒家知识分子中"温柔敦厚"的大多数相比，"狂者型"人格可以被看作一种变格，这是一支劲旅。在这个文化谱系中的知识分子往往彰显出一种冲决网罗的思想硬度和宁为玉碎，不为瓦全的人性力度，这些狂人往往就是鲁迅所说的"精神界战士"。

---

　　① 刘梦溪：《中国文化的狂者精神》，生活·读书·新知三联书店2012年版。

"狂者"的出现与知识分子所处的历史境遇有着绝大的关系，而易代之际或者文化大转型时期往往也是"狂者"的集中涌现期。中国历史上的清末民初正是这样一个时代，而较之以往历朝历代更为不同的是，除了清朝统治者的腐败无能所带来的政治窳败、社会凋敝之外，中华民族更面临着世界列强入侵所带来的亡国灭种的危机。中国数千年来从未有过的"巨劫奇变"（陈寅恪语）极大地激发了知识阶层的觉醒与抗争，并催生出了属于此一时代的"狂者"人格。中国近代以来的"狂人"在分享着传统"狂人谱系"共有征候的同时，还有着自身独有的一些特征，其中最为鲜明的就是把激烈的革命思想付诸行动的实践型人格，这就是梁启超在《新民说》中所鼓吹的"洒鲜血以赎国民之沉孽"的冒险进取精神、鲁迅在《摩罗诗力说》中所呼唤的"立意在反抗，旨归在动作"的摩罗诗人、陈独秀所追求的"出了研究室就入监狱"的生活方式等。这些，既构成了近代滋生"狂人"的思想土壤，也造就了近代狂人独有的精神质地。从为变法流血牺牲的谭嗣同到为革命从容就义的秋瑾，再到因鼓吹革命而葬身囹圄的邹容，乃至清末民初一系列由知识分子亲自实施的刺杀、暗杀等革命激进事件，都构成了与历代"狂人"不同的"动作型人格"和"铁血精神"。在狂人文化谱系的近代部分，章太炎以朴学大师的身份投身推翻清廷的革命，几经被捕入狱，展现出虽临危而不惧的气节，成为当时知识界所推崇的"动作型狂人"典范。至五四时期，以鲁迅塑造的一系列"狂人""疯子"为标志，更出现了一批以思想革命为己任的"精神界战士"。这些与林纾同时代的"狂人"也构成林纾精神人格的参照系。

一　"少负狂名"的个性锋芒

近代以来的章太炎和五四时期的新青年群体自然分享着身为"狂人"的文化荣耀，而先遭章太炎贬斥后又被五四新青年痛批的

"卫道士"林纾，实际上也是中国"狂人"链条中的一环，只不过身世、教养以及学养的不同，使得林纾在某种程度上更接近于传统士人的"狂狷"精神，从而与同时代的"革命动作型人格"或稍后的五四"摩罗诗人"构成了差别。陈衍在《石遗室诗集》（卷一）中有长句一首赠林琴南，其首句"林生年少负狂名，与我相逢已长大"[①]，即道出了林纾"少负狂名"的个性锋芒。

"狂人"往往是作为与庸众相对立的"异数""另类"而出现的，中国历代"狂人"几乎都是以"不与流俗相俯仰"的思想方式和"特立独行"人格行为惹人侧目、招致非议，并被冠以"狂人"或者"疯子"的名号，林纾也不例外。林纾青年时期以好带剑任侠且性情刚直、好骂人而被乡人目为"狂"，这在同代人的撰述中多有称道。陈宝琛为林纾写的寿文中曾讲："君少以任侠闻，事亲至孝，顾善骂人，人以为狂。"[②] 三多先生为林纾写的寿序中也称："先生为人孝友，性刚直，少好带剑任侠，以奇节自负，而乡里莫能知之，多以为狂。"[③] 林纾也经常谈及自己的率性直情所招致的乡曲哗然。青年林纾在人生困顿时曾路遇"福州三狂生"之一的林述庵（松祁），二狂生一见如故，长跪不起，恣情痛哭，结果引得路人哗然，一时被传为笑谈，乃至肆意丑诋。对此，林纾曾讲："夫士当坎壈之日，得一善己者而喜，喜极而哭，皆本之中情无足怪者，而必腾谤至此，薄俗之用心可悲哉！"[④] 林纾另在《亡室刘孺人哀辞》中谈及自己当年曾遭乡人侧目的另一"狂异"举动："余病起，益困，亲故不相过问，遂恣肆为诗歌，乡人益目为狂生，不敢近。"[⑤] 林纾的这些狂异之举既是知识分子真率性情的流露，也是身处困顿中用以

---

① 朱羲胄述编《贞文先生学行记》卷一，世界书局 1949 年版，第 8 页。
② 朱羲胄述编《贞文先生学行记》卷二，世界书局 1949 年版，第 2 页。
③ 朱羲胄述编《贞文先生学行记》卷二，世界书局 1949 年版，第 3 页。
④ 转引自林薇《百年浮沉——林纾研究综述》，天津教育出版社 1990 年版，第 59 页。
⑤ 林纾：《亡室刘孺人哀辞》，《畏庐文集》，商务印书馆 1923 年版，第 78 页。

对抗薄俗人心的一种方式。当然，带剑任侠、性刚直、好骂人、贫病交加以至于亲故不相过问还能放声高歌，得遇知己却又放声痛哭等，这些被乡人无法理解乃至讥笑的行为不过是"狂"的一种表象而已，如果仅以这些乡人眼中的反常行为为据就把林纾定性为"狂"，显然是皮相之举。而作为"狂者"仅仅表现为愤世嫉俗也还是远远不够的，还必须有足够支撑这些表象的强大精神底蕴，才能使得这些行为称得上是"狂者"真正的特立独行，而不是浅薄的哗众取宠。明人袁宏道讲："道不足以治天下，无益之学也；狂不足与共天下，无用之人也。"① 作为知识分子，如果不能心怀天下，所谓的"狂"也就失去了意义。中国历代被称为"狂者"的士人，其实都有超越个人、小我之困顿的时代之痛与天下之忧。想有所为却又抑郁不得抒，便往往以"狂"的形式表现出来。对于林纾而言，他所面临的时代之痛更是超越了以往任何时代的大危机和大忧患。清廷的腐败与中国被列强瓜分的民族危机激发了知识分子共同的救亡图存意识，林纾也不例外。他在《告周辛仲先生文》中回忆，福建马尾之役后，自己与好友周长庚曾冒死向左宗棠控诉主持兵政的人谎报军情、掩盖败绩的情形："忆光绪戊寅，吾始交君。甲申海上变起，主兵者讳败而入告，君怒，约余下状陈愬遮太保文襄公于马前。退而顾余曰，不胜，赴诏狱死耳。时主兵者势盛，同辈咋舌，君目光如炬，纵谈败状，未尝有所顾忌。"② 作为一介布衣书生，林纾与友人的举动实际已经大大超出了常情，而其中的精神动力即是心系家国的忧患意识。时至戊戌变法之年，林纾再次与好友高凤岐、寿伯茀联名向清廷上书，请朝廷采纳筹饷、练兵、外交、内治四策，虽然没有成功，但是这些读书人的拳拳爱国之心和国难当头时刻的书生意气却表露无遗。

---

① 袁宏道著，钱伯城笺校《袁宏道集笺校》下册，上海古籍出版社1981年版，第1521页。

② 林纾：《告周辛仲先生文》，《畏庐文集》，商务印书馆1923年版，第71页。

中国历来的博学之士未必都有"狂狷"的性情，但是被称为"狂者"的知识分子往往有淹博的"才学"做根底。与林纾同时代的狂人，诸如章太炎、辜鸿铭以及稍后以"狂"著称的钱玄同、黄侃、刘文典等人，无不首先是为人称道的学问大家，而后才是拥有睥睨世俗的勇气、放言高论的气度以及不畏强权的胆量的"狂人"。林纾虽无深厚的家学渊源，自幼家境贫寒，但嗜书如命，用功甚勤，长大后更是博览群书，成为一代文豪。他自述："仆四十五以内匪书不观，已而八年读《汉书》，八年读《史记》，近年则专读《左氏传》及《庄子》（读庄非醉其道，取其能变化也），至于韩柳欧三氏之文，楮叶汗渍近四十年矣。此外则《诗》《礼》二经及程朱二氏之书，笃嗜如饫粱肉，他书一无所嗜。"① 成名后的林纾以古文大家和翻译家著称于世，文章小说风靡一时："畏庐之文，每一集出，行销以万计，且所译著百五十种，都一千二百余万言，久已风行海内，自不待助而传。"② 林纾对于自己的古文也有着相当的自信，在与友人的信中称："六百年中，震川外无一人敢当我者；持吾诗相较，特狗吠驴鸣。"③ 这种狂傲之语透露着文人的自豪与自负。虽然五四文学革命以后，人人都有了骂林纾的"权利"，但是林纾在古文方面的深厚造诣以及在翻译方面前无古人的贡献还是为大家所公认的。钱基博称赞"纾之文工为叙事抒情，杂以诙诡，婉媚动人，实前古所未有"。④ 又称赞林纾在小说翻译方面"运笔如风落霓转，而造次咸有裁制，所杂者，不加点窜，脱手成篇，此则并世所不经见者已"。⑤ 连鲁迅也发自内心地承认林纾的文章好："《域外小说集》发行于一九〇七或一九〇八年，我与周作人在日本

① 林纾：《答徐敏书》，《畏庐三集》，商务印书馆 1927 年版，第 31 页。
② 高梦旦：《畏庐三集·序》，《畏庐三集》，商务印书馆 1927 年版。
③ 转引自钱锺书等《林纾的翻译》，商务印书馆 1981 年版，第 50 页。
④ 钱基博：《现代中国文学史》，上海书店出版社 2007 年版，第 127 页。
⑤ 钱基博：《现代中国文学史》，上海书店出版社 2007 年版，第 124 页。

东京时。当时中国流行林琴南用古文翻译的外国小说，文章确实很好，但误译很多。"① 林纾虽然更看重自己作为古文家的身份，对于使自己博得大名的小说译创始终以"小道"目之，但他对自己在小说方面的创作天赋还是颇为自得的："翁作小说时，脑中有时初无稿本，用二百四十钱狼毫之笔，一蘸浓墨，而小说已汩汩而来，或千旋百转，若织女机丝，抽之不穷。"② 林纾的文章与小说虽然曾遭朴学大师章太炎的贬斥和讥讽，但这并未降低林纾的价值。说到底，章太炎与林纾的论争除了不同文派之间的相互排抵，更有自古以来文人相轻的一面，对此，章太炎的友人左舜生曾有评价："文人相轻，自古已然，虽硕学通人，亦往往不免。先生一代大师，文宗汉魏，持论能言人所不能言，其精到处每发前人所未发。严又陵（复）、林琴南（纾）与先生同时，均雅擅古文，并各以译述自显于当世，顾先生于严、林之文，乃深致不满……林则反唇相稽，于先生之文亦抨击不遗余力……自吾人视之，章先生既非庸妄巨子；畏庐译西洋小说百余种，使国人略知异国情调，实亦未可下侪于谈狐说鬼之蒲松龄；严又陵功在介绍一时期之西洋思想于中国，初非以文字与人争短长，凡章、林之所云云，以批评之旨趣衡之，均非持平之论也。"③

"大才学"配以"大人格"方能真正体现知识分子身为"狂者"的真精神。所谓"大人格"即体现为不阿谀权贵的傲气和不屈从权势的骨气。历代被称为"狂者"的知识分子，无不在这方面显示出一种刚性的人格力量。众所周知，与林纾同时期的大狂人章太炎，即在袁世凯称帝的闹剧中痛骂袁贼，并因反对袁世凯称帝而遭拘禁，

---

① 鲁迅：《书信·320116 致增田涉》，《鲁迅全集》第 14 卷，人民文学出版社 2005 年版，第 196 页。

② 林纾：《窦绿波》，陈平原、夏晓虹编《二十世纪中国小说理论资料》第 1 卷，北京大学出版社 1997 年版，第 553 页。

③ 左舜生：《我所见晚年的章炳麟》，许寿裳：《章太炎传》，百花文艺出版社 2004 年版，第 205 ~ 206 页。

置生死于度外，显示出了威武不屈的大丈夫气节，这也成为他"狂者"人生中的闪光点。无独有偶，在同一个历史事件中，林纾面对袁世凯的威逼利诱也有着类似的举动。袁世凯称帝前后曾先后派使节至林纾寓所，拉拢林纾为其称帝造势，都遭到了林纾的拒绝，林纾甚至为此做好了以死相抗的准备："计不免者，服阿芙蓉以往，无他术也。"① 在《答郑孝胥书》中，林纾再次申述了自己的决绝态度："洪宪僭号，万恶之袁贼曾以徐树铮道意，征弟为参政，弟毛发悚然，如遇鬼物，抗辞至四日之久。至第五日，弟无术自解，面告徐又铮：请将吾头去，此足不能履中华门也。"② 林纾此举同样为他所属的士林圈所称道，陈宝琛为林纾所写的寿序中便提及此事："洪宪称制，重其名，啗之以高等顾问，弗就。又以硕学通儒征，益坚拒之。"③ 固然，林纾之抗拒袁贼与章太炎之痛斥袁贼完全出于两种不同的理念，章太炎是心系共和，以袁世凯为共和国之敌，而林纾则是一心效忠清廷，以袁世凯为清王朝的篡逆。二人的出发点不同，所产生的历史效果也截然相反，甘为"清廷遗民"的林纾自然无法和宁做"民国遗民"的革命元勋章太炎同日而语，但是身为读书人，两人所表现出来的不与威权合作的铮铮铁骨却又如出一辙。只不过章太炎表现得更为张扬，"狂者进取"的风采更为突出，林纾则较为内敛，风骨更近于"狷者"的"有所不为"，但是从本质上讲，章太炎和林纾都有资格位列于中国狂人的精神文化谱系中。

在大是大非面前所爆发出来的大义凛然，固然显示出"狂者"的气概，日常生活中的"显者至门，或拒不纳"同样也体现出狂

---

① 林纾：《拒袁世凯召聘诗》，李家骥等整理《林纾诗文选》，商务印书馆 1993 年版，第 132 页。

② 林纾：《答郑孝胥书》，薛绥之、张俊才编《林纾研究资料》，知识产权出版社 2010 年版，第 86~87 页。

③ 朱羲胄述编《贞文先生学行记》卷二，世界书局 1949 年版，第 2 页。

者书生的傲骨。袁宏道在《徐文长传》中便以此作为这位晚明狂人"佯狂亦甚"的标志："晚年愤益深，佯狂益甚，显者至门，或拒不纳。"① 而这种狂者风采同样体现在林纾身上。林纾在译著《〈爱国二童子传〉达旨》中讲："畏庐者，狂人也，平生倔强不屈人下，尤不甘屈诸虎视眈眈诸强邻之下。"② 在袁世凯复辟的闹剧中，林纾以清醒决绝的姿态显示出与当时诸多"劝进名士"不同的风骨。其后，国务总理段祺瑞亲赴林纾家中聘其为顾问，同样遭林纾拒绝。林纾在《答郑孝胥书》中表明了自己的态度："段氏柄政之第四日，即命车见访，延为顾问。弟示之以诗，有'长孺但能为揖客，安期何必定参军'二语。段氏解事，即置不言。"③ 诚然，林纾虽是出于对清廷的忠心而不与这些当权者合作，但骨子里却体现了儒者的气节。及至晚年，有人出巨资请林纾为吴佩孚五十一寿诞作画庆贺，再遭林纾的拒绝。应该说，林纾一生都保持了这份读书人的骨气和傲气。包括林纾晚年与五四新青年的论战，都体现出林纾一贯倔强而率真的"狂者"品性。而同样遭新青年阵营讥讽的严复，不但不愿出面与新青年论战，且对林纾的做法表示不屑："北京大学陈、胡诸教员主张文白合一……就令以此教育，易于普及，而斡弃周鼎，宝此康瓠，正无如退化何耳。须知此事，全属天演，革命时代，学说万千，然而施之人间，优者自存，劣者自败，虽千陈独秀，万胡适、钱玄同，岂能劫持其柄，则亦如春鸟秋虫，听其自鸣自止可耳。林琴南辈与之较论，亦可笑也。"④ 严复的言辞表面看似淡定从容，其内心难免流露出一种不敢撄其锋的畏葸之念。与严

① 袁宏道：《徐文长传》，袁宏道著，钱伯城笺校《袁宏道集笺校》中册，上海古籍出版社 1981 年版，第 716 页。

② 林纾：《〈爱国二童子传〉达旨》，陈平原、夏晓虹编《二十世纪中国小说理论资料》第 1 卷，北京大学出版社 1997 年版，第 290 页。

③ 林纾：《答郑孝胥书》，薛绥之、张俊才编《林纾研究资料》，知识产权出版社 2010 年版，第 87 页。

④ 严复：《与熊纯如书》，王栻编《严复集》第 3 册，中华书局 1986 年版，第 699 页。

复的不屑与争和"桐城谬种"沉默的大多数相比，林纾不顾自己身为耆宿与古文大家的身份，孤军挑群雄，不但体现出一种"舍我其谁"的卫道热忱，更彰显出"老夫聊发少年狂"的个性风采。林纾的誓死卫道，固然可以称为"顽固"，但也正显示了一种对自我、对信念的执着。寒光正是从这一点上，大胆地为固执者辩护，同时对林纾的"思想和热诚"给予了高度评价：

> 我行我素旁若无人的固执人，实在是不容易碰到的。我说这话当然不是要代顽固者张目，也不是要替腐朽不通和食古不化的遗老、遗少们写护符；须知固执也须有固执的理由和固执的胆量，理由权且撇在一边，这胆量当然不是容易养成也不是可以假装的。除此以外，还须贯彻其固执的初衷，象生根铸铁般的始终不变，这样的人岂容易找得吗？所以象康有为、郑孝胥等人死拥着大清、宣统，我们当然觉得太可怜了，但他们那种坚贞不变数十年如一日的固执精神，实在倒值得我们佩服的。我们如承认世界之大，须要有形形色色的人物来给这世界点缀，那末不但超时代的思想家值得我们崇拜和拥护，就是目空一切、唯我独尊，象章太炎、辜鸿铭那样个性倔强的反时代的健儿，也是值得我们钦佩的。

> 好多人们骂林氏为顽固，为国粹派的代表，这话对不对现在姑且不论，但林氏那样热烈的思想和坚卓不摇的意志，却是很可钦佩的。①

思想是一回事，性情品格又是一回事，抛却林纾所要卫护的伦理观念和道德文章，其性情的狷介也得到了包括新青年阵营在内的人们的普遍称道。郑振铎在纪念林纾的文章中称赞道："他的朋友及

---

① 寒光：《林琴南》，薛绥之、张俊才编《林纾研究资料》，知识产权出版社 2010 年版，第 169 页。

后辈，显贵者极多，但他却绝不去做什么不劳而获的事或去取什么不必做事而可得的金钱。在这一点上，他实在是最可令人佩服的清介之学者。这种人现在是极不容易见到的。"① 从文化人格上分析，林纾确实具有"富贵不能淫、贫贱不能移、威武不能屈"的大丈夫气节，而其至死不渝守护自己所信奉的道德文章，这种执着的精神根本上乃是中国传统的读书人和现代的知识分子所共有的。

林纾七十岁的一首自寿诗，可以看作他对自己"狂狷"一生的总结：

> 少年里社目狂生，
> 被酒时时带剑行。
> 列传常思追剧孟，
> 天心强派作程婴。
> 忍寒何必因人热，
> 趋义无妨冒死争。
> 到此一齐都忏悔，
> 道书坐对短灯檠。

在中国的历代狂人中，生活方式的"放浪形骸"几乎成了狂放文人的一种专利和标志，诸如晋人的裸体而游、阮籍的醉宿邻妇之侧、晚明文苑狂人的情场风流等，不一而足。这些放浪形骸不但不被认作丑行，反倒成为美谈。但是林纾恰恰相反，在私人生活中，尤其是男女之情方面的极度自洁与自爱，反而显示出了林纾的"与众不同"，同样构成其"特立独行的""狂者"特征。林纾在《冷红生传》中便道出了自己因"力拒奔女"和"拒不狎妓"而招致的世人"骇笑"："冷红生……家贫而貌寝，且木强多怒。少时见妇人，

① 郑振铎：《林琴南先生》，钱锺书等：《林纾的翻译》，商务印书馆 1981 年版，第 3 页。

辄踉跄隅匿，尝力拒奔女，严关自捍，嗣相见，奔者恒恨之。迨长，以文章名于时，读书苍霞洲上。洲左右皆妓寮，有庄氏者，色技绝一时，夤缘求见，生卒不许，邻妓谢氏笑之……一日群饮江楼……逼而见之，生逡巡遁去，客咸骇笑，以为诡僻不可近。"林纾叙此看似无情之举，实则恰是要表明自己的钟情与专情："生闻而叹曰：吾非反情为仇也，顾吾褊狭善妒，一有所狎，至死不易志，人又未必能谅之，故宁早自脱也。所居多枫树，因取枫落吴江冷诗意，自号曰冷红生。亦用志其癖也。生好著书，所译《巴黎茶花女遗事》，尤凄婉有情致，尝自读而笑曰，吾能状物态至此，宁谓木强之人果与情为仇也耶。"① 林纾是用一种众人眼中的"无情"方式表述了一种"笃情"。"众人皆醉我独醒"固然显示了狂者的一份觉悟，而林纾的这种"众人皆浊我独清"同样是一份自尊与骄傲。

二 "畏天循分"的人生信条

《论语·子路》曰："不得中行而与之，必也狂狷乎。狂者进取，狷者有所不为。"在孔子的立意中，"狂"和"狷"既是有别于"中行"的同一类品性，又有着"进取"与"有所不为"的差异。相比同一时代那些以暗杀、革命为己任的进取型狂者，林纾更显示出"狷者""清介自守"的一面。实际上，在林纾的人格中始终流荡着两条看似相悖的精神脉络，一条是"趋义无妨冒死争"的"狂狷"精神，一条是"畏天循分"的人生信条。如果说，"狂狷"是一种破格越界，那么"畏天循分"则是一种守界，对于林纾而言，这种"守"即是对于伦常道德和古文的全力卫护。这两种性情在林纾身上融为一体，造就了一个世人眼中热忱、固执的卫道者。

"畏天循分"的思想首先来自林纾幼年的家教。林纾自幼家境贫

---

① 林纾：《冷红生传》，《畏庐文集》，商务印书馆 1923 年版，第 25 页。

苦，靠祖母、母亲、姑母及姐姐做针线养家糊口。父亲去世后，家境愈发艰难，但是祖母的温蔼从容，"处困约却从不言贫"的自尊和自强给了林纾最初的言传身教，也造就了林纾贫贱不移、乐善好施、仗义疏财的品性。林纾幼年经历的全家遭乡里某孝廉欺辱的经历更给了林纾读书要务正的教训："纾年十一矣，然尚不能买书，则月积数百钱入城购得零本《汉书》及诸子史。凡三年，积破书三橱，读之都尽。太孺人意甚善，谓：'吾家累世农，汝乃能变业向仕宦，良佳。然城中某公官卿贰矣，乃为人毁舆，且捣其门宇。不务正而据高位，耻也。汝能谨愿如若祖父，畏天而循分，足矣。'"① 林纾后来更在自己的宣南新居，大书"畏天"二字榜其门，名为"畏庐"，正是遵从了祖辈的遗训。朴素的祖训对于林纾的思想养成固然有着不可磨灭的烙印，但是对于一个传统意义上的儒生乃至后来的古文大家林纾来说，显然要在祖辈"安分守己做好人"的朴素人生信条之上，更加自觉地、深刻地融入儒家的经典思想。对林纾而言，所谓的"畏天"，首先是视"天"为一种具有命运主宰意义的神秘力量。林纾在《述险》中讲述了自己亲身经历的几件"险事"，以此证明"天之可畏"。一件是青年时期的林纾曾患有严重的肺病，每病必咳血，医生已告不治，结果十年后却"不药而愈，貌益丰"，连原先主死的医生也难以置信。林纾把这奇迹似的不治而愈归之于"天"："呜呼，十年处险病之中，其视一夕幸脱于火者为何如，谓非天能至此耶?"另一件"险事"是林纾的母亲病逝前曾患严重的喉疾，医生说将血崩而死，为此，林纾每天五更起床在庭院中焚香稽首，然后出门沿道拜祷至越王山天坛之上，请上天革掉自己的科名，"乞母以善终勿使颈血崩暴"。如是祈祷了九夜，即便天降大雨，林纾也"坚伏雨中不起"，最终，母亲病逝时竟未血崩。林纾把母亲得以善终同样归之于"天"。林纾的儿子林珪家也曾发生过两件危及

---

① 林纾：《先大母陈太孺人事略》，《畏庐续集》，商务印书馆 1927 年版，第 49 页。

儿孙性命的险事，最终都安然无恙，林纾认定这也是天的庇佑和警示："天相予躬乃并及其子，意欲余长葆其畏天之心，故用是以警之，不知余感恩深，畏念笃，虽不之警而警心未尝一日忘也。"①

在林纾的理念中，"天"又具有奖惩警示功能，"天"的"恕"与"怒"、"奖"或"惩"，都不是无缘无故的，其如荀子所言："恒人怙过，天或恕之，闵其愚也。君子怙过，天有时或殛之，怒其知过而惮改。"奖惩的目的是"冀人为善"，可见，这一具有主宰意义和奖惩功能的天乃是具有道德伦理内涵的"天"，也即儒家思想中的"德化之天""义理之天"，也即《荀子·宥坐》中子路所言："为善者天报之以福，为不善者天报之以祸。"② 这里的"善"显然是指儒家的伦理道德，而儒家伦理道德中最主要的内容就是"伦常"，所谓人伦即天道，天道不可违，人只要笃行忠孝节义，自然会得到"天"的庇佑。林纾在《述险》中还谈及他曾经冒险收留了已身染猩红热、无家可归的亲戚周太史夫人及其一子一孙，当时林纾全家上下有三十余口人，医生劝告林纾赶快打发病人走，否则要传染到林纾的家人，但林纾毅然决然留下了病人："周氏之室空矣，驱此病人是置之死地，吾不之忍，虽得祸，甘也。"结果已经病倒的周家一子一孙相继痊愈，但林纾家人却先后有九人染病，林纾的六子和幼女差点因此丧命，林纾为此花费了千余元的医药费，最终使家人幸免于难。此间林纾仍照常整天读书作画，若无其事。林纾的侄子们和已出嫁的女儿对于林纾的做法极其忧愤，林纾则缓缓地对他们说："尔自行孝，余自信天无伤也。夫行险，侥幸，小人事也，顾小人为私而行险，余则为义而冒险。其幸无事者，盖当祸时，无一中悔之心，气壮而神完，邪沴或从而辟易，然唯余畏天至，故冒险为之，子孙果不及余者，则慎之，勿以身试险也。因作述险示之，亦以坚励其畏

① 林纾：《述险》，《畏庐三集》，商务印书馆 1927 年版，第 1~3 页。
② 梁启雄：《荀子简释》，中华书局 1983 年版，第 392 页。

天之心。"① 林纾把亲身经历的这些莫可解释的"有惊无险""化险为夷"都归之于"天",而自己更是"畏天之心与年俱增"。② 林纾心中的"天",实际上已经超越了民间意义上"神秘命运"的主宰,成为一种能够明察人间善恶的道义之天。因此,林纾坚信"天之尊道而崇节,甚于其予人以富贵也"③,诚心敬意地笃行人伦天道即是君子的职责和本分。

林纾中年时期不顾自己生活艰困,先后抚养了两位亡友(王薇庵、林述庵)的三个遗孤,直至其长大成人并完成婚嫁,一时传为美谈。对于外界对自己仗义抚孤的称道,林纾却不以为然,转而把遗孤们的成人、成才归功于天:"殆天幸使然,亦二子志趣不忍忘其死父,始至于此。究皆五伦中之常事,仆习知其故,不敢自奇。"由此,林纾更进一步推广到做任何事情,只有"天人合德"才能成功:"中兴勋臣,力造区夏,苟无天人合德,亦未必遂成绝大勋业,故君子任事能归功于天,不惟无祸,亦以养德。"④ 林纾本人就是伦常道德的笃行者,即便身处贫困也绝不"冒荣苟禄",丧却儒者应有的品行。陈宝琛为林纾写的寿序中就曾提及一事:"新政始兴,两宫破格求才俊,郭春榆侍郎荐君经济特科,谢不赴试。君之心,固以禄不逮养为戚,无亦有见于横流之亟,非一篑可障,不愿意冒荣苟禄。故宁以布衣终耶。"⑤ 林纾的作为,体现了一位儒家知识分子"贫见道、难见节"道德风范。林纾一方面自己保持了这种"不苟且"的猬介品性,另一方面又以仗义疏财而闻名。陈衍在《林纾传》中曾记述林纾成名后凭借著译、绘画而收入颇丰,但"纾颇疏财,遇人

---

① 林纾:《述险》,《畏庐三集》,商务印书馆 1927 年版,第 2~3 页。
② 林纾:《述险》,《畏庐三集》,商务印书馆 1927 年版,第 1~2 页。
③ 林纾:《广文周辛仲先生五十寿序》,《畏庐文集》,商务印书馆 1923 年版,第 21 页。
④ 林纾:《答周生书》,《畏庐文集》,商务印书馆 1923 年版,第 8~9 页。
⑤ 朱羲胄述编《贞文先生学行记》卷二,世界书局 1949 年版,第 2 页。

缓急,周之无吝色"①。林纾晚年大部分的收入几乎都用来周济朋友、同乡乃至素不相识的人,有时来的人多,林纾竭尽全力,几乎入不敷出,难以应对,林纾为此曾作诗自嘲:

> 余居京廿年,其贫而不能归者,恒就余假资,始但乡人,今则楚鄂川滇靡所不有,比月来至者益夥,竭我棉薄,几蹶而不起,作此自嘲:
>
> 等是天涯羁旅身,
>
> 忍将陈乞蔑斯人。
>
> 迁流此后知何极,
>
> 怀刺频来似有因。
>
> 倘为轻财疑任侠,
>
> 却缘多难益怜贫。
>
> 回头还咀穷滋味,
>
> 六十年前甑屡尘。②

林纾的仗义疏财不仅仅源于其"视富贵如浮云"的洒脱心态,更有基于自己的困境经历而生的对他人的深切同情。

在儒家诸伦常之中,以"孝"为最核心的一维。孔子曾把"孝弟(悌)"看作"仁之本",董仲舒更在《春秋繁露》中以"天"论"孝":"夫孝者,天之经也。"对于林纾而言,"孝"有着更为根本的生命意义和价值。林纾本人便是以"孝"而著称的典范,曾以"事亲至孝"闻名乡里,朋友们也称赞林纾"忠孝人也"(张僖)、"君少以任侠闻,事亲至孝"(陈宝琛)等等。由此,我们也可以理解,在林纾翻译的外洋小说中为什么会出现那么多中国传统意义上的孝子、孝女,诸如《双孝子喋血酬恩记》、《英孝子火山报仇录》

---

① 朱羲胄述编《贞文先生学行记》卷一,世界书局 1949 年版,第 5 页。
② 林纾:《畏庐诗存》下卷,商务印书馆 1931 年版,第 23 页。

（现译《蒙特祖马的女儿》）、《孝女耐儿传》（现译《老古玩店》
等，这都是林译"以我观物，物皆着我之色彩"的结果。同样，面
对新文化运动中五四新青年对于伦理纲常的激烈批判，尤其是"辟
孝""讨父"之举，林纾更是无法理解和容忍，并为真正的儒家
"父道"辩护："近者尤有辟孝之文，讨父之会。吾至于掩耳不忍更
闻。辟孝之文，如何着笔，吾不之知。至于讨父，尤极难奇。虽然，
此事谁责，不仍责在教习乎？古之善于教孝者，无过孔孟，曾子大
杖不逃，孔子斥为不孝。孟子曰，'父子之间不责善'。道咸之间，
先辈之训子也，如斥奴隶至有拳击足蹴之事，皆孔孟之所弗许。观
孔子之教子也，极宽，诗礼之外，一不苛绳。孟子之子，木然无闻，
公孙丑问，君子之不教子。此君子即指孟子之身。孟子以不责善了
之，则万无斥奴隶伸拳足之举动。世果如孔孟之教，孝何必辟？父
亦何必讨？"① 更为关键的是，林纾认定伦常乃关乎国家命运的关
键，"孝道"更是其始基，"始基已不以父母为然，又何有于国
家？"② 在林纾看来"伦纪灭，国亦旋灭"，"丧权丧地，丧天下之膏
髓。尽实武人之嗦，均不足患。所患伦纪为斯人所敓，行将侪于禽
兽，兹可忧也"。③ 把国家的兴亡系于伦常道德，是一种典型的传统
道德理想主义，而在中国近代历史大转关时期，"天可变，道不可
变"的思想更是不绝如缕。"忠"与"孝"在儒家道德理念中乃是
一枚硬币的两面，后世儒家，尤其是程朱理学更使之与国家意识形
态相对接："古人谓忠孝不两全，恩义有相夺，非至论也。忠孝，恩
义，一理也。不忠则非孝，无恩则无义，并行而不相悖。"④ 晚年林
纾更是程朱理学的笃信者，他自述"《诗》《礼》二经及程朱二氏之

---

① 林纾：《答俖翯鸿书》，《畏庐三集》，商务印书馆 1927 年版，第 29 页。

② 林纾：《与唐蔚芝侍郎书》，《畏庐三集》，商务印书馆 1927 年版，第 28 页。

③ 林纾：《续辨奸论》，薛绥之、张俊才编《林纾研究资料》，知识产权出版社 2010
年版，第 81～82 页。

④ 《河南程氏文集》卷八，《二程集》，中华书局 1981 年版，第 585 页。

书，笃嗜如饫粱肉，他书一无所嗜”①，正是基于程朱理学“移忠做孝”“忠孝合一”的理念。林纾由一个“侍亲至孝”的文人到誓为“逊清遗民”，也就成为情理之中的事。

三 “道德遗民”的人生选择

林纾晚年誓做清室遗民并以“不合身份”“不合时宜”的“谒陵”之举屡遭世人及士林非议，但林纾无怨无悔，依旧我行我素，这种笃定与从容，同样来自他的“循分”的思想与“狂狷”的性情。

关于林纾的“遗民身份”和“遗民资格”历来遭到质疑。与当时那些随着清帝逊位而自然而然变身为遗老遗少的清廷贵族、旧臣官僚们不同，林纾是“后发”的“遗民”，却“后来者居上”，显示出愈来愈执着、愈来愈清晰的遗民情绪和行为。“谒陵”成为他后半生最为引人注目也最遭人非议的“遗民”标识。在新派眼中，林纾的谒陵自然是一种执迷不悟的腐朽与顽固行径，而在旧派眼中，林纾也并未得到认可和好评，相反，旧派遗老们反倒认为林纾的谒陵是效颦顾炎武，是一种“好名”之举。后来学界也用“好名”来评价晚年林纾，实际上都没有理解林纾的良苦用心。对于世人的讥讽，林纾曾在给郑孝胥的长信中申说了自己的本意：

> 至弟之十谒崇陵，亦讥以为窃效亭林。亭林之不宜效，弟早知之……然不能不谒者，犬马恋恩之心不死也。即亭林当日，亦岂好名？不过见故君丧亡，身为遗民，无可申诉。谒陵，即如展先烈之墓也。且弟子谒陵之事，亦不语及同乡诸老，防触

① 林纾：《答徐敏书》，《畏庐三集》，商务印书馆1927年版，第30页。

忌也。诸老皆仕民国，弟独念念故君，辞气必相柄凿。语之同调之郑海藏，而海藏复不谓然，以为一学即非亭林。然弟于亭林之考订，不愿学，于亭林之理财，又不能学。本无取法亭林之心，且弟之文章，自谓不在亭林之后，何为学之？即学之弥肖，亦复何用？古今事有暗合。但于纲常之内，不轶范围，即无心偶类古人，亦不为病。弟自始至终，为我大清之举人。谓我好名，听之，谓我做伪，听之。谓为中落之家奴，念念不忘故主，则吾心也。①

　　林纾心怀坦荡地谒陵，不为流言所困，坦言自己的行为并不是有意要模仿哪位古人，沽名钓誉，只不过是遵从自己的内心，笃信并笃行纲常礼教。同时更是有感于当下士人们的道德沦丧："如刘廷琛、陈曾寿之假名复辟，图一身之富贵，事极少衄，即行辞职，逍遥江湖。此等人以国家为孤注，大事既去，无一伏节死义之臣。较之梁节庵一味墨守常经，窃谓逊之。"正是不齿于这些士人借复辟帝制而谋私的行为，林纾才要以自身的笃行忠孝之举进行对抗。在林纾看来，身为儒者，要有"儒者"的骨气和节操，而"忠孝"历来属于儒者之"大节"。他在《读儒行》一文中曾悲叹近代士人的雌懦而鄙碎，因为过于"惜命"而缺乏一种凛然的大丈夫气，尤其在关键时刻不能笃行"杀身成仁、舍生取义"的儒者精神，反而以先贤的"爱其死以有待"而搪塞，而所谓的"有待"其实不过是一种怕死的托词而已：

　　　　故丈夫之成仁取义，所争者仅在毫发，凡托言有待，皆自恕之辞也。且其所云待，待富贵也，富贵不可必得，而一己之身世已沦陷于猥贱而不知。故刘昼曰，仰而贯针望不见

　　① 林纾：《答郑孝胥书》，薛绥之、张俊才编《林纾研究资料》，知识产权出版社2010年版，第87~88页。

天，俯而拾虱视不见地。天地之大，道与理也，而富贵则针虱耳，以针虱之微而昧天地之大，物蔽于所嗜，故遗大而务小。①

正是基于儒者应有的"可杀不可辱"的品性，林纾对于明清之际畏死悖生、腼颜降附、进退无据的贰臣王铎、龚鼎孳、钱谦益之流颇为不屑："王铎、龚鼎孳、钱谦益之流，文章蔚然，乃沉吟而不自决，使重绝于儒者，亦正误于爱死耳有待尔。"② 这样的一番道义评判，也道出了林纾"誓为清室遗民"的深层道德依据。

林纾决定做"遗民"，既不是出于好名，也不是如辜鸿铭那样，故意拖着辫子讲学，显示一种特立独行的姿态，而是有感于社会普遍的道德沦丧而激发的一种愤懑与悲怆。林纾在清帝逊位、民国成立之初，并没有要做"遗民"的打算，而是承认既定的共和国事实，并准备做"民国老民"："共和之局已成铁案，万无更翻之理……仆生平弗仕，不算满洲遗民。将来仍自食其力，扶杖为共和国老民足矣。"③ 林纾在《〈践卓翁小说〉自序》中也讲："幸自少至老，不曾为官，自谓无益于民国，而亦未尝有害。屏居穷巷，日以卖文为生。"④ 打破了林纾生活安宁和心灵安宁的不是从清朝到民国的政治更迭，正是共和国成立之后出现的一系列称帝、复辟、军阀混战的乱局以及在社会乱象中更为触目惊心的道德失范，它们促使林纾迅速转向更决绝地对于传统道德礼教的卫护。应该说，民国最初几年的乱象激发了两种截然不同的思想和行为，一是以陈独秀为首的新青年阵营，认定这一混乱局面来自"革命的不彻底"，尤其是封建道

① 林纾：《读儒行》，《畏庐续集》，商务印书馆 1927 年版，第 6~7 页。
② 林纾：《读儒行》，《畏庐续集》，商务印书馆 1927 年版，第 6~7 页。
③ 林纾：《寄吴敬宸（一）》，李家骥等整理《林纾诗文选》，商务印书馆 1993 年版，第 319 页。
④ 林纾：《〈践卓翁小说〉自序》，陈平原、夏晓虹编《二十世纪中国小说理论资料》第 1 卷，北京大学出版社 1997 年版，第 414 页。

德、伦理纲常还支配着人心，一连串的复辟帝制、毁弃共和之举仅仅是"恶果"而非"恶因"，主张别尊卑、重阶级、主张人治、反对民权的纲常礼教才是制造专制的根本原因："伦理思想影响于政治，各国皆然，吾华尤甚。儒者三纲之说为吾伦理政治之大原，共贯同条，莫可偏废。三纲之根本义，阶级制度是也。……近世西洋之道德政治乃以自由平等独立之说为大原，与阶级制度极端相反，此东西文明之一大分水岭也。"① 由此，陈独秀认定"伦理觉悟为吾人最后觉悟之最后觉悟"，并把思想觉悟的期望与改革社会的重任落在"新青年"身上："欲改造吾国民之德知，俾之脱胎换骨，涤荡其染于专制时代之余毒，他者吾无望矣，惟在染毒较少之青年，其或有以自觉。"② 正是基于这种认识，以陈独秀为代表的新青年阵营才发起了新文化运动，掀起了"打倒孔家店"的思想风潮。与以陈独秀等为代表的新青年阵营的看法正好相反，在林纾看来，清朝的灭亡"病在执政之亲贵，少年狂谬，剽窃西人皮毛，锄本根而灌枝叶，亡之病坐此耳"。③ 他认为民国以来的社会混乱、道德的滑坡恰是因为人心不古、道德失范，主张新道德者以覆孔孟、铲伦常的过激之论教导青年，更是贻害无穷。为此，林纾致书北京大学校长蔡元培，痛陈自己的忧心忡忡："方今人心丧敝，已在无可救挽之时，更俦奇创之谈用以哗众。少年多半失学，利其便己，未有不糜沸麇至而附和之者，而中国之命如属丝矣。晚清之末造，慨世之论者恒曰：去科举，停资格，废八股，斩豚尾，复天足，逐满人，扑专制，整军备，则中国必强。今百凡皆遂矣，强又安在？于是更进一解，必覆孔孟铲伦常为快。呜呼，因童子之羸困，不求良医，乃追责其二亲之有隐瘰，逐之，而童子可以日就肥泽，有是理耶？外国不知孔孟，然崇仁、仗义、矢信、尚智、守礼，五常之道未尝悖也，而

---

① 陈独秀：《吾人最后之觉悟》，《青年杂志》第 1 卷第 6 号，1916 年。
② 高一涵：《共和国与青年之自觉》，《青年杂志》第 1 卷第 1 号，1915 年。
③ 林纾：《与唐蔚芝侍郎书》，《畏庐三集》，商务印书馆 1927 年版，第 28 页。

又济之以勇，弟不解西文，积十九年之笔述，成译著一百三十三种，都一千二百万言，实未见中有违忤五常之语，何时贤乃有此叛亲蔑伦之论，此其得诸西人乎？抑别有所授耶？”[1] 同一社会状况激发出了“激进”与“保守”的两种思想方式和行为方式，应该说，这是一种自然而正常的社会思想状况，双方的论战正促成了社会思想的变迁，从长时段的历史效果看，激进与保守正是社会发展不可或缺的舟车之两轮和鸟之双翼，而各自遵循自己的意见、持守自己的信念，正是提倡思想自由时代应有之义。林纾在致蔡元培的信中即讲："申伍异趣，各衷其是。今公为民国宣力，弟仍清室举人，交情固在，不能视若冰炭。故辱公寓书殷殷于刘先生之序跋，实隐示明清之季各有遗民，其志均不可夺也。弟年垂七十，富贵功名前三十年视若弃灰，今笃老尚抱守残缺，至死不易其操。"[2] 林纾虽然誓为“清室遗民”，但无心于政治，除了谒陵以外，对于一系列复辟帝制之举既不参与也不赞同，而是始终保持着清醒的态度："故弟到死未敢赞成复辟之举动，亦度吾才力之所不能，故不敢盲从以败大局。"[3] 说到底，林纾所哀痛的是王纲解纽而导致的纲常礼教的溃败，林纾实实在在只是一个“道德的遗民”。对于外界之于林纾誓为清室遗民和谒陵的各种评判，林纾采取的是我行我素、笑骂由人的超然态度："是岁九月，革命军起，皇帝让政，闻闻见见均弗适余心，因触事成诗，十余年来每下愈况，不知所穷，盖非亡国不止，而余诗之悲凉激楚乃甚于三十之时，然幸无希宠宰相责难苍父之作，惟所恋恋者，故君耳。集中诗多谒陵之作，讥者以余效韏顾怪，近于好名。呜呼，何不谅余心之甚也。顾怪谒陵之后遂不许第二人为

---

[1] 林纾：《答大学堂校长蔡鹤卿太史书》，《畏庐三集》，商务印书馆 1927 年版，第 26 页。

[2] 林纾：《答大学堂校长蔡鹤卿太史书》，《畏庐三集》，商务印书馆 1927 年版，第 27 页。

[3] 林纾：《答郑孝胥书》，薛绥之、张俊才编《林纾研究资料》，知识产权出版社 2010 年版，第 88 页。

之，顾怪不足道，譬如欲学孔孟者，亦将以好名斥之邪？天下果畏
人言而不敢循纲常之辙，是忘己也。故余自遂己志，自为己诗，不
存必传之心，不求助传之序。"① 应该说，林纾始终无意于政治，他
所做的乃是一种道德的抵抗，正所谓"留得光宣真士气，任他地老
与天荒"②。

在中国的思想文化史上，历代的前朝遗民都以宁死不屈、宁折
不弯的气节彪炳于史册，受到时人和后人的景仰，唯有晚清的遗民
例外，不但没有享此殊荣，反倒落得个封建、腐朽、没落的时代讥
嘲。究其原因，一是在"驱除鞑虏，恢复中华"的革命背景下，清
廷的合法性早已动摇，为这样一个朝廷守节尽忠显得颇为尴尬；二
是辛亥革命打破了中国历史上朝代鼎革的旧循环，所谓的"王朝圣
主"已经成了人人喊打的过街老鼠。在某种意义上，遗民"节烈形
象"的建立与"新朝"对于"故国"遗民的威逼利诱有着直接的关
系，而民主共和国对于遗民体制性的漠视和遗忘则直接导致了"遗
民意义"的萎缩；更为致命的是，誓为"遗民"的知识分子所赖以
存在的道德价值体系——忠孝之大节被彻底打碎了。在科学、民主、
自由的新思想强照下，"忠孝节义"变成了"奴隶之道德"（陈独
秀），"仁义道德"被读出了"吃人"（鲁迅语）的本质，"家庭"
成为"万恶之源"（傅斯年语）……一切曾经坚固神圣的东西都烟
消云散了，遗民们彷徨于无所守、无可守的尴尬境地，这就是新旧
思想、文化、道德大蜕变时期，中国最后一批遗民所必然面临的
命运。

---

① 林纾：《畏庐诗存·自序》，《畏庐诗存》，商务印书馆 1931 年版。
② 林纾：《七十寿辰自寿诗》，李家骥等整理《林纾诗文选》，商务印书馆 1993 年
版，第 170 页。

新文苑与旧战场：林纾及其古文的历史性退场

　　中国文学的现代转型进程并不仅仅是一个"拿来"并"获得"的过程，同时也是一个"丢弃"和"失落"的过程。在百多年的新文学研究史中，中国文学"新质"或者"现代性"的获得显然得到了持久而全方位的关注，而对于这一历史进程中所甩脱的"旧物"或者失掉的"旧基"则明显关注不足。学界近年来对于新文化、新文学的对立面——文化保守主义价值的重估，正是意识到了上述单一视角的不足，力图从正、反两方面把握这一历史转型进程的复杂性和多样性。但是潜在的"五四立场"又往往使得这种努力不自觉地返回到原地：意图从正面阐释"文化保守主义"的研究者倾向于对这些保守派、守旧派做比附于"五四"的理解，努力挖掘、证明其与五四新文化、新文学立场的一致性。这种"趋新式"理解，一方面违背了文化保守主义的本意，同时也导致文化保守主义所守成的"旧"依然被划归为"负价值"或者"无价值"。因此，看似从新旧、得失两方面理解中国文学现代进程的意图仍然是一个单向度的循环。学界对于林纾的研究即是一个典型的例证。在林纾的意义价值重审中，人们往往是从"五四"的视角出发，顺向论证林纾对于中国新文学的贡献，证明其对于中国文学现代性的发生学意义，认定林纾为中国新文学的"不祧之祖"①。这些论证固然言之凿凿，发掘出了林纾的"进步性"，但这种潜在的"五四"立场，又难免带有一种"无罪辩护"的意味。对于林纾而言，"贡献于新"并非其本意，"保守其旧"才是他的本色。林纾及其所倾力卫护的古文的历史性退场，正是中国文学在现代转型过程中所"剥离"、所"失落"的"旧物"，追寻这些"旧物"的失落过程，是全面理解中国文学乃至文化现代转型的题中应有之义。

一　五四新青年的理直气壮与傲慢偏见

在对林纾的重新解读中，五四时代的"文白之争"成了一个绕不过去的关坎。以"双簧信"及其引爆的一系列事件为论争高潮，构成了五四新青年对守旧派林纾的全面批判，新青年派的大获全胜和林纾的惨败早已成为现代文学史上的定案。同时，"五四"被历史铭刻的精神高度和道德高度使得作为"五四后裔"的当下学者在重新审视这桩旧案的时候，往往自觉不自觉地还是把林纾放在被告席上做去污除垢的辩护，这种心理上、精神上的不对等使得辩护者首先急于为林纾找出"虽然有罪但也有功"的佐证，自然难以理直气壮地去质疑批判者的证据是否确凿，更不用说义正词严地去追问那些批判者的傲慢与偏见。

林纾是为五四新青年炮制的"双簧信"所激主动跳出来迎战的，从而让五四新青年如愿以偿地找到了"革命"的具体对象，轰轰烈烈地展开了对旧派的批判，林纾自此也被扣上了"反对派领袖"的帽子。因此，一些重审"双簧信"事件的学者指出："林纾作为祭旗的牺牲而落入彀中，是新文化群体共谋的结果。"② 实际上，就连

---

① 参见张俊才《林纾评传》（中华书局2007年版）和杨联芬《晚清至五四：中国文学现代性的发生》（北京大学出版社2003年版）中第三章"林纾与中国文学现代性的发生"。

② 慈波：《误读与重释——作为古文家的林纾》，《中山大学学报》2009年第6期。

对林纾大加挞伐的五四新青年们自己也清楚，林纾并不是真正的旧派，单就林译小说而言，就哺育了一代新青年。这一点在林纾去世后，由五四新青年阵营的中坚人物对林纾的"盖棺定论"中即可见出。首先是五四的旗手胡适，他先在《五十年来中国之文学》中称"林纾是介绍西洋近世文学的第一人"，后又在《林琴南先生的白话诗》中肯定林纾也曾经是做改革运动的新人物；紧接着，郑振铎在《小说月报》上发表纪念性文章《林琴南先生》，对林纾的为人、白话诗创作和翻译都做了公允的正面评价，这算是五四人给予林纾的一个比较全面的概括。其后，周作人在《林琴南与罗振玉》一文中也坦承林纾"终是我们的师"①。尽管周作人在受到钱玄同的批评后迅速推翻了自己的说法（见后文），但白纸黑字的评判却终究留在了历史上。"双簧信"主谋之一——刘半农看到周作人的评价后，公开致信周作人，对于自己当年的唐突也表示了些许的歉意："你批评林琴南很对。经你一说，真叫我们后悔当初之过于唐突前辈，我们做后辈的被前辈教训两声，原是不足为奇，无论他教训的对不对。不过他若止于发卫道之牢骚而已，也就罢了；他要借重荆生，却是无论如何不能饶恕的。"② 尊林纾为"师"或"前辈"，并不是对于"死者"的一种特别敬意，而是一种事实。五四一代新青年大部分是读着林译小说成长的，这个名单几乎囊括了全部五四文学革命阵营的中坚人物，诸如胡适、鲁迅、周作人、郭沫若、沈雁冰……他们都曾公开表述过自己所受林译小说的影响，甚至可以说，林译小说哺育了五四一代新青年。而在五四文学革命刚刚兴起之时，比林纾更加"正宗"的守旧派、复古派其实大有人在，首先是作为"桐城谬种"的正宗传人，诸如马其昶、姚永概、姚永朴，以及严复等人，影响都还存在；其次，在新文化运动发源

---

① 启明：《林琴南与罗振玉》，《语丝》第 3 期，1924 年。
② 刘复：《巴黎通信》，《语丝》第 20 期，1925 年。

地的北京大学还有刘师培、黄侃等人创刊《国故》杂志，公开提倡保存国粹；最后，更有由趋时而转向复古的章太炎高唱"文学复古"的论调并对五四时期提倡的白话文多有鄙夷讥讽。但当五四新青年祭起文学革命的大旗时，却绕过了上述这些强有力的复古、守旧者，而选择林纾这样一个"不堪一击的反对派"（胡适语）开刀就显得别有意味。

选择一个牺牲品来祭五四新文化和文学革命的大旗并不足怪，但是五四新青年对于林纾冷嘲热讽、不尊不敬的态度以及话里话外的轻蔑却值得进一步追问。由各种版本的"五四学"史可知，五四新青年与林纾之间的论争最终因林纾创作了《妖梦》和《荆生》两篇小说丑诋胡适、钱玄同、陈独秀、蔡元培等新文化运动的领军人物，而被五四阵营抓住了把柄大做文章，虽然林纾为此公开登报道歉并博得了陈独秀的"佩服"，但终究弄得名声扫地，近乎成了历史上的一个笑柄。实际上，如果站在一个超越五四立场的角度重新考察这场论争的来龙去脉，尤其是考虑到五四新青年对于林纾的"轻侮、戏弄、谩骂"的态度，也许就会理解林纾以小说影射骂人之举虽然幼稚，但还不至于那么不可原谅。众所周知，由钱玄同和刘半农二人制作的"双簧信"本身就是对林纾设计好的一场戏弄，而其后他们提及林纾更是态度蛮横，乃至有谩骂之势。当时即有读者致信陈独秀，对于钱玄同的态度进行批评，认为："钱玄同先生之文字革命，为激烈派，其进锐者其退速。况钱君之主张，直至骇人听闻，不能按部就班，以尽诱导之天职……余所望于钱君者，不赞成则可，谩骂则失之。如选学妖孽，桐城谬种，是不免无涵蓄，非所以训导我青年者，愿先生忠告钱君，青年幸甚。"钱玄同在回信中却毫不客气地坚持自己的态度和风格："若一班'古今中外派'之凉血动物，以鄙言为'激烈'，为'骇人听闻'，或'斥'或'诟谩'，则鄙人不但不以为忤，且甚为欢迎；因此辈'古今中外派'之凉血动物，本与纯洁之青年为绝对不能相容之一物，此辈若以鄙言为非，则鄙言或于青年尚不无裨益也……至'桐城派'与'选学家'，则无论何人，无不视为正当之文章，后者流毒已千余年，前者亦数百年；此等文章，除了谩骂，更有何术？鄙人虽不文，亦何至竟瞎了眼睛，认他为一种与我异派之文章，而用相对的论调，仅曰'不赞成'而已哉？"① 同样，一位署名为"崇拜王敬轩先生者"的读者致信陈独秀，对于新青年以谩骂为讨论的形式提出了意见："贵志记者对于王君议论，肆口侮骂，自由讨论学理，固应又是乎？"在回复这一读者来信时，陈独秀的回复更加直接："本志自发刊以来，对于反对之言论，非不欢迎；而答词之敬慢，略分三等：立论精到，足以正社论之失者，记者理应虚心受教；其次则是非未定者，苟反对者能言之成理，记者虽未敢苟同，亦必尊重讨论学理之自由，虚心请益；其不屑与辩者，则为世界学者业已公同辨明之常识，妄人尚复闭眼胡说，则唯有痛骂之一法。"② "谩骂"与"痛骂"一方面展示了五四新青年派崭新的生气，同时也显示出对于林纾等旧派的傲慢态度。

新青年派一方面对旧派林纾采取了以谩骂代替论争的傲慢姿态，另一方面则对自己的偏见毫不觉察。最为明显的莫过于新青年派用来嘲笑林纾"不通古文"的所谓"笑柄"，其实不过是因为自己的偏见所导致的"以讹传讹"。讹传的发端源自1917年刘半农在《我之文学改良观》一文中谈到"不用不通之字"时，便以林纾的翻译为例："近人某氏译西文小说，有'其女珠，其母下之'之句。以珠字代'胞珠'，转作'孕'字解。以'下'字作'堕胎'解，吾恐无论何人，必不能不观上下文而能明白其意者。是此种不通之字，较诸'附骥'、'续貂'、'借箸'、'越俎'等通用之典，尤为费解。"③ 随后钱玄同在与刘半农关于"新文学与今韵问题"的通信中

① 钱玄同：《通信》，《新青年》第 4 卷第 6 号，1918 年。
② 陈独秀：《通信》，《新青年》第 4 卷第 6 号，1918 年。
③ 刘半农：《我之文学改良观》，《新青年》第 3 卷第 3 号，1917 年。

以更加揶揄的口气道："至某氏'其女珠其母下之'之妙文，则去不通尚有二十年。此公之文，本来连盖酱缸都不配，只有用先生的法子，把他抛入垃圾桶罢了。"① 林纾这一被斥为"不通"的翻译落实到胡适的《建设的文学革命论》中，已经被当成确凿无疑的"笑柄"："用古文译书，必失原文的好处。如林琴南的'其女珠其母下之'早成笑柄，且不必论。"② 林纾在中国现代文学史乃至文化史上近乎"笑料"的形象，实际和五四新青年们不做细审、信手拈来认定的"笑柄"以及"罪证"有直接的关系，其根源还是他们对待林纾的轻慢态度，用胡适的话来说就是："那时的反对派实在太差了，在1918和1919年间，这一反对派的主要领导人便是那位著名的翻译大师林纾（琴南）……他说'吾固知古文之不当废。然吾不知其所以然。'对这样一个不堪一击的反对派，我们的声势便益发强大了。"③ "笑柄"一案最终得以澄清，还是若干年后钱锺书在全面评价林纾的翻译时提及："古奥的字法、句法在这部译本里随处碰得着，'我为君洁，故愿勿度，非我自为也，'就是一例。'女接所欢，嫡，而其母下之，遂病'——这个常被引错而传作笑谈的句子也正是'古文'里叙事简敛肃括之笔。司马迁还肯用浅显的'有身'或'孕'，（例如《外戚世家》、《五宗世家》、《吕不韦列传》、《淮南·衡山列传》、《张丞相列传》），林纾却从《说文》所引《尚书·梓材》挑选了一个斑驳陆离的古字'嫡'；班固还肯说'饮药伤堕'（《外戚传》下），林纾却仿《史记·扁鹊仓公列传》，只用了一个'下'字。这就是《畏庐论文》里所谓'换字法'。"④ 由钱锺书的论述可知，历史上流传的有关林纾的"笑柄"，不但不是"不通"的笑

---

① 钱玄同：《通信·新文学与今韵问题》，《新青年》第4卷第1号，1918年。
② 胡适：《建设的文学革命论》，《新青年》第4卷第4号，1918年。
③ 唐德刚译注《胡适口述自传》，华东师范大学出版社1993年版，第165页。
④ 钱锺书：《林纾的翻译》，钱锺书等：《林纾的翻译》，商务印书馆1981年版，第42～43页。

柄，而且是其用字"古奥"的一个旁证。"笑柄"的事件虽然也有后世研究者时常提及①，但是，林纾的身份已然被定格为五四新文化、新文学的"反对者"，其遇到的一些小误解、小偏见自然也就成为"且不必论"的部分了。同时，作为五四历史和五四精神的缔造者，新青年派的"傲慢与偏见"更容易受到支持，获得一种正义的理解。直到现在，仍有学者坚持认为"林纾不能被原谅"：

> 只要意识到在我们的社会生活中还有文化专制主义的影响的存在，只要意识到文化专制主义随时都有可能卷土重来，只要意识到像林纾这样的知识分子在自觉与不自觉中就会依傍当时主流意识形态的权力话语而反对那些背绳墨、离规矩、在权威话语的词典里找不到依据的出格言论，我们就不能以任何的理由原谅林纾在"五四"新文化运动过程中的表现，也不能以任何理由减轻他的过失。这些人，失败了也不会有多大实际的损失，胜利了则会给对方造成难以忍受的痛苦，甚至会毁掉人的一生。原谅了林纾，也就原谅了这类知识分子的这类行径，中国知识分子就永远没有思想言论的自由（文艺的争鸣，学术的争鸣，必须保障失败者的合法政治权利和人身安全）。总之，用"文化保守主义"与"文化激进主义"无法正确描述中国近现代历史、特别是"五四"新文化运动的历史。林纾在"五四"新文化运动过程中的表现不属于"文化保守主义"的范畴，而更带有文化专制主义的色彩。
>
> 我们不能原谅林纾在"五四"新文化运动中的表现，并不意味着不能原谅这个人。这类的中国知识分子，用中国人的话来说，就是"糊涂"；用西方人的话来说，就是"异化"。②

---

① 见慈波《误读与重释——作为古文家的林纾》，《中山大学学报》2009 年第 6 期；蔡萌《笑柄的笑柄》，《读书》1989 年第 7、8 期。
② 王富仁：《林纾现象与"文化保守主义"——〈林纾评传〉代序》，张俊才：《林纾评传》，中华书局 2007 年版，第 7~8 页。

五四新文化运动所提供给国人的思想文化资源，值得每个人去继承、去卫护，尤其当这些思想文化还有着极强的现实针对性的时候，更需要大力提倡和捍卫。因此，显然这里借林纾批判文化专制主义，有借林纾之酒杯浇现实块垒的意味。但是，把林纾与文化专制主义画等号，显然有欠妥当，林纾是否依傍、攀附当时的权力话语是一个不难考证的问题，单就论者对林纾不加分辨的批判态度而言，显然也继承了五四新青年派的决绝态度和强劲立场，这种姿态令人钦佩但也值得反思。

二 新文苑与旧战场

钱基博在《现代中国文学史》中谈道："纾之学，一绌于章炳麟，再蹶于胡适"，逐渐走向了衰落。前者是指林纾"力持唐宋以与崇魏晋之章炳麟争"，后者即是"持古文以与倡今文学之胡适争"。①钱基博把林纾经历的这两次论争看成历史上的两个事件，大致是不错的。在中国现代文学史上，尤其对五四时期林纾与新青年的这场论争大书而特书，以凸显"新旧"阵营的对决。但是，看似不相关的这两场论争背后却有着扯不断的内在关联，甚至可以说，具有划时代意义的"五四文白论争"与此前的"唐宋魏晋之争"有着隐秘的延续性。而正是这种"历史宿怨"，致使被定性为"现代事件"的"五四论争"其底色也并非"全新的"，"旧"在其中也起着至关重要的作用。

1. 从汉宋之争到魏晋/唐宋之争

"古文"自唐代形成发展到清代逐渐走向衰落，与清代的学术思潮和风气的变迁有着深层的关系。作为清代学术主潮的"考证学"是在对宋明理学的反动中兴起的："宋明理学极敝，然后清学兴，清

---

① 钱基博：《现代中国文学史》，上海书店出版社 2007 年版，第 136 页。

学既兴，治理学者渐不复能成军。"① 而作为宋学继承者的桐城派正是在清代主流学术的挤对中出现，并在与"汉学"的论争中求生存谋发展的，这也就注定了它总体上狭窄的生存空间和惨淡经营的命运，如梁启超所言，清学的全盛期，"其治学根本方法，在'实事求是''无征不信'，其研究范围，以经学为中心，而衍及小学、音韵、史学、天算、水地、典章制度、金石、校勘辑逸等等。而引证取材，多极于两汉，故亦有'汉学'之目。当斯时也，学风殆统于一，启蒙期之宋学残绪，亦莫能续，仅有所谓古文家者，假'因文见道'之名，欲承其祧，时与汉学为难，然志力两薄，不足以张其军"②。桐城派古文与汉学家论争也正在这一大的学术思潮转换生成中。梁启超在《清代学术概论》中追溯了桐城派与汉学家"结怨"的过程：

> 乾隆之初，惠戴崛起，汉帜大张，畴昔以宋学鸣者，颇无颜色。时则有方苞者，名位略似斌、光地等，尊宋学，笃谨能躬行，而又好为文。苞桐城人也，与同里姚范、刘大櫆共学文，诵法曾巩、归有光。造立所谓古文义法，号曰"桐城派"。又好述欧阳修"因文见道"之言，以孔、孟、韩、欧、程、朱以来之道统自任，而与当时所谓汉学者互相轻。范从子鼐欲从学戴震，震固不好为人师，谢之。震之规古文家也曰，"诸君子之为之也，曰是道也，非艺也。夫道固有存焉者矣。如诸君子之文，亦恶睹其非艺欤"（《东原集·与方希原书》）。钱大昕亦曰："方氏所谓古文义法者，特世俗选本之古文……法且不知，义更何有……若方氏乃真不读书之甚者，吾兄特以其波澜意度近于古而喜之。……"（《潜研堂集·三十三·与友人书》）。由是诸

---

① 梁启超：《清代学术概论》，《饮冰室合集·专集之三十四》，中华书局1989年版，第49页。
② 梁启超：《清代学术概论》，《饮冰室合集·专集之三十四》，中华书局1989年版，第5页。

方诸姚颇不平，鼐屡为文诋汉学破碎，而方东树著《汉学商兑》遍诋阎、胡、惠、戴所学，不遗余力。自是两派始交恶。[①]

桐城派古文家虽然以"道统"与"文统"自任，但毕竟是以"文"而立足存身，"文人"的身份遭受汉学家轻视乃是"重实学轻虚学"的清代学风的典型特征，也是"清代文无特色"的原因之一："重以当时诸大师方以崇实黜华相标榜，顾炎武曰'一自命为文人，便为无足观。'（《日知录·二十》）所谓'纯文艺'之文，极所轻蔑，高才之士，皆集于'科学的考证'之一途，其向文艺方面讨生活者，皆第二派以下人物，此所以不能张其军也。"[②]

宋学与汉学这种历史宿怨，以及汉学家以主导时代思潮的大师风范凌轹古文家的风气也一直延续到清末民初。朴学大师章太炎及章门弟子与桐城派古文家及林纾的相互攻讦，仍回荡着清代学术史上汉学家与古文家论争的旧调。章太炎以清代正统派学术大师的身份点评同代桐城派古文，尤其对林纾及其古文进行了毫不留情的讥讽：

并世所见，王闿运能尽雅，其次吴汝纶以下，有桐城马其昶为能尽俗（萧穆犹未能尽俗）。下流所仰，乃在严复、林纾之徒。复辞虽饬，气体比于制举，若将所谓曳行做姿者也。纾视复又弥下，辞无涓选，精采杂污，而更浸润唐人小说之风。夫欲物其体势，视若蔽尘，笑若龋齿，行若曲肩，自以为妍，而只益其丑也。与蒲松龄相次，自饰其辞，而祗敬之曰：此真司马迁、班固之言！（纾自云："日以左、国、史、汉、庄、骚教人"，未知其所教者，何语也？以数公名最高，援以自重。然襄

---

① 梁启超：《清代学术概论》，《饮冰室合集·专集之三十四》，中华书局 1989 年版，第 49 页。
② 梁启超：《清代学术概论》，《饮冰室合集·专集之三十四》，中华书局 1989 年版，第 76 页。

日金人瑞辈，亦非不举此自标。盖以猥俗评选之见，而论六艺诸子之文，听其发言，知其鄙倍矣。纾弟子记师言，援吴汝纶语以为重。汝纶既殁，其言有无不可知。观汝纶所为文辞，不应与纾同其谬妄，或由性不绝人，好为奖饰之言乎。）若然者，既不能雅，又不能俗，则复不得比于吴、蜀六士矣。仆固不欲两取容于姚、李，而恶夫假托以相争者。①

在章太炎的眼中，林纾不但在当时的古文界不占什么地位，其古文根本无法与桐城派古文相比，甚至连做"小说家"的资格也没有："又小说者，列在九流十家，不可妄作。上者宋钘著书，上说下教，其意犹与黄、老相似，晚世已失其守。其次曲道人物、风俗、学术、方伎，史官所不能志，诸子所不能录者，比于拾遗，故可尚也。（宋人笔记尚多如此，犹有江左遗意）其下或及神怪，时有目睹，不乃得之风听，而不刻意构画其事，其辞坦迤，淡乎若无味，恬然若无事者，《搜神记》、《幽冥录》之伦，亦以可贵。唐人始造意为巫蛊媟渎之言（符秦王嘉作《拾遗记》已造其端，嘉本道士，不足论，唐时士人乃多为之），晚世宗之，亦自以小说名，固非其实。夫蒲松龄、林纾之书，得以小说署者，亦犹《大全》、《讲义》诸书，傅于六艺儒家也。"② 章太炎以"古意"解"小说"，进而对林纾作为"小说家"的身份进行了全面否定。这种"古小说观"显然是有悖于 20 世纪趋向于现代的小说观的，正如鲁迅在《名人和名言》中所指出的章太炎以"小学"攻击白话文所产生的时代悖谬："博识家的话多浅，意义自明，惟专门家的话多悖的事，还得加一点申说。他们的悖，未必悖在讲述他们的专门，是悖在倚专家之名，来论他所专门以外的事……太炎先生是革命的先觉，小学的大师，

---

① 章太炎：《与人论文书》，《章太炎全集》第 4 卷，上海人民出版社 1985 年版，第 168~169 页。
② 章太炎：《与人论文书》，《章太炎全集》第 4 卷，上海人民出版社 1985 年版，第 169 页。

倘谈文献，讲《说文》，当然娓娓可听，但一到攻击现在的白话，便牛头不对马嘴，即其一例。"① 同理，林纾译创的小说在"现代性"的坐标中讨论其"是"，要比在"古代小说"的定义下指斥其"非"，显然更具有适切性。

在学术的较量上，作为古文家的林纾自然是比学问淹博的经学大师章太炎逊色太多，更毋庸说章太炎以革命家的身份所赢得的至高声誉。但是，论及文章崇魏晋还是宗唐宋的问题上，林纾就其资格与影响而言，还是达到了能与章太炎一论高下的地位。钱基博在《现代中国文学史》中曾记述了以章太炎和林纾为代表的两文派的势力消长："民国更元，文章多途，特以俪体缛藻，儒林不贵，而魏晋、唐宋，骈骖文囿，以争雄长。大抵崇魏晋者，称太炎为大师，而取唐宋，则推林纾为宗盟云。"② 自然，在魏晋/唐宋文的较量中，文崇魏晋的章太炎一脉始终显得略高一筹，并最终把取法唐宋的桐城派古文家们挤出大学讲坛，进而取而代之，其所依赖的绝不是章太炎一脉的魏晋文比林纾以及桐城派的唐宋文更高明，而是其作为经学大师的身份和曾经身为革命先觉者的深远社会影响："既而民国兴，章炳麟实为革命先觉，又能识别古书真伪，不如桐城派学者之以空文号天下。于是章氏之学兴，而林纾之说熸。纾、其昶、永概咸去大学，而章氏之徒代之。"③ 林纾虽然并非桐城派中人，但作为古文家则始终与桐城派同声相应、同气相求、同病相怜。姚永概等桐城派被迫辞去大学教职离开京师南下之际，林纾在《与姚叔节书》中抒发了心中的愤懑并对排挤桐城派的章氏一脉大加指斥揶揄：

　　敝在庸妄巨子，剿袭汉人余唾，以挦扯为能，以钉饾为

① 鲁迅：《且介亭杂文二集·名人和名言》，《鲁迅全集》第 6 卷，人民文学出版社 2005 年版，第 374 页。
② 钱基博：《现代中国文学史》，上海书店出版社 2007 年版，第 123 页。
③ 钱基博：《现代中国文学史》，上海书店出版社 2007 年版，第 130 页。

富，补缀以古子之断句，涂垩以说文之奇字，意境义法概置弗
讲，侈言于众，吾汉代之文也。伧人入城，购措绅残敝之冠
服，袭之以耀其乡里人，即以措绅目之，吾弗敢信也……近者
其徒某某腾燥于京师，极力排媚姚氏，昌其师说，意可以口舌
之力挠蔑正宗，且党附于目录之家，矜其淹博，谓古文之根柢
在是也。夫目录之学，书贾之帐籍也，京师书贾之老暮者，叩
以宋明之椠历历然，谓文之有根柢者必若书贾之帐籍，其
可乎？①

清末民初，学术风气虽然已经开始转移，汉学与古文都已经临
近命运的末端，但是汉学作为延续了几百年的学术主潮，流风所及，
影响依旧强劲，更有章太炎不但以经学大师的身份而高扬革命的大
旗，且在学术上"以新知附益旧学，日益宏肆"②，已经大大超出了
清学的限制。同样，在古文方面，桐城派古文也不再局限于固有的
"家法"，经历了曾国藩的"中兴"之后，严复以古文翻译西方社会
科学典籍、林纾以古文笔法译外洋小说，都开创性地扩大了古文的
畛域，使古文获得了最后的荣光。但说到底，古文居于"文苑"的
身份和古文家身为"文人"的身份仍无法与作为"学术"的汉学，
以及学识淹博的经学大师们相比肩。因此，林纾及其古文在清末文
坛遭遇苛责，既是清代学风的强劲延续，也有不同文派之间的相互
排抵、门户之见，更有自古以来的文人相轻的一面。对于章、林之
间的论争，左舜生在《我所见晚年的章炳麟》中曾评价说："文人
相轻，自古已然，虽硕学通人，亦往往不免。先生一代大师，文宗
汉魏，持论能言人所不能言，其精到处每发前人所未发。严又陵
（复）、林琴南（纾）与先生同时，均雅擅古文，并各以译述自显于

① 林纾：《与姚叔节书》，《畏庐续集》，商务印书馆 1927 年版，第 16 页。
② 梁启超：《清代学术概论》，《饮冰室合集·专集之三十四》，中华书局 1989 年版，
第 69～70 页。

当世，顾先生于严、林之文，乃深致不满……林则反唇相稽，于先生之文亦抨击不遗余力……自吾人视之，章先生既非庸妄巨子；畏庐译西洋小说百余种，使国人略知异国情调，实亦未可下侪于谈狐说鬼之蒲松龄；严又陵功在介绍一时期之西洋思想于中国，初非以文字与人争短长，凡章、林之所云云，以批评之旨趣衡之，均非持平之论。"① 实际上，就连梁启超在《清代学术概论》中所做的看似公允的评价，也带着很强的个人好恶和派别之见，尤其对于林纾及其古文的评判，既透露着经学大师对于古文家的不屑，又有魏晋文派对于唐宋文派的不满。他在《清代学术概论》中即把桐城派排斥在清代学术以外，更对与他同时代的"桐城末流"表示出了"应有的"轻蔑："戴段之考据学，虽披靡一世，然规律太严整，且亦声稀味淡，不能悉投众嗜，故诵习两派古文家者卒不衰，然才力薄，罕能张其军者。咸同间，曾国藩善为文而极尊'桐城'。尝为圣哲画像赞，至跻姚鼐与周公孔子并列。国藩功业既焜耀一世。'桐城'亦缘以增重。至今犹有挟之以媚权贵欺流俗者。平心论之，'桐城'开派诸人，本狷洁自好。当'汉学'全盛时而奋然与抗，亦可谓有勇，不能以其末流之堕落归罪于作始。然此派者，以文而论，因袭矫揉，无所取材，以学而论，则奖空疏，于创获，无益于社会，且其在清代学界，始终未尝占重要位置，今后亦断不复能自存，置之不论焉可耳。"② 谈到林纾，梁启超的"不屑"前承章太炎后继五四新青年："亦有林纾者，译小说百数十种，颇风行于时，然所译本率皆欧洲第二三流作者，纾治桐城派古文，每译一书，辄'因文见道'，于新思想无与焉。"③ 实际上，梁启超自己正是魏晋文的心仪者："启超夙不喜桐城派古文，

① 左舜生：《我所见晚年的章炳麟》，许寿裳：《章太炎传》，百花文艺出版社 2004 年版，第 205 ~ 206 页。
② 梁启超：《清代学术概论》，《饮冰室合集·专集之三十四》，中华书局 1989 年版，第 49 ~ 50 页。
③ 梁启超：《清代学术概论》，《饮冰室合集·专集之三十四》，中华书局 1989 年版，第 72 页。

幼年为文，学晚汉魏晋，颇尚矜练。"① 一方面，作为经学大师的梁启超与章太炎一样有着对于古文的轻视，另一方面，作为"努力跟着一班少年向前跑"的梁启超②，对于林纾古文及小说的评判显然直接引用了五四新青年对于林译小说的全部判词。

2. 新思想中的旧风气

五四新文化运动和文学革命中所发动的以林纾为主要批判对象的论战，被看作一场新旧思想的对决。若从宏观历史角度评述，确实如此，但是细查起来，当时的"新"与"旧"双方其实都不是那么纯粹，旧的尾声与新的开端重合、纠结在一处，"新文苑"往往也还是"旧战场"。林纾的旧思想中处处闪耀着新风气，而五四新青年的新思想却也常常遗留着旧风气。在某种程度上，只要厘清了发动论战和参与此事件评述的新青年阵营中主要成员与章太炎一脉的关系，也就看清楚了这场新思想论争中所夹杂着的旧学宿怨，同时也就理解了五四新青年批判林纾时的诸多"话外音"。

陈独秀和钱玄同是五四新文化运动中以言辞激烈而著称的骁将，尤其是钱玄同的"桐城谬种，选学妖孽"的詈词，几乎成为五四时期打击旧派最为响亮和最为有力的口号。钱玄同作为章太炎的弟子，在文宗魏晋的主张上与章太炎毫无二致，而他对于林纾及桐城派的"排斥"更是由来已久。早在"双簧信"在《新青年》上出炉之前，钱玄同就在《新青年》的"通信栏"中多次抨击过桐城派古文。论及林纾，更认为其古文远在桐城派水平线以下，其论调与章太炎如出一辙："至于当世，所谓桐城巨子，能作散文。选学名家，能作骈文。做诗填词，必用陈套语，所造之句，不外如胡君所举旅美某君

---

① 梁启超：《清代学术概论》，《饮冰室合集·专集之三十四》，中华书局 1989 年版，第 62 页。
② 胡适：《老章又反叛了!》，郑振铎编选《中国新文学大系·文学论争集》，上海文艺出版社 2003 年版，第 203 页。

所填之词。此等文人，自命典赡古雅，鄙夷戏曲小说，以为猥俗不登大雅之堂者，自仆观之，公等所撰皆高等八股耳，（此尚是客气话，据实言之，直当云变形之八股。）文学云呼哉。（又如某氏与人对译欧西小说，专用《聊斋志异》文笔，一面又欲引韩柳以自重，此其价值，又在桐城派之下，然世固以大文豪目之矣。）"① 钱玄同身为章太炎门生，同时也是清学正统派传人，他对于作为古文家和小说家的林纾所表示的轻蔑态度是显而易见的。五四"闯将"刘半农在名义上是答复"王敬轩"而实际上是骂林纾的"双簧信"中，也以记者教训"王敬轩"的口吻，含沙射影地指出了林纾在小学上的"不通"："哼！这一节，要用严厉面目教训你了！你也配说'研究小学'，'颜之厚矣，不怕记者等笑歪嘴巴么？'"② 在这场论争中的另一健将是陈独秀，他并非章门弟子，陈独秀与章太炎更接近于革命同志加学术同道的关系。在推翻清廷的革命活动中，陈独秀与章太炎乃是同志，作为"治小学"的学问家，陈独秀不但与章太炎同道，且对章太炎的学问深表佩服。据濮清泉回忆，在日本期间，"陈独秀和章太炎也时常过往，他很钦佩章的'朴学'，认为他是一个'国宝'，而章对陈的'小学'也十分赏识，认他为'畏友'"③。陈独秀与章太炎学术上的这段交往，在当时身为章太炎学生的周作人那里也得到证实，当时陈独秀是章太炎东京民报社的客人，主客所谈，乃为清朝汉学。④ 因此，无论是作为治小学的学问家，还是作为推翻清廷的革命家，陈独秀都有资格对于作为古文家和卫道者的林纾表示不屑。陈独秀曾以"婢学夫人"来讽刺林纾的学问不到家："林琴南排斥新思想，乃是想学孟轲辟杨墨，韩愈辟佛

---

① 钱玄同：《通信·致陈独秀》，《新青年》第 3 卷第 1 号，1917 年。
② 半农：《文学革命之反响》，《新青年》第 4 卷第 3 号，1918 年。
③ 濮清泉：《我所知道的陈独秀》，陈木辛编《陈独秀印象》，学林出版社 1997 年版，第 108 页。
④ 周作人：《知堂回忆录》（下），河北教育出版社 2002 年版，第 547 页。

老。林老先生要晓得如今虽有一部分人说孟轲韩愈是圣贤，而杨墨佛老却仍然有许多人尊重，孟轲韩愈的价值，正因为辟杨墨佛老减色不少。况且学问文章不及孟韩的人，更不必婢学夫人了。"[1] 在陈独秀看来，林纾的古文价值远在桐城派之下，连一个正宗的古文家也不配做："林老先生自命为古文家，其实从前吴挚甫先生就说他只能译小说不能做古文；现在桐城派古文正宗马先生也看不起他这种野狐禅的古文家；至于选派文家更不用说了。我们现在不必拿宝贵的时光和他说废话。"[2] 陈独秀的苛评，所重复的依旧是章太炎的旧调，而当这位五四新文化的总司令以传统古文的正宗与否来评价林纾时，也可见出其所使用的依旧是旧标准。

实际上，在五四新文化和新文学发动之初，当新青年阵营提倡的文学革命理论还没有产生普遍社会影响，更无法获得社会普遍认可的时候，人们还是不自觉地以传统的学术标准或者说正统的学术标准来评价这些人的成就，影响比较大的如梁启超在《清代学术概论》中就把章太炎和胡适并论为正统清学衰落期的代表人物："樾弟子有章炳麟，智过其师，然亦好谈政治，稍荒厥业。而绩溪诸胡之后有胡适者，亦用清儒方法治学，有正统派遗风。"[3] 众所周知，在与林纾的新旧论战中，蔡元培致林纾的信起到了决定性的作用，使新青年阵营获得了一种强有力的后盾。蔡元培的信名义上是回答林纾的质问，实际也是给社会的一个公开声明，但是蔡元培用以驳斥林纾为新青年辩护的，并非他们提倡的新观念和在新思想新文学方面的贡献，而是点明这些新青年学实际都是学有根基的学问家，属于正统学术一脉："北京大学教员中，善作白话文者，为胡适之、钱玄同、周启孟诸君，公何以证知为非博极群书，非能作古文，而仅

---

① 只眼：《随感录·婢学夫人》，《每周评论》第 16 期，1919 年。
② 陈独秀：《通信·致臧玉海》，《新青年》第 7 卷第 3 号，1920 年。
③ 梁启超：《清代学术概论》，《饮冰室合集·专集之三十四》，中华书局 1989 年版，第 6 页。

以白话文藏拙者？胡君家世汉学，其旧作古文，虽不多见，然即其所作《中国哲学史大纲》言之，其了解古书之眼光，不让于清代乾嘉学者。钱君所作之文字学讲义，学术文通论，皆古雅之古文，周君所译之《域外小说》，则文笔之古奥，非浅学者所能解，然则，公何宽于《水浒》、《红楼》之作者，而苛于同时之胡、钱、周诸君耶？"[1] 蔡元培反驳林纾所使用的显然是一个"旧标准"——作为清代正统学术的汉学。而正是在这个旧标准下，古文及小说在正统学术中是不占据重要地位的。新青年阵营虽然是"以旧攻旧"，却也恰恰击中了林纾的要害。

3. 隐形参战者

在新青年派与林纾的这场论争中，值得一提的还有两个隐形的参与者——鲁迅和周作人。之所以称其为"隐形"的参与者，原因之一，即是二人并没有直接参与到这场论战中，当然二人也并非旁观者，正如有研究者指出的："鲁迅与林纾未曾正面发生冲突，但鲁迅的具体创作中回应与顺手一击林纾的地方却不少。"[2] 周作人则是在林纾逝后写过多篇文章评述林纾，对林纾基本持"不原谅"的态度。原因之二，则是在与林纾的论战中，他们的《域外小说集》是被五四新青年阵营援引，借以驳斥林纾的有力证据。为人所熟知的是，周氏兄弟最初都是林纾小说的酷爱者，所翻译的《域外小说集》也有不少小说受到林译小说的启迪。但是《域外小说集》因销行数量的可怜，几乎成了一个失败的典型，对此，当事人自己与外界各有说辞。胡适在《五十年来中国之文学》中，从文言白话递嬗的角度把周氏兄弟译著的失败归结为"用古文译小说"的历史必然："古文是可以译小说的，我是用古文译过小说的人，故敢说这话。但是古文究竟是已死的文字，无论你怎样做得好，究竟只够供少数人

---

① 蔡元培：《答林琴南书》，《中国新文学大系·建设理论集》，上海文艺出版社2003年版，第167~168页。
② 贺根民：《鲁迅接受林纾——痴迷与背离》，《粤海风》2009年第4期。

的赏玩，不能行远，不能普及。我且举一个最明显的例。十几年前，周作人同他的哥哥也曾用古文来译小说。他们的古文工夫既是很高的，又都能直接了解西文，故他们译的《域外小说集》比林译的小说确是高的多。……这种文字，以译书论，以文章论，都可算是好作品。但周氏兄弟辛辛苦苦译的这部书，十年之中，只销了二十一册！这一件故事应该使我们觉悟了。用古文译小说，固然也可以做到'信，达，雅'三个字，——如周氏兄弟的小说，——但所得终不偿所失，究竟免不了最后的失败。"① 对于胡适的说法，阿英却有反驳性的意见，他认为"胡适所说原因，不是根本性的，不然，为什么林纾不失败而周氏兄弟失败呢？"阿英认为第一个原因是"过去中国人的习惯，虽也需要短篇，却是要原原本本，有始有终的故事。这样直译的短篇，自然就不为一般读者所欢迎了"。"第二，周氏弟兄翻译，虽用的是古文，但依旧保留了原来的章节格式，这对当时中国读者，也是不习惯的，既没有林纾意译'一气到底'的文章，又有些'诘曲聱牙'，其得不到欢迎，是必然的。""晚清翻译小说，林纾影响虽是最大，但就对文学的理解上，以及忠实于原作方面，是不能不首推周氏弟兄的。"② 阿英的这一见解可谓一语中的。就文学创作天资而言，周氏兄弟未必在林纾之下，而在小说翻译上却输于林纾，其原因之一即鲁迅自己所讲的"句子生硬，'诘屈聱牙'"③。而这一点恰恰是因为"受了章太炎先生的影响，古了起来"④。但是值得回味的是，当新文化阵营与林纾论战时，《域外小说集》的这个"败绩"却转而成为驳斥林纾的一个有力证据。在著

① 胡适：《五十年来中国之文学》，《胡适全集》第 2 卷，安徽教育出版社 2003 年版，第 280～281 页。
② 阿英：《晚清小说史》，东方出版社 1996 年版，第 218～220 页。
③ 鲁迅：《译文序跋集·域外小说集序》，《鲁迅全集》第 10 卷，人民文学出版社 2005 年版，第 177 页。
④ 鲁迅：《集外集·序言》，《鲁迅全集》第 7 卷，人民文学出版社 2005 年版，第 4 页。

名的"双簧信"中，记者半农便讲道："然使先生以不作林先生'渊懿之古文'，为周先生病，则记者等无论如何不敢领教。周先生的文章，大约先生只看过这一篇，如先生的国文程度——此'程度'二字，是指先生所说的'渊懿'，'雅健'说，并非新文学中之所谓程度——，只能以林先生的文章为文学止境，不能再看林先生以上的文章，那就不用说；万一先生在旧文学上所用的功夫较深，竟能看得比林纾先生分外高古的著作，那就要请先生费些功夫，把周先生十年前抱着复古主义时代所译的《域外小说集》看看。看了之后，亦许先生脑筋之中，竟能放出一线灵光，自言自语道，'哦！原来如此，这位周先生，古文功夫本来是很深的；现在改做那一路新派文章，究竟为着什么呢？难道是全无意识的么？'"① 与此相类似，蔡元培在答林纾的信中也有"周君所译之《域外小说》，则文笔之古奥，非浅学者所能解"② 的说辞。显然，五四新青年阵营避开《域外小说集》的"劣势"不谈，转而借此来驳斥林纾，其目的不过是彰显周氏兄弟学有渊源，其古文功夫更是高于林纾。杨联芬在论述"林纾与中国文学现代性的发生"时即对此做出了精到的判断："能对林纾造成最大伤害的，是挖苦他的古文不到家。""而他们为贬低林纾的古文，抬出的是周作人……这当追溯到章太炎那里。钱氏仗着章太炎弟子的身份和可以骄人的小学功底，蔑视林纾，潜在的标准显然是非常'古旧'和传统的。"③

　　我们不应否认，在新青年阵营与林纾的这场论战中，晚清学风所遗留下的派别"旧怨"仍在延续，而恰恰在这些仍然起作用的旧尺度之下，这些原本都属于正统清学一脉的五四新青年更增加了批

① 《文学革命之反响》，《新青年》第 4 卷第 3 号，1918 年。
② 蔡元培：《答林琴南书》，《中国新文学大系·建设理论集》，上海文艺出版社 2003 年版，第 167~168 页。
③ 杨联芬：《晚清至五四：中国文学现代性的发生》，北京大学出版社 2003 年版，第 121~122 页。

判乃至蔑视林纾及其古文的资格。但我们终须认定，新青年与林纾的论战从根本上还是新旧思想、新旧观念的较量。新青年所谓"战胜"林纾最终所依靠的是新思想、新观念的力量，而不是"以最'旧'的资格作为武器，扳倒了一个并非与新文化不共戴天的反对派"①。延续了数百年的古文，最终在五四新文化运动中的退出，乃是历史演进的大趋势，只不过林纾居于论争的核心，在亲身卫护古文中更为直接地参与了古文消退的过程，自然也更深刻地体会到了这种历史、文化之痛。

---

① 杨联芬：《晚清至五四：中国文学现代性的发生》，北京大学出版社 2003 年版，第 122 页。

林纾的"大道"与"小道"

一　从"冷红生"到"林纾"：笔名与真名的纠结

在中国近现代思想、文化、文学史上，令林纾博得巨大社会声誉的是他的小说译著，"林译小说"已经成为文学上的专有名词。虽然《巴黎茶花女遗事》的翻译完全出于一种"偶然"，是其用来排遣苦闷心情的偶然为之："1895年末林纾母亲去世，林纾夫妇悉心侍疾，操劳过度。至1897年夏，林纾的妻子刘琼姿也恹恹下世。中年丧妻，在林纾来说不免情绪抑郁，心情苦闷。这时魏瀚、王寿昌便鼓动林纾和他们一起翻译法国小说。据说，王寿昌这样劝告林纾：'吾请与子译一书，子可破岑寂，吾亦得以绍介一名著于中国，不胜于蹙额对坐耶？'"① 林纾婉言谢绝再三，终于勉强应允。但是正是这无心插柳之举，却使林纾走上了译著小说的"不归途"，使其名利双收，名垂史册。但这并不意味着林纾本人就看重小说翻译并心甘情愿成为世人眼中的小说家，事实恰恰相反。

林纾译著《巴黎茶花女遗事》是在19世纪与20世纪之交，也是社会观念风起云涌大转关的时代。对于小说，学界的有识之士已看到了小说改革社会、启蒙人心的重要性并开始提倡小说创作，最

---

① 张俊才：《林纾评传》，中华书局2007年版，第61页。

著名的如严复在 1897 年即有《本馆复印说部缘起》，梁启超也在 1898 年发表了《译印政治小说序》，都从改良社会的角度提及小说的重要性。传统观念的牢固致使小说观念并不因为一两个英明之士的一两篇文章而发生彻底改观，或者说"小说乃小道"的观念在林纾初涉译坛的时代依旧是一个社会性共识，因此，林纾在译著令其博得大名的《巴黎茶花女遗事》的时候，也使用了"冷红生"的笔名。译著小说而署笔名，这在中国近现代以来的文学史上几乎是一个习以为常的现象，也是一个习焉不察的惯例。但是近代小说作者使用笔名和现代小说作者使用笔名却有着不同的含义。

在"小说"摆脱"小道"的地位，逐渐成为被社会所认可的一种堂皇的文学样式之前，笔名的运用有着隐藏作者真实身份的意味，起到了面具的作用。直白地讲，小说作为"私衷酷好，阅必背人"的"小道"，甚至是"诲淫诲盗"的"歪门邪道"，是为人所轻视、所规避的，小说家自然也不肯署真名。虽然，时代变迁，小说的身份大为改观，但林纾身为正统读书人、孝廉，乃至为世所敬重的古文家，对于"壮夫不为"的雕虫小技，虽偶一为之，自然也犯不上署真名。即便作品已经产生了巨大的社会反响，作者也不肯现真身，而是任凭好事者去猜测、考证。邱炜蔓在对《巴黎茶花女遗事》的评述中即谈及作者的真实身份问题："中国近有译者，署名冷红生笔，以华文之典料，写欧人之性情，曲曲以赴，煞费匠心，好语穿珠，哀感顽艳，读者但见马克花之魂，亚猛之泪渍，小仲马之文心，冷红生之笔意，一时都活，为之欲叹观止。黄黻臣为余言，此书实出吾闽林琴南先生所手译，其题曰'冷红生'者，盖不欲人知其名，而托为别号以掩真，犹夫前日撰《闽中新乐府》，署名'畏庐子'之意也。"[①]"托为别号以掩真"非是林纾过于爱惜羽毛，而是当时

---

① 邱炜蔓：《茶花女遗事》，陈平原、夏晓虹编《二十世纪中国小说理论资料》第 1 卷，北京大学出版社 1997 年版，第 45 页。

著作小说的一种普遍情形。小说进入"文苑"是一个典型的、具有世界性意义的"现代事件":"在十八世纪的英国,文学这一概念不像今天有些时候那样,仅限于'创造性'或者'想象性'的作品,它意味着社会中被赋予高度价值的全部作品:既有诗,也有哲学、历史、随笔和书信。使一部作品成为'文学'的不是其虚构性——十八世纪严重怀疑迅速兴起的小说的文学身份——而是其是否符合某种'纯文学'标准。换言之,衡量什么是文学的标准完全取决于意识形态:体现某个特定社会阶级的价值和'趣味'的作品具有文学资格,里巷谣曲、流行传奇故事,甚至也许连戏剧在内,则没有这种资格。"① 较之中国的情形,人们历来对于"小说"的贱视有过之而无不及。摩西1907年在《〈小说林〉发刊词》中即谈到以往小说的恶劣名声和今日小说的至高声誉:"则以昔之视小说也太轻,而今之视小说又太重也。昔之于小说也,博弈视之,俳优视之,甚且鸩毒视之,妖孽视之;言不齿于缙绅,名不列于四部(古之所谓小说家者,与今大异)。私衷酷好,而阅必背人;下笔误征,则群加嗤鄙。"② 可见,"讬为别号以掩真"是自古以来著小说者的一种自我保护手段,林纾也不例外。但是仅仅在《巴黎茶花女遗事》出版两三年之后,当林纾1901年译著《黑奴吁天录》时,便开始使用真名——林纾,这不能不说是一个大胆的举动。这两三年对于"剧变"期的中国而言也非同寻常,先是"庚子事变",随后是"辛丑条约",都是关乎国族命运的大事件。亡国灭种的危机所激发的是知识阶层更为急切的救亡浪潮,"西学"已逐渐成为世所公认的救亡途径。林纾正是于此时认识到了译介西方小说不但不是"小道"而且是"爱国保种"之大道。在《黑奴吁天录》的跋语中,林纾充满自信地讲:"余与魏君同译是书,非巧于叙悲以博阅者无端之眼泪,特

---

① 〔英〕特雷·伊格尔顿:《二十世纪西方文学理论》,伍晓明译,陕西师范大学出版社1986年版,第21页。

② 摩西:《〈小说林〉发刊词》,《小说林》第1期,1907年。

为奴之势逼及吾种，不能不为大众一号……今当变政之始，而吾书适成，人人既蠲弃故纸，勤求新学，则吾书虽俚浅，亦足为振作志气，爱国保种之一助。海内有识君子，或不斥为过当之言乎？"① 在认定"翻译"成为救国之道的同时，林纾更发现，在西方世界，小说的地位与中国的情形已经大不相同："魏子冲叔告余曰：'小说固小道，而西人通称之曰文家，为品最贵，如福禄特尔、司各德、洛加德及仲马父子，均用此名世，未尝用外号自隐。蟠溪子通赡如此，至令人莫详其里居姓氏，殊可惜也。'"② 林纾为《迦茵小传》的译者不用自己的真名而用"蟠溪子"感到遗憾。既然认定了"翻译小说"是有益于家国之举，署真名也就不再有所顾忌，这也表露了林纾的一种勇气。众所周知，此一时期与林纾同样创作或者翻译小说的小说家或者社会名流所使用的几乎都还不是自己的真名，如李宝嘉创作于1903~1905年的《官场现形记》署名为"南亭亭长"；吴趼人印行于1903~1905年的《二十年目睹之怪现状》署名"我佛山人"；曾朴发表于1905~1907年的《孽海花》署名"爱自由者发起、东亚病夫编述"；1903年连载于《绣像小说》的《老残游记》署名"洪都百炼生"；梁启超在1902年发表《新中国未来记》时署名为"饮冰室主人"。创作是如此，翻译也是如此。梁启超在1902年翻译的小说《十五小豪杰》署名为"少年中国之少年"；陈独秀在1904年发表小说《黑天国》时使用的是"三爱"的笔名，他与苏曼殊合作译创的《惨世界》于1904年出版单行本时署名为"苏子谷、陈由己"；鲁迅在1903年发表小说译作《哀尘》时署名"庚辰"；周作人发表于1905年的翻译小说《玉虫缘》署名"碧罗"。译著小说而使用笔名固然可以算是一种风尚，但是联系到当时"小说"在中国

---

① 林纾：《〈黑奴吁天录〉跋》，陈平原、夏晓虹编《二十世纪中国小说理论资料》第1卷，北京大学出版社1997年版，第44页。
② 林纾：《〈迦茵小传〉小引》，陈平原、夏晓虹编《二十世纪中国小说理论资料》第1卷，北京大学出版社1997年版，第154页。

社会中"低贱"的身份和地位，作者不使用真名就别有意味了。甚至有很多小说即便已经产生了良好的社会影响，作者是谁依旧还是个谜，作者似乎并不愿意认领靠小说创作而获得的声誉。由此可见，林纾改用真名的举动算是勇气可嘉，郑振铎就对林纾这种开风气之举有过中肯的评价："中国文人，对于小说向来是以'小道'目之的，对于小说作者，也向来是看不起的，所以许多有盛名的作家绝不肯动手去做什么小说；所有做小说的人也都写着假名，不欲以真姓名示读者，林先生则完全打破了这个传统的见解，他以一个'古文家'动手去译欧洲的小说，且称他们的小说家为可以与太史公比肩，这确是很勇敢的很大胆的举动。自他之后，中国文人，才有以小说家自命的。自他之后，才开始了翻译世界的文学作品的风气。中国近二十年译作小说者之多，差不多可以说大都是受林先生的感化与影响的。"① 林纾使用真名后，笔名"冷红生"的使命并没有就此完结，林纾出版于 1913 的小说《剑腥录》和 1914 年的《金陵秋》再度启用了"冷红生"的笔名，而此时的"冷红生"已经不再是林纾涉足译坛时用以掩饰真实身份的面具，而已经成为林纾的另一张名片。悬揣林纾再度启用这一笔名大概有这样一些用意：一则是用此来区别他的自创小说和翻译小说；二则是因为这些被称为"时事小说"的创作所涉及的都是当时发生的真实事件，其中的人物事件也都有迹可循，用笔名也可以约略起到一种自我保护作用；此外，也透露出林纾对这一笔名的钟爱，"冷红生"积淀着他的少年梦想和浪漫情怀。

二　"古文"与"小说"的心理价值色差

林纾翻译的《巴黎茶花女遗事》不胫走万本，风靡一时，林纾

---

① 郑振铎：《林琴南先生》，《小说月报》第 15 卷第 11 期，1924 年。

的译著和译名从此享有盛誉，当社会越来越认识到林纾作为翻译家的价值时，林纾却并不以为然，他所看重的其实始终是自己的古文成就和身为"古文家"的声名。"古文"与"小说"在林纾心中始终有着不同的价值等级。

自韩愈、柳宗元以复兴儒学为旗帜兴起古文运动以来，就牢牢地设定了"文"与"道"的血脉关联。"因文见道""以文明道"成为历代古文家一心遵从的铁律，这种"文道合一"的规定性实际也建立了古文家更加重要的社会地位，或者说，也正是"文以载道"的这种设定性和规定性，才使得"道德文章"成为一种庄严的事业，而以文章经世正是历代文人知识分子的能力与价值所在。古文家们也从来都是以"道统"与"文统"的自觉继任者自重和自豪的，林纾也不例外。对他而言，古文是一种庄严而神圣的事业，是其安身立命之本。尽管除了古文，林纾在小说、诗歌、绘画方面的创作才能和成就并不逊色，甚至在这些方面的声誉超出了他作为古文家的声名，但林纾从来没有所谓的身份认同危机，相反，林纾对于自己的古文水平有着充分的自信。他在与友人的信中谈及此："石遗室言吾诗将与吾文并肩，吾又不服，痛争一小时。石遗室门外汉，安知文之奥妙！……六百年中震川外，无一人敢当我者；持吾诗相较，特狗吠驴鸣。"[1] 钱基博在其文学史著作中曾多次谈到林纾做古文与译作小说时的不同状态："是纾早年论文崇唐宋，故亦未尝薄魏晋者，然每为古文，则矜持异甚，或经月不得一字，或涉旬始成一篇，独其译书则运笔如风落霓转，而造次咸有裁制，所杂者，不加点窜，脱手成篇，此则并世多不经见者已。"[2] 这"风落霓转"的情形固然说明林纾在译作小说方面的天赋，也正可见出在林纾的心目中，小说和古文是有着不同的分量的，译作小说和做古文完全是两种状态，也

① 转引自钱锺书《林纾的翻译》，钱锺书等：《林纾的翻译》，商务印书馆 1981 年版，第 50 页。
② 钱基博：《现代中国文学史》，上海书店出版社 2007 年版，第 124 页。

是两种心态。林纾做古文时"矜持异甚",固然说明了林纾对于古文遣词造句的一种慎重,同时也暗示出了林纾对于古文所持的一种近乎仪式般的敬重。道德与文章的一体化,使作者在创作时不自觉地进入一种肃穆庄严的状态中,绝不能随随便便。林纾在《春觉斋论文》的"意境说"中即讲述了"作文"时的一种境界:"文字之谨严,不能伪托理学门面,便称好文字。须先把灵府中淘涤干净,泽之以《诗》《书》,本之于仁义,深之以阅历,驯习久久,则意境自然远去俗氛,成独造之理解。"文章的意境既取决于为文者的人格心胸,那么写作之前,为文者则必须进入一种状态:"须知意境中有海阔天空气象,有清风明月胸襟。须讲究在未临文之先,心胸朗彻,名理充备,偶一着想,文字自出正宗。"① 因此,林纾在《〈春觉斋论文〉述旨》的最后总结说:"真能古文者,固不轻易为文也。"林纾虽然在译著小说、绘画、诗歌等方面都成就斐然,但是唯有"古文"才是他的至爱,精神所托。陈衍在《石遗室诗话》中曾道出了林纾的这番苦心:"琴南号畏庐,多才艺,能画,能诗,能骈体文,能长短句,能译外国小说百十种,自谓古文辞为最,沉酣于班孟坚、韩退之者三十年,所作兼有柏梘,桦湖之长,而世人第以小说家目之,且有深诋之者,余常为辩护。"② 林纾曾于报纸的一则广告上得知"国学扶轮社"辑录清代千家文,把林译小说的"序言"也收录其中,连忙写信说明原因并要求更换:"纾虽译小说至六十余种,皆不名为文。或诸君子过爱,采我小序入集,则吾丑益彰,羞愈加甚。不得已再索败簏,得残稿数篇,尚辨行墨,寄呈斧削。果以为可留者,请将已录之拙作削弃,厕此数篇,虽非佳作,然亦丑妇之涂抹者也。诸君子其许我乎?"③ 林

---

① 林纾著,范先渊校点《春觉斋论文》,《论文偶记/初月楼古文绪论/春觉斋论文》,人民文学出版社 1959 年版,第 73 ~ 74 页。
② 朱羲胄述编《贞文先生学行记》卷一,世界书局 1949 年版,第 7 页。
③ 林纾:《与国学扶轮社诸君书》,李家骥等整理《林纾诗文选》,商务印书馆 1993 年版,第 274 页。

纾是非常严格地区分了自己的古文创作和小说翻译的。古文是林纾的庄重事业，而译著小说（包括绘画）不过是其副业，越到后来越成为他的自娱活动。林纾在《鹰梯小豪杰》序中曾说："余笃老无事，日以译著自娱……本非小说家，而海内知交，咸目我以此，余只能安之而已。"① 林纾的这一番话道出了自己心中的无奈，作为小说的"小序"，完全没有资格跻身于"文"的行列。由此也可以理解，当新青年喊出"桐城谬种，选学妖孽"的叫阵口号时，既非桐城派嫡传、更非选学派同道的林纾却挺身而出与五四新青年论战，与其说是为"'桐城派'护法"不如说是"为古文护法"，誓要拼其残年为"力延古文之一线"而战。在林纾看来，古文只有正宗不正宗，而不论派与不派："夫桐城岂真有派？惜抱先生亦力追古学，得经史之腴，镕裁韩、欧之轨范，发言既清，析理复粹，自然成为惜抱之文，非有意立派也。学皆有派，溯源于古，多读书，多阅历，范以圣贤之言，成为坚确之论，韩、欧之法程自在，何必桐城？即桐城一派，亦岂能超乎韩、欧而独立耶？"② 当桐城派弟子姚叔节认为林纾与新青年辩论是任气好辩时，林纾信中说："吾友桐城姚君叔节恒以余为任侠而好辩，余则曰，吾非桐城弟子为师门捍卫者，盖天下文章务衷于正轨，其敢为黔黑凶狞之句，务使人见而沮丧者。杨雄氏之好奇不如是也。"③ 可见，林纾卫护的是"文章之正轨"而非桐城派古文。钱基博也认为，因林纾晚年和新青年的论战便视其为桐城派，这对于不持宗派之见且博采众家的林纾而言，乃是一种误解，林纾晚年的"召闹取怒"，乃是为其"盛名"所累："按林纾论文不薄六朝，论诗不主江西，不持宗派之见，初意未尝

① 林纾：《〈鹰梯小豪杰〉序》，陈平原、夏晓虹编《二十世纪中国小说理论资料》第1卷，北京大学出版社1997年版，第551~552页。
② 林纾著，范先渊校点《春觉斋论文》，《论文偶记/初月楼古文绪论/春觉斋论文》，人民文学出版社1959年版，第46页。
③ 林纾：《〈慎宜轩文集〉序》，《畏庐三集》，商务印书馆1927年版，第5页。

052 新文化与旧传统 · 五四文化守成派十论

不是。顾晚年昵于马其昶、姚永概，遂为桐城护法，昵于陈宝箴、郑孝胥，遂助西江张目，然'侈言宗派，收合徒党，流极未有不衰'，纾固明知而躬蹈之者，毋宁盛名之下，民具尔瞻，人之借重于我，与我之所以见重于人者，固自有在，宗派不言而自立，党徒不收而自合，召闹取怒，卒丛世诟。则甚矣，盛名之为累也。或者以桐城家目纾，斯亦皮相之谈矣。"① 钱基博的评判可谓一语中的。可见，后来的研究者把林纾与新青年的论战说成是"身为桐城边缘的林纾邀宠于'正宗'"，未免是妄断。林纾与桐城派的关系乃是同声相应、同气相求，最后更是同病相怜。中国近现代以来，社会和文化思潮的转移使得"小说"作为"庄严的事业"已经受到了越来越多的重视，作为小说翻译家的林纾也由此获得了更大的声誉和价值，而作为古文家的林纾却日益贬值乃至"面目可憎"。如王富仁在《林纾现象与"文化保守主义"——林纾评传代序》一文中所讲："时至今日，我们已经能够看到，林纾为什么仍然受到我们的重视，为什么仍然能够在中国文化史上占有一席重要的地位呢？不是因为'五四'新文化运动之后外国文学受到了中国知识分子更加高度的重视吗？不是因为中国现代的翻译文化得到了更长足的发展吗？没有这些，他作为一个最早的文学翻译家对于我们又有什么价值呢？他不就成了破坏中国文化统一性的罪魁祸首了吗？我认为，'五四'新文化运动拯救了中国文化，拯救了中国知识分子，同时也拯救了林纾。"② 这种阐释是完全把林纾看作"五四"的一个结果，五四的一个受惠者，是一个被五四"拯救"了的对象，而不是一个原因，不是一个主动的施惠者、一个五四的贡献者。也许，这种后来者一厢情愿的"拯救"，并不是林纾想要的，倘若林纾地下有知，恐怕也断不会领情的。

---

① 钱基博：《现代中国文学史》，上海书店出版社 2007 年版，第 133 页。
② 王富仁：《林纾现象与"文化保守主义"——林纾评传代序》，张俊才：《林纾评传》，中华书局 2007 年版。

三 古文的品味与小说的趣味

林纾以古文家的身份介入小说译创并以史汉笔法翻译小说，抬高了小说的价值和小说家的身份，进而引起了中上层社会阅读外洋小说的兴趣，这一点已成学界共识。但是有必要进一步追问，在同一时代，大力提倡小说翻译并亲身介入小说创译的社会名流不只有林纾，梁启超就是一个最鲜明不过的例子，但是唯独林译小说能够"不胫走万本"，为读者所青睐，其中的原因何在？或者说，"林译小说"如何成为一个知识界的"专有名词"，它是从哪个角度契合了包括后来成为"五四新青年"的众多读者的口味呢？

作为古文家，林纾论及小说也以"古雅"为最上乘。他在《〈践卓翁小说〉自序》中即讲："计小说一道，自唐迄宋，百家辈出，而翁特重唐之段柯古。柯古为文昌子，文笔其古，乃过其父，浅学者几不能句读其书，斯诚小说之翘楚矣。宋人如江邻几，为欧公所赏识者，其书乃似古而非古，胶沓绵覆，不审何以有名于时。宛陵梅叟，诗笔为余所服膺。"①"古雅"既是林纾评判小说的观念，也是林纾译创小说的追求，这种追求也代表了与他同时代的知识阶层一种共同的阅读品味。李定夷曾在《文学常识》中援引了苦海余生对林译小说的评价："……琴南说部译者为多，然非尽人可读也。……曷为而言琴南之小说非尽人可读也？琴南之小说不止凌轹唐、宋，俯视元、明，抑且上追汉、魏。后生小子，甫能识丁，令其阅高古之文字，有不昏昏欲睡者乎？故曰琴南之小说非尽人可读。"②林纾以古文笔法翻译小说，追求古雅，以至于"非尽人所可读"，这

---

① 林纾：《〈践卓翁小说〉自序》，陈平原、夏晓虹编《二十世纪中国小说理论资料》第 1 卷，北京大学出版社 1997 年版，第 414 页。

② 转引自薛绥之、张俊才编《林纾研究资料》，知识产权出版社 2010 年版，第 191 页。

恰恰是林纾小说能够吸引、折服当时知识阶层的一个关键，因为只有具备相当古文素养的人，才能读懂林译小说。因此，林纾以古文家的身份进入小说界、译西书而绳以古文义法的做法化解了小说身为"下流小道"的可疑身份，使这些传统士林中人去除了以往"阅读小道"自然连带起来的道德焦虑。更进一步，古文在社会上的至高地位和林纾作为文章大家的社会影响，使得读林纾的小说和读他的古文一样，成为一种学养与品味的标志，以至于到了1926年，新文学已渐成为文坛主流与正宗的时候，还有人为之辩护："林琴南先生为近代文章大师。其文坚实精醇，戛戛独造，士林莫不宗仰！生平所译西洋小说，往往运化古文之笔以出之，有无微不达之妙！声价之重，无待赘述。余酷嗜林氏文，十年以来未尝释手；而于译本小说，亦涉猎殆遍。良以其妙绪环生，挹之不尽，有非偶然者也。余尝谓人之读书，无异尚友，书必精义充实而后能使人爱读；友必才德兼备而后使人乐与。——若林氏文，光气灿然，凡稍具文学眼光之人，无不欣赏而折服之，固不独余一人之嗜痂已也。"①

但是，仅有"古雅"，对于小说这种文体而言显然是不够的，尤其对于情感丰富、思维活跃的青少年读者群来说，更是如此。众所周知，鲁迅、周作人的《域外小说集》译笔可谓"古雅"，但终因行文生硬塞涩而失去了更多读者，没有销路。因此，"品味"以外，"趣味"更是一个迷人的重要因素。如果说前者偏重于后天研习而得的古文素养，那么后者则更近乎小说家与生俱来的一种性情，近乎或说一种天赋，钱基博就评价"纾之文工为叙事抒情，杂以恢诡，婉媚动人，实前古所未有"。② 林纾做正经古文尚能做到生动感人，一旦放下古文家的正经严肃面孔而以轻松的心态进入小说翻译，就更加游刃有余，轻轻松松就能做到"耳受手追，声已笔止"，趣味天

---

① 转引自薛绥之、张俊才编《林纾研究资料》，知识产权出版社2010年版，第191页。
② 钱基博：《现代中国文学史》，上海书店出版社2007年版，第127页。

成。很多五四新青年都在"有趣"与"无趣"的比较中谈及自己当年耽溺林译小说的情形。郭沫若在《我的童年》中回忆:"林琴南译的小说在当时是很流行的,那也是我所嗜好的一种读物……Lamb 的《Tales from Shakespeare》,林琴南译为《英国诗人吟边燕语》,也使我感受着无上的兴趣。它无形之间给了我很大的影响。后来我虽然也读过《Tempest》、《Hamlet》、《Romeo and Juliet》等莎氏的原作,但总觉得没有小时所读的那种童话式的译述来得更亲切了。"[①]胡适在《五十年来中国之文学》中也承认林译小说的精彩趣味:"林译的小说往往有他自己的风味;他对原书的诙谐风趣,往往有一种深刻的领会,故他对于这种地方,往往更用气力,更见精彩。"[②]林纾正是以自身精湛的古文素养和小说家的天才,赋予了林译小说古雅的古文品味和生动的小说趣味,成为当时中上等知识阶层嗜好的读物。胡适在《五十年来中国之文学》中曾批评林纾的小说翻译的"小众化":"林纾用古文做翻译小说的试验,总算是很有成绩的了……但这种成绩终归于失败!这实在不是林纾一班人的错处,乃是古文本身的毛病。古文是可以译小说的,我是用古文译过小说的人,故敢说这话。但古文究竟是已死的文字,无论你怎样做得好,究竟只够供少数人的赏玩,不能行远,不能普及。"[③]胡适的"平心而论"从反面指出了林译小说的局限——"不能普及",但是这所谓的"不能普及"并不应该全部归结于"古文"自身,还有运用"古文"的人。众所周知,革命后的五四新文学所使用的是胡适所主张的"活文字"——白话文,但所面临的同样是无法普及的困境,可见,文学能否普及固然与文字有关,但也是一个更为复杂的话题,

---

① 郭沫若:《我的童年》,《郭沫若全集·文学编》第 11 卷,人民文学出版社 1992 年版,第 123 ~ 124 页。

② 胡适:《五十年来中国之文学》,《胡适全集》第 2 卷,安徽教育出版社 2003 年版,第 279 页。

③ 胡适:《五十年来中国之文学》,《胡适全集》第 2 卷,安徽教育出版社 2003 年版,第 279 ~ 280 页。

与整个社会的知识状况、思想状况都有密切关联。如鲁迅所说："我们中国的文字，对于大众，除了身分，经济这些限制之外，却还要加上一条高门槛：难。单是这条门槛，倘不费他十来年工夫，就不容易跨过。跨过了的，就是士大夫，而这些士大夫，又竭力的要使文字更加难起来，因为这可以使他特别的尊严，超出别的一切平常的士大夫之上。"① 诚然，不识字的文盲可以通过教育的普及来解决，而所谓文学，在常态的情况下，终归是属于少数人，而且文学的品味和趣味也无法普及划一。林纾正是要借助自己的古文修养保持林译小说的品味与趣味，"普及"并不是他的追求，因此，当东亚病夫（张若谷）提议林纾改用白话进行翻译时，遭到了林纾的完全反对，理由是"用违所长，不愿步《孽海花》的后尘"②。林纾不肯用白话固然有他的固执与成见，这也是他被五四新青年阵营大加挞伐的一点，但是林译小说以独有的品味与趣味吸引着当时较高层次的士林中人，也是一个不争的事实，以至于围绕一些林译小说还引发了当时文人名士们（如高旭、汪笑侬、夏曾佑、高吹万、黄侃、陈衍等）大量的题赠、唱和，也正说明林译小说独有的风格和品味，并不像五四新青年们所抨击的那样腐朽不堪。

① 鲁迅：《且介亭杂文·门外文谈》，《鲁迅全集》第 6 卷，人民文学出版社 2005 年版，第 95 页。
② 转引自薛绥之、张俊才编《林纾研究资料》，知识产权出版社 2010 年版，第 196 页。

从"游戏文章"到"反动文本"：重读《荆生》与《妖梦》

以"五四"命名的新文化运动、文学革命以及学生爱国运动，不仅开启了现代中国政治、思想、文化和文学嬗变的新纪元，更在近百年的历史蓄积中不断净化、纯化，凝聚成一束高能量光源，在历史的各个关口起到了探路和照亮的作用。"五四"的"高能化"固然增强了探照历史和现实的力度和强度，但也减小了其作为能量场的宽度和深度，删减了作为一个政治、思想、文化交锋地带所应有的驳杂与丰富。在重新认知、反思五四的大潮中，有些学者已经逐渐意识到，五四的反对派不仅仅具有负面价值，同时也是五四的"另类"参与者，"其质疑、诘难、否定、批评，从不同侧面推进了五四新文学的历史进程"①。如果说，这种认知还是完全站在五四新文学立场的发言，那么，"谁的五四"提问者则站到了一个双边的立场上，认为"将五四遗产简化为《新青年》与五四新文化派，这在某种程度上掩盖了我们对现代中国文化启端的丰富而复杂的内涵的发掘，也给一些望文生义的指摘留下了可能。在作为历史发动火车头的五四新文化派的背景上，存在着一个更为广阔的'五四文化

---

① 秦弓：《五四时期反对派的挑战对于新文学的意义》，《中国社会科学院研究生院学报》2007 年第 2 期。

圈'，它由新文化的倡导者、质疑者、反对者与其他讨论者共同组成，他们彼此关系有疏有密，但远非思想交锋之时的紧张和可怕，他们彼此的砥砺和碰撞……一起保证了现代中国文化发展的能量和稳定，属于我们重新检视的'五四遗产'"。① 由上述例证可知，学界已经从更为理性的角度审视五四的全部遗产。笔者认为，全面理解五四，不仅仅要把强化为一元、浓缩为"点"的五四拓展为多元的、"面"的五四，化解固化的意识形态壁垒，还应破解认知模式上的迷思，去除以"进步与落后""激进与保守""革命与反动"等二元对立思维模式构成的一元价值取舍，以"了解之同情"重新看待五四新文化运动/文学革命的反对派。检视五四反对派被"固化"乃至"丑化"的历史面相，还原其被遮蔽的正面形象和有效价值，并非压抑或削弱了"五四精神"，而是全面理解五四的题中应有之义。在这一思路下，五四新文化和文学革命发动期的头号反对派人物林纾及其"反动"小说《荆生》和《妖梦》，成为首先要直面的问题。与学界对其他五四反对派及个人如学衡派、甲寅派、辜鸿铭等不断做出的正面价值重估相比，在对待林纾，尤其是其借用小说攻击五四新青年派这一问题上，研究界的结论呈现出惊人的一致性。坚决捍卫五四新文学价值的主流学派自不待言，即便是一些认为应该理性、辩证地对待林纾等五四反对派的学者，也毫不含糊地认定"林纾攻讦新文化阵营的小说《荆生》、《妖梦》毫无水准，大失风度，是可悲复可笑的败笔"②。林纾及其小说《荆生》和《妖梦》的"反动"几成不容置疑的历史定案乃至铁案。

　　实际上，《荆生》和《妖梦》原本是"性好谐谑"的林纾所写的"游戏文字"，与他当时所创作的大量的笔记小说属于同类，并非

---

① 李怡：《谁的五四——论"五四文化圈"》，《中国现代文学研究丛刊》2009 年第 3 期。

② 秦弓：《五四时期反对派的挑战对于新文学的意义》，《中国社会科学院研究生院学报》2007 年第 2 期。

现代意义上的严肃小说。这两部小说，最终上升并被定性为"反动文本"乃是五四新文化派有意建构的结果，五四新青年借其实现批判林纾的关键一击。《荆生》和《妖梦》是正、反双方都确认的林纾攻击五四新文学的铁证。因此，重回历史现场，考察这一"反动文本"的历史生成过程，对于重估五四反对派并全面认知五四有着重要作用。

一　"好谐谑"：林纾的另一副面相

五四新青年与林纾的论争是五四新文化运动中新旧思想的首次交锋。林纾自"双簧信"卷入论战，至其发表《荆生》和《妖梦》，招致新青年乃至新文学界的集体批判，最终高挂免战牌，如陈独秀在报纸上所揭示的那样："写信给各报馆，承认他自己骂人的错误。"① 至此，五四新青年初战告捷，而林纾作为新文化运动反动派的身份和失败者的可悲下场，遂成新文学史定案。在此后的新文学史叙事中，林纾作为顽固的卫道者和绝望的失败者的形象，不断得到深描。在阶级意识形态笼罩的"革命文学史"阶段，林纾作为"阶级反动派"的形象自不待言，时至20世纪80年代，在思想解放的大潮中重新修撰的现代文学史著作中，林纾固化的形象依旧没变，仍然被描述为一个绝望的乃至充满仇恨的"反动派"角色："首先跳出来反扑的是林纾，他在近代翻译外国小说方面成就斐然，但毕竟是'桐城派'的嫡传弟子和干将，终于充当了'拼我残年极力卫道'的悲剧角色。"自然，林纾的两篇小说也连带着成为他作为"反动派"的有力证据："林纾还发表拙劣的文言小说《荆生》、《妖梦》，含沙射影咒骂文学革命的倡导者和支持者，阴险地暗示握有实权的'伟丈夫'出来干预镇压，暴露出封建士大夫丧失世袭领地时

---

① 只眼：《林琴南很可佩服》，《每周评论》第17期，1919年。

的仇恨的心理。"①　在具有代表性和广泛影响的现代文学史著作——《中国现代文学三十年》中，林纾被塑造成一个阴险的、充满仇恨的、绝望的卫道者。以此为代表，中国新文学史形塑的林纾，包括对这一论争事件的定性，也深刻地影响到后来力图以同情的心态和客观的眼光看待林纾并力图重塑林纾形象的研究者。比如张俊才先生在其备受称道的《林纾评传》中，即带着认同、理解之情评价林纾："他是一个有'义心'、有责任感的人，是一个生性耿直，注重'节操'，但脾气又有些'燥烈'的人。"②　这种评价较之新文学史"敌我"立场上的"阴险论""仇恨论"，更接近历史的实际。但当论及林纾在五四新旧思潮激战时的行为时，张俊才先生也认为，林纾自幼木强多怒的性格，致使他对新文化阵营的"反击"难免是情绪化的，即便是以其人之道还治其人之身，"他的具体做法实际上也堕入了非道德的'恶趣'之中"，"《荆生》《妖梦》确属过分情绪化地编造荒唐的故事来向对手泼污水"③。可见，即便在林纾的正论者、辩护者眼中，《荆生》《妖梦》的出现也是令林纾的"人品"与"文品"大打折扣的污点。显然，这仍是一种潜在的"五四新青年派"的基本价值立场。当然，论者强调林纾木强多怒、好骂人、性刚直、倔强、不屈人下的性情，凸显其心地坦荡而非假道学的君子品性，固然化解了以往新文学史对林纾的"矮化"乃至"丑化"，但这使得五四时期的这场新旧论争更趋于严肃化和严重化。在这一过程中，《荆生》和《妖梦》作为"骂战"的产物，"谩骂""影射"的"反动"文本特征也就越发鲜明。

　　林纾在"木强多怒"的性情之外，还有另一副面相——好谐谑，两种性情合一，才是全面理解林纾以及《荆生》和《妖梦》的关键

---

①　钱理群、温儒敏、吴福辉、王超冰：《中国现代文学三十年》，上海文艺出版社1987年版，第38～39页。
②　张俊才：《林纾评传》，中华书局2007年版，第222页。
③　张俊才：《林纾评传》，中华书局2007年版，第226～227页。

所在。陈声暨在林纾去世后的挽诗中评价："我性本嫉俗，有声寄之诗。诗成常请益，丈为动须眉。张目毕怒骂，解颐事诙谐。"[①] "诙谐"与"怒骂"是林纾性格的两个方面。正所谓"文章通于性情"，林纾好谐谑的性情渗透到其著、译的小说中则形成了幽默诙谐的风格。夏敬观在挽诗中曾比较过严复和林纾著述文字的特征："闽士严与林，等以著述老，林书极诙谐，严书太玄草。"[②] 林纾的诗文小说能够风靡一时，一个重要的原因即是其笔墨幽默诙诡，令人有拊掌的快感。郭沫若等读着林纾小说成长起来的新文学家们，对林纾的这一幽默风格感受很深，甚至颇为醉心。郭沫若在《我的童年》中回忆说："林琴南译的小说在当时是很流行的，那也是我所嗜好的一种读物……Lamb 的《Tales from Shakespeare》，林琴南译为《英国诗人吟边燕语》，也使我感受着无上的兴趣。它无形之间给了我很大的影响。后来我虽然也读过《Tempest》、《Hamlet》、《Romeo and Juliet》等莎氏的原作，但总觉得没有小时所读的那种童话式的译述来得更亲切了。"[③] 钱锺书更是从读者和学者的双重角度，高度评价了林纾的翻译："我事先也看过梁启超译的《十五小豪杰》、周桂笙译的侦探小说等等，都觉得沉闷乏味。接触了林译，我才知道西洋小说会那么迷人。"[④] 钱锺书就此进一步深究，发现林译小说中那些不忠实于原著的翻译，曾备受五四新青年批评和嘲笑的"颠倒讹脱"处，有时恰是林译的魅力所在。林纾对原文的有意加工，往往比原文更有趣味，比照而读，原著有时反倒叫人失望，其深层原因即在于林纾自身笔调的风趣和幽默。因此，钱锺书认为批评家和文学史家承认林纾颇能表达迭更司（今译作狄更斯）的风趣，这种评价远

---

① 朱羲胄述编《贞文先生学行记》卷三，世界书局 1949 年版，第 4 页。
② 朱羲胄述编《贞文先生学行记》卷三，世界书局 1949 年版，第 4 页。
③ 郭沫若：《我的童年》，《郭沫若全集·文学编》第 11 卷，人民文学出版社 1992 年版，第 123～124 页。
④ 钱锺书等：《林纾的翻译》，商务印书馆 1981 年版，第 22 页。

远是不够的，实际情况则是林纾"往往是捐助自己的'谐谑'，为迭更司的幽默加油加酱"①。胡适也从长时段的历史角度肯定了林纾这一独有风格的贡献和价值。胡适在《五十年来中国之文学》中有若干个"平心而论"，其中有两次"平心而论"是针对林纾而发的。他指出林纾以文言翻译西洋小说的贡献之一，即是增加了古文滑稽的风味："平心而论，林译的小说往往有他自己的风味；他对于原书的诙谐风趣，往往有一种深刻的体会，故他对于这种地方，往往更用力气，更见精彩。""平心而论，林纾用古文做翻译小说的试验，总算是很有成绩的了。古文不曾做过长篇的小说，林纾居然用古文译了一百多种长篇小说，还使许多学他的人也用古文译了许多长篇小说，古文里很少滑稽的风味，林纾居然用古文译了欧文与迭更司的作品。古文不长于写情，林纾居然用古文译了《茶花女》与《迦茵小传》等书。古文的应用，自司马迁以来，从没有这种大的成绩。"② 胡适等新文学倡导者，大多看重林译小说，往往从翻译的角度肯定林纾古文体现出来的幽默诙谐风采。钱基博则更进一步认为，林纾的这一风格不仅体现在译著上，更是他的整体文风。钱基博以林纾的《冷红生传》《徐景颜传》《赵聋子小传》为例指出："纾之文工为叙事抒情，杂以诙诡，婉媚动人，实前古所未有。固不仅以译述为能事也。"③

二 "此小说"非"彼小说"：林纾的"笔记小说"

林纾偶译《巴黎茶花女遗事》却"不胫走万本"，从此踏上了小说翻译的"不归路"。但从根本上讲，林纾并不看重小说家、翻译

---

① 钱锺书等：《林纾的翻译》，商务印书馆 1981 年版，第 25 页。
② 胡适：《五十年来中国之文学》，《胡适全集》第 2 卷，安徽教育出版社 2003 年版，第 279~280 页。
③ 钱基博：《现代中国文学史》，中国人民大学出版社 2007 年版，第 168 页。

家的身份，他所看重的仍是身为“古文家”的名声。“古文”与“小说”在林纾心目中始终有着不同的价值等级。钱基博在其所著文学史中曾多次谈到林纾写作古文与译著小说时的不同状态：“然每为古文，则矜持异甚，或经月不得一字，或涉旬始成一篇。独其译书则运笔如风落霓转，而造次咸有裁制，所杂者，不加点窜，脱手成篇，此则并世所不经见者已。”① 作文与译书迥然不同的状态，一方面表明林纾在创作小说方面的天赋，译作起来毫不费力，妙趣天成；另一方面也见出在林纾心中，小说和古文具有截然不同的分量，从而在译小说和作古文时候体现出两种状态。作古文时“矜持异甚”，是林纾对于古文遣词造句的一种慎重，同时也暗示出他对于古文所持的一种近乎神圣的敬畏感。张僖在《畏庐文集》序言中也道出了林纾对于“诗”“文”“小说”的不同态度：“畏庐，忠孝人也，为文出之血性。光绪甲申之变，有诗百余首，类少陵天宝离乱之作，逾年则尽焚之，独其所为文，颇秘惜，然时时以为不足藏，摧落如秋叶，余深用为憾。”林纾对待自己所写的文章有时近乎苛刻：“时文稿已有数十篇，日汲汲焉索其纰缪，时时若就焚者，余夺付吏人，令庄书成帙。”② 与对待古文的审慎态度相比，林纾对待小说则很随意，任其散落于报端，不屑一顾：“畏庐先生著铁笛亭琐记，不下千余条，然颇不甚爱惜，经余之所收者，十之二三耳。先生尚不欲梓行，余以为可惜。”③ 林纾在与友人的书信中也曾谈道：“石遗言吾诗将与吾文并肩，吾又不服，痛争一小时。石遗门外汉，安知文之奥妙！……六百年中，震川外无一人敢当我者；持吾诗相较，特狗吠驴鸣。”④ 林纾认为和他的古文相比，其“诗”乃为狗吠驴鸣，更不要说小说在他心目中的地位了！正是出于这种心态，林纾对于世

① 钱基博：《现代中国文学史》，上海书店出版社 2007 年版，第 124 页。
② 张僖：《〈畏庐文集〉序》，《畏庐文集》，商务印书馆 1923 年版。
③ 朱羲胄述编《春觉斋著述记》卷二，世界书局 1949 年版，第 18 页。
④ 钱锺书等：《林纾的翻译》，商务印书馆 1981 年版，第 50 页。

人只以小说家看待他很不以为然。他在《鹰梯小豪杰》序言中曾说："余笃老无事，日以译著自娱……本非小说家，而海内知交，咸目我以此，余只能安之而已。"① 其情形，正如高凤岐在林纾著《技击余闻》的序言中所讲："琴南齐年，以说部名海内，生平所学，实不止此，此其余事耳。"② 把译著"小说"看作林纾的"余事"，以区别其著述，这恐怕是林纾最知心的评价。

众所周知，林纾翻译泰西小说是怀着"改良社会、激劝人心"的至高目标的。他在《不如归》的序言中曾自述："纾年已老，报国无日，故日为叫旦之鸡，冀吾同胞警醒，恒于小说序中，撼其胸臆。"③ 但是，即便在小说中寄托着如此深重的家国情怀，也并不妨碍林纾依旧把小说视为"小道"。与同时代的梁启超等把小说提升为"文学之最上乘"相比，林纾则视"小说"为"余事"，实际上，这才是一种更为"正统"也更守"传统小说家法"的理解。自古以来，中国小说之"小"，正是通过轶事琐语以资"谈助"，与"资治"的正史相对应。当然，小说与正史之间又并非井水不犯河水，高文典册的正史为官家所修，严格受制于统治者的意识形态，难免东涂西抹、形迹可疑乃至面目可憎，而本来无关宏旨的小说则又成了必不可少的补充，其意义又是至深至大的。"小说"自古虽为"小道"，却能绵延不息，为历代文人所青睐，原因之一即在于此。林纾在《畏庐漫录》"自序"中也道出了自己的"小说观"："余年六十以外，万事皆视若传舍。幸自少至老，不曾为官，自谓无益于民国，而亦未尝有害。屏居穷巷，日以卖文为生，然不喜论时政。故着意为小说。计小说一道，自唐迄宋，百家辈出，而余特重唐之段柯古。柯古为文昌子，文笔奇古，乃过其父，浅学者几不能句读其书，斯诚小说之翘楚矣。宋人如江邻几，为欧公所赏识者，其书

---

① 朱羲胄述编《春觉斋著述记》卷三，世界书局 1949 年版，第 8～9 页。
② 朱羲胄述编《春觉斋著述记》卷二，世界书局 1949 年版，第 17 页。
③ 朱羲胄述编《春觉斋著述记》卷三，世界书局 1949 年版，第 37 页。

乃似古而非古，胶沓绵覆，不审何以有名于时。宛陵梅叟诗笔，为
余服膺，而碧云马骥一书，至诋毁名辈，大不类圣俞之为人。吾恒
举邻几杂志，疑为伪作。盖小说一道，虽别于史传，然间有纪实之
作，转可备史家之采摭。如段氏之玉格天尺，唐书多有取者。余伏
匿穷巷，即有闻见，或具出诸传讹，然皆笔而藏之，能否中于史官，
则不敢知。然畅所欲言，亦足为敝帚之飨。"① 林纾推崇"文笔奇
古"的小说表述方式，他的笔记小说自然也以雅正为旨归，讲求正
统的笔记小说所具有的词旨简淡、文词古雅的书卷气，是典型的
"著述者之笔"而非"才子之笔"。正是在这一点上，《平报》主笔
臧荫松评价林纾的笔记小说，已经大大超出了蒲松龄而直追史汉：
"夫短篇小说之体，往往坠于蒲留仙之臼窠，不能自脱。翁熟于史记
汉书，造语古简而切挚，篇法亦变幻莫测，是真不囿于蒲留仙者也。
余尝论天下文之能琐屑叙情款，不流于恶道者，古之作者，其惟孟
坚乎。北史则繁碎近于小说家。故考亭林以小说目之。余谓真小说
家，非史家亦莫造其极。段柯古之笔，实过其父，则真得史家之三
昧矣。然好言鬼神，以叙鬼神事，易于声色。若翁之书，则但言人
事，不言鬼事，即言之，亦偶然耳。其能款款动人处，闭目思之，
亦似确有其事。则翁之善于史汉，故造言之精如是。"② 臧荫松虽为
林纾好友，但作为《平报》主笔，其眼光和评价却是十分中肯的，
并非过誉之辞。

　　中国自古以来以"资谈助"为旨归的笔记小说，往往自我标榜
为"弄笔遣日"的消闲之作，风趣幽默诙谐为其标志化风格之一。
林纾善谐谑的性情更使其在创作笔记小说时随心所欲，妙趣天成。
臧荫松酷爱林纾的笔记小说，曾经把散落于报端的"铁笛亭琐记"
收集了十分之二三，付梓刊行，并在历代笔记小说的整体历史脉络

---

　① 朱羲胄述编《春觉斋著述记》卷二，世界书局 1949 年版，第 18 页。
　② 朱羲胄述编《春觉斋著述记》卷二，世界书局 1949 年版，第 18 页。

中给林纾的笔记小说以高度肯定和中肯的定位："古来作者如林，而唐宋二代，为笔记者独多。有明太祖雄猜，自高青邱之狱，文人做诗颇留意，则私家记载，益形敛退。前清入关，文字之狱大猖，一字之不检，至赤其族，矧敢作笔记，以招忌者之谗，贡身自膏于斧质耶。《南山集》初无失检，而赵申乔锻成其狱。方望溪大儒，至以是出塞，小人之凶焰，可畏甚矣。纪文达之《阅微草堂笔记》，多谐谑，兼及鬼事，《聊斋》则专言狐鬼，故得无事。若稍涉时政者，族矣。今先生所记多趣语，又多征引故实，可资谈助者。至笔墨之超妙，读者自能辨之。先生著作，浩如烟海，此特其余事而已。"[1] 就"资谈助"而言，林纾的"谈人事"比蒲松龄、纪晓岚等的"谈鬼狐"显然需要更大的直面现实的勇气和无畏文网的骨气，谈人情而能幽默诙谐，正说明林纾的笔记小说无论是内容还是形式，都有其超拔的一面。

如果说林纾的笔记小说以古雅、恢诡、婉媚动人的风格在中国笔记小说史上占据着一席之地，那么，五四文学革命发生之后，在五四新青年的眼中，林纾的笔记小说则彻底失落了价值。被林纾视为"余事"的笔记小说和新青年所持的启蒙主义的现代"小说观"，产生了"古今中外"的落差。胡适在《论短篇小说》中所给出的"短篇小说"定义是："最经济的文学手段，描写事实中最精彩的一段，或一方面，而能使人充分满意的文章。"[2] 这一定义所使用的标准有二，一是西方形式，二是白话的。胡适以都德的《最后一课》《柏林之围》和莫泊桑的《二渔夫》为短篇小说的典范，几乎全盘否定了中国历来的笔记小说："自汉到唐这几百年中，出了许多'杂记'体的书，却都不配称做'短篇小说'。最下流的如《神仙传》和《搜神记》之类，不用说了。最高的如《世说新语》，其中所记，

---

① 朱羲胄述编《春觉斋著述记》卷二，世界书局 1949 年版，第 18 页。
② 胡适：《论短篇小说》，《新青年》第 4 卷第 5 期，1918 年。

有许多很有'短篇小说'的意味，却没有'短篇小说'的体裁。"
对于"今日的文人"，胡适更是表现出了鄙斥的态度："中国今日的
文人大概不懂'短篇小说'是什么东西。现在的报纸杂志里面，凡
是笔记杂纂，不成长篇的小说，都可以叫做'短篇小说'。所以现在
那些'某生，某处人，幼负异才，……一日，游某园，遇一女郎，
睨之，天人也，……'一派的滥调小说，居然都称为'短篇小说'！
其实这是大错的。西方的'短篇小说'（英文叫做 Short story），在文
学上有一定的范围，有特别的性质，不是单靠篇幅不长便可称为
'短篇小说'的。"胡适还以不点名的方式揶揄了林纾："今日中国
的文学，最不讲'经济'。那些古文家和'聊斋滥调'的小说家，
只会记'某时到某地，遇某人，作某事'的死账，毫不懂状物写情
是全靠琐屑节目的。那些长篇小说家又只会做那无穷无极《九尾龟》
一类的小说，连体裁布局都不知道，不要说文学的经济了。"[①] 胡适
以西方短篇小说的观念和标准来衡量中国小说，自然得出中国传统
小说"无""错""滥"的结论。五四新青年敢于趾高气扬地批判嘲
笑林纾及其笔记小说，除了年轻气盛、无所畏惧以外，更是出于对
自身所持观念"先进性"的一种高度自信。把旧文学、旧思想彻底
扫除，为新文学、新思想开拓空间，既是五四新青年的一种策略，
也是五四新青年不容他人质疑的信念。

三 从"喷饭"到"示众"：《荆生》《妖梦》身份与性质的转变

《新申报》因为刊载林纾的《荆生》和《妖梦》，一度背上了反
对五四新文化运动的恶名。

《新申报》创刊于1916年，是著名报人席子佩转卖《申报》后

---

① 胡适：《论短篇小说》，《新青年》第4卷第5号，1918年。

另辟门户之举。《新申报》的副刊聘请原《申报》副刊"自由谈"主笔王钝根担任编辑，初名为"自由新语"，后更名为"小申报"。1919 年《新申报》副刊"自由新语"登出广告："己未年自由新语当增材料如左：林琴南先生之小说，天虚我生之小说，《歇浦潮》续稿，中西笑话，悬奖征对。"由此，以《蠡叟丛谈》命名的林琴南小说也开始刊载。王钝根编辑《新申报·自由新语》，延续了《申报·自由谈》的编辑思想，同时也是王钝根一贯的理念——游戏其文字，救世其精神。编辑对滑稽诙谐、具有讽世意味的文字情有独钟。王钝根通过张厚载约请林纾为副刊做小说，一方面固然是看重林纾在文坛的名气，另一方面也是因为林纾善谐谑的风格与其宗旨相符。在开篇《安娜》中，林纾对《蠡叟丛谈》这一栏目中的文字缘起做了说明：

> 蠡叟，年七十矣，木然如枯僧。世变如沸，叟耳目若聋若聩，初不知觉。忽闻人言曰，武昌义师起矣，京师且陷，叟于是一家移避之。越二年，再闻人言曰，袁项城逝矣，京师且乱。叟于是再移家避之。又越二年，再闻人言曰，复辟矣，外兵临城矣。叟曰，吾家且移，叟决不行，吾命果罹于兵刃者，避将焉往。已而事平，叟竟得生。终日闭门，不面一客。目亦不睹报纸，以读之适乱人意，足以愈吾之聋聩。聋聩愈，转以伤吾之心，不如不见之为愈。忽一日，门人张生厚载述本报主笔之言，请余为短篇小说，以虱报阑，意以供诸君喷饭也。余曰："论说非我所长，且不愿为狂噪之声，以乱耳听。唯小说足排茶前酒后之闷闷。"因拾吾七十年中所见者，著之于编，命曰《蠡叟丛谈》。①

世乱频仍，偷生不易，在这一纷乱的事变中，小说有着聊以自

---

① 林纾：《蠡叟丛谈（一）·安娜》，《新申报》1919 年 2 月 4 日。

遣、品味世态人生的意味。林纾称《蠡叟丛谈》中的小说是打算用来"解闷""喷饭"的，虽是自谦之词，但也是中国历来"笔记小说"的固有定位——以"消闲、娱乐"为旨归。同时，以"蠡叟丛谈"命名的这批笔记小说，也延续了林纾笔记小说一贯的劝惩意图和对纲常礼教、忠孝节义的维护。在新文化运动浪潮来临之初，新青年们提倡的"家庭革命""非孝"等主张尤其让林纾不满，因此，重申"孝"的重大意义成为林纾此时期的诗、文、小说中的重要主题，相比之下，林纾这种极力卫道的固执在新青年的眼中也就越发刺目。《荆生》和《妖梦》确实是针对新青年们所提倡的新文化、新思想、新文学的主张而作的，但戏谑调侃的意味十足。替林纾传递这两篇小说的张厚载，也在致蔡元培的私信中说："先生大度包容，对于林先生之游戏笔墨，当亦不甚介意也。"①但正是这两篇小说让林纾被新青年们抓住了把柄，"游戏笔墨"最终成了"示众"的材料。

《荆生》1919年2月17～18日连载于《新申报》，3月9日转载于《每周评论》第12期"杂录"栏目；3月11日又被《国民公报》转载，两报转载时都加了按语，尤以《每周评论》的按语意义重大，直接名为《想用强权压倒公理的表示》："近来有一派学者主张用国语著作文学，本报也赞成这种主张的。但是国内一班古文家骈文家，和那些古典派的诗人词人都极力反对这种国语文学的主张。我们仔细调查，却又寻不出什么有理由有根据的议论。甚至于有人想借武人政治的威权来禁压这种鼓吹。前几天上海新申报上登出一篇古文家林纾的梦想小说就是代表这种武力压制的政策的。所以我们把他转抄在此，请大家赏鉴赏鉴这位古文家的论调。"《国民公报》的按语则直接指责林纾"将崇拜权势的心理，和盘托出"②。原本是《新

---

① 《张厚载致蔡元培信》，《北京大学日刊》1919年3月21日。
② 孙玉石、方锡德：《锋锐的〈寸铁〉光辉永在——读新发现的鲁迅四篇佚文》，《北京大学学报》（哲学社会科学版）1980年第3期。

申报·自由新语》中用以"虱报阑""供喷饭"的游戏文字，一经由新文化运动主力报刊和支持者转载，其性质和身份立即发生了变化。转录自《晨报》李大钊的犀利文字——《新旧思潮之激战》，被置于《每周评论》所载《荆生》篇后，等于直接把这篇小说推到新旧思想激战的时代潮头。李大钊的义正词严使得事件迅速升格："我正告那些顽旧鬼祟抱着腐败思想的人：你们应该本着你们所信的道理，光明磊落的出来同这新派思想家辩驳讨论，……你们若是不知道这个道理，总是隐在人家的背后，想抱着那位伟丈夫的大腿，拿强暴的势力压倒你们所反对的人，替你们出出气，或是作篇鬼话妄想的小说快快口，造段谣言宽宽心，那真是极无聊的举动。须知中国今日如果有真正觉醒的青年，断不怕你们那伟丈夫的摧残。你们的伟丈夫，也断不能摧残这些青年的精神。"[1] 以李大钊的《新旧思潮之激战》为代表的这几篇重磅评论为此后展开的"林纾批判"定下了基调——旧派力图靠强暴武力压制新思想，借武人政治遏制新文化的鼓吹。此后，小说中的虚构人物"伟丈夫荆生"很快被对号入座，被指认为北洋政府干将徐树铮。陈独秀以笔名"只眼"在《关于北京大学的谣言》中讥讽道："林琴南怀恨新青年，就因为他们反对孔教和旧文学。其实林琴南所作的笔记和所译的小说，在真正旧文学家看起来，也就不旧不雅了。他所崇拜所希望的那位伟丈夫荆生，正是孔夫子不愿会见的阳货一流人物。这两件事，要请林先生拿出良心来仔细思量！"[2] 随后陈独秀又在《林纾的留声机器》中描述了有关林纾的传言，进一步扩大事态及其影响："林纾本来想借重武力压倒新派的人，那晓得他的伟丈夫不替他做主，他老羞成怒，听说他又去运动他同乡的国会议员，在国会里提出弹劾案，来弹劾教育总长和北京大学校长。无论那国的万能国会，也没有干涉

---

① 守常：《新旧思潮之激战》，《每周评论》第 12 期，1919 年。
② 只眼：《关于北京大学的谣言》，《每周评论》第 13 期，1919 年。

国民信仰言论自由的道理。我想稍有常识的议员，都不见得肯做林纾的留声机吧?"① 正是这种升华和链接，同时更基于社会对于政府、国会闹剧的失望和厌恶，致使新思想、新文化的提倡者迅速得到了学界普遍的同情和支持，并把北京大学教员陈独秀、胡适等人被驱逐的传闻、教育总长弹劾案等统统融合在一起，遂致一时群情激愤，矛头纷纷指向旧派，而林纾作为“妄图以武力强权压迫新思想”的守旧派代表，则成了思想界批判的靶心。《每周评论》1919年第17期、第19期“特别附录”《对于新旧思潮的舆论》专栏，共摘录了京、沪等地报纸的26篇评论，除三四家报纸的言论是奉劝新旧两派去除成见、进行心平气和的思想论争外，其余言论都是批判“妄图以政治武力摧残新思想”的旧派的荒谬和卑劣。在这次对林纾的大批判中，固然也有“二古”先生以中学教师的名义逐字逐句批改《荆生》的文字，继续走《新青年》“双簧信”的路子，嘲讽其古文的低劣，揶揄林纾学问不到家，乃是“婢学夫人”，但与前面罗列的“罪状”相比，这一知识、学问上的讥讽已经微不足道，以林纾为代表的旧派“妄图借政治势力打压新思想”的“卑劣行径”，已经是“路人皆知”。

《荆生》的姊妹篇《妖梦》于1919年3月19日至23日刊载于《新申报》，虽然没有像《荆生》那样被新文化报刊媒体转载“示众”，但《北京大学日刊》1919年3月21日刊载曝光了张厚载与蔡元培有关《妖梦》的通信，不啻使林纾对蔡元培、陈独秀、胡适等人的攻击有了真凭实据，其“示众”的效果同样强烈。张厚载在信中说：“《新申报》所载林琴南先生小说稿，悉由鄙处转寄。近更有《妖梦》一篇攻击陈、胡两先生并有牵涉先生之处。稿发后而林先生来函，谓先生已乞彼为刘应秋文集做序，《妖梦》当可勿登。但稿已寄至上海，殊难终止，不日即可登出。倘有渎犯先生之语，务乞归

---

① 只眼：《林纾的留声机器》，《每周评论》第15期，1919年。

罪于生。先生大度包容，对于林先生之游戏笔墨，当不甚介意也。
又林先生致先生一函，先生对之有若何感想，曾做复函否？生以为
此实研究思潮变迁最有趣味之材料，务肯先生将对于此事之态度与
意见赐示。"张厚载信末还特别说明自己与林纾的师生之谊。此时身
为北大学生的张厚载还天真地以为这一切都可以作为研究思潮变迁
最有趣的材料，他实在是错误地估计了形势。新旧观念的论战一开
始就不是在"幽默""有趣"的范畴内进行的，而是剑拔弩张、针
锋相对的。蔡元培给张厚载的复信简洁明了、义正词严："得书知林
琴南君攻击本校教员之小说，均由兄转寄新申报，在兄与林君有师
生之谊，宜爱护林君。兄为本校学生，宜爱护母校。林君作此等小
说，意在毁坏本校名誉。兄循林君之意而发布之，于兄爱护母校之
心安乎？仆生不喜作谩骂语、轻薄语，以为受者无伤，而施者实为
失德。林君詈仆，仆将哀矜之不暇，而又何憾焉？惟兄反诸爱护本
师之心，安乎？否乎？"相比较蔡元培这封正气凛然的信，林纾的谩
骂，越发显得"轻薄""失德"。陈平原评价说："无论新派、老派，
读这两段文字，都会觉得林纾骂人不对，蔡元培修养很好。这一局，
林纾输得很惨。"①

　　实际上，在这场论战中，新青年派批判林纾所用的过激言论乃至
谩骂丑诋，与林纾难分伯仲，甚至有过之而无不及，但最终还是林纾
为自己的骂人行为而写信公开道歉："世杰先生足下，承君自《神州
报》中指摘仆之短处，经敝同乡林姓托言黄姓者，将尊札寄示，外加
丑诋，仆一笑置之。唯尊论痛快淋漓，切责老朽之不慎，于论说中有
过激骂詈之言，吾知过矣……综而言之，天下人观人甚明，观己则暗。
仆今自承过激之斥，后此永永改过，想不为暗。然国伦常及孔子之
道，仍必力争，当敬听尊谕，以和平出之，不复谩骂。"② 在一开始

---

①　陈平原：《古文传授的现代命运——教育史上的林纾》，《文学评论》2006年第
　　1期。
②　林纾：《林琴南先生致包世杰君书》，《新申报》1919年4月5日。

准备以小说揶揄之际，林纾就预料到自己将招致新青年的批判和攻击。他最初也确实是把小说《荆生》和《妖梦》当作对五四新青年的一种戏谑，同时也道出了自己的深层隐忧和苦衷："吾译小说百余种，无言弃置父母且斥父母为无恩之言，而此辈何以有此。吾与此辈无仇，寸心天日可表。若云争名，我名亦略为海内所知，若云争利，则我卖文卖画本可自活，与彼异途。且吾年七十，而此辈不过三十，年岁悬殊。我即老悖癫狂，亦不至猵衷狭量至此，而况且并无仇怨，何必苦苦跟追？盖所争者，天理，非闲气也。七十老翁，丝毫无补于世，平日与学生语及孝悌，往往至于出涕，即思存此一丝伦纪于小部分之中，俾不至沦为禽兽，乃不图竟有以禽兽之道高拥皋比者。前日偶作荆生一传，稍与戏谑，乃得每周日刊主笔，力加丑诋，吹毛求疵，斥为不通。读之大笑。夫不通无罪于名教，以得罪名教之人，斥我不通，则愈不通愈好。"① 令林纾最为痛心疾首的，莫过于伦纪道德的丧失，尤其是"孝悌"的遭受非议。除了作小说以示劝惩之外，林琴南还致信蔡元培，希望"老友"能对新青年辈有所阻止："昨日寓书谆劝老友蔡鹤卿，嘱其向此辈道意，能听与否，则不敢知。至于将来受一场毒骂，在我意中。我老廉颇顽皮憨力，尚能挽五石之弓，不汝惧也，来来来。"② 显然，七十岁的林纾做好了挨小辈青年"毒骂"的准备，而且为了维护"天理"甘愿如此。与林纾在新旧论战中所作的《致蔡鹤卿太史书》《论古文白话之相消长》《腐解》等严肃论说文相比，林纾作《荆生》《妖梦》时的戏谑心态是显而易见的，而以"老廉颇"自比，也显示出一种"狂生老少年"的真性情。

林纾与新青年的论战早已成了尘埃往事。无论是林纾的道歉还是陈独秀的点赞，抑或是林纾逝世之后胡适、郑振铎等五四新青年

① 林纾：《蠡叟丛谈（五十六）·归氏二孝子》，《新申报》1919年4月1日。
② 林纾：《蠡叟丛谈（五十七）·归氏二孝子》，《新申报》1919年4月2日。

们给予林纾的重新评价，都无法改变中国新文学史对于林纾的定位。1935 年，"中国新文学大系（1917～1927 年）"丛书出版，《荆生》和《妖梦》分别附录于《中国新文学大系·文学论争集》和《中国新文学大系·建设理论集》中。郑振铎在导言中延续了"五四新青年"的说法："古文家的林纾来放反对的第一炮。他写了一篇《论古文白话之相消长》，重要的主张是：'即谓古文者白话之根柢，无古文安有白话！''实则此种教法，万无能成之理，吾辈已老，不能为正是非。悠悠百年，自有能辩之者。'……他的论点是很错乱的。蔡元培的复信，辞正义严，分剖事理，至为明白。他是没有话可反驳的。但他卫道'正'文的热情，又在另一个方向找到出路了。他连续的在报纸上写了两篇小说：一篇是《荆生》，一篇是《妖梦》，两篇的意思很相同；不过一望之侠士，一托之鬼神罢了；而他希望有一种'外力'来制裁，来压伏这个新的运动却是两篇一致的精神。谩骂之不已，且继之以诅咒了！"[①] 大约从"中国新文学大系"始，林纾作为新文化运动的反动派、《荆生》和《妖梦》作为反动文本就开始正式进入新文学史的撰述，并且在此后的新文学史著作、五四人的回忆以及有关新文学的研究中不断得到延续和强化。一直到近百年后，才有学者重新缕析当年的混战，努力澄清一些事实：如"伟丈夫""荆生"是不是徐树铮的问题，又如驱逐并逮捕陈、胡等四名大学教员的传言是否与林纾有关，等等。经过辨析，这些非常严重的问题几乎都已经与林纾脱离了干系，在一定程度上澄清了当时和其后的文学史对林纾有意或无意的误解。情况恍然恰似林纾当年所期待的那样："吾辈已老，不能为正其非，悠悠百年，自有辩之者，请诸君拭目俟之。"[②] 但是，就近 20 年来学界对于林纾及五四新

---

① 郑振铎：《中国新文学大系·文学论争集·导言》，上海良友图书印刷公司 1935 年版。

② 林纾：《论古文白话之相消长》，郑振铎编选《中国新文学大系·文学论争集》，上海良友图书印刷公司 1935 年版，第 81 页。

青年论争的重新评判而言，这仍然是一场迄未终结的论争，有的学者主张对林纾应有 "了解之同情"，有的学者则坚决反对给林纾做翻案文章，认为林纾这样的人不可原谅："对林纾整个一生功过是非的评价是一回事，对他在 '五四' 新文化运动中的表现的评价又是另外一回事。只要意识到在我们的社会生活中还有文化专制主义的影响的存在，只要意识到文化专制主义随时都有可能卷土重来，只要意识到像林纾这样的知识分子在自觉与不自觉中就会依傍当时主流意识形态的权力话语，而反对那些背绳墨、离规矩、在权威话语的词典里找不到依据的出格言论，我们就不能以任何的理由原谅林纾在 '五四' 新文化运动过程中的表现，也不能以任何的理由减轻他的过失。这些人，失败了也不会有多大实际的损失，胜利了则会给对方造成难以忍受的痛苦，甚至会毁掉人的一生。原谅了林纾，也就原谅了这类知识分子的这类行径，中国知识分子就永远没有思想言论的自由。"[1] 说到底，如何评说林纾，最终涉及对待 "五四新文化运动及文学革命" 的立场和态度问题，而 "五四" 作为现代知识者的精神圣地，维护其价值和精神，已经成为职责、本能，并内化为一种潜意识。

四 五四反对派研究方法论析

1. 走出 "无罪辩护" 的误区

近些年来，多重原因促成了学界对于五四新文化/新文学运动的反对派，亦称五四文化保守主义或五四文化守成主义的研究热潮，所取得的成果颇为引人注目。应该说，无论出于何种动因，这些研究都颇有成效地还原了一个原本复杂而丰富的五四，同时也在思维

---

[1] 王富仁:《林纾现象与 "文化保守主义" ——张俊才教授〈林纾评传〉序》,《中国现代文学研究丛刊》2007 年第 3 期。

模式上对以往意识形态笼罩下的单向度历史价值认知有所突破。但是，一个近乎趋同的研究方式也不容忽视，面对这些反对派，研究者往往自觉或不自觉地进行着"无罪辩护"式研究，在开脱其"罪责"的同时努力证明其不但"无罪"，而且"有功"。一个典型的方式即对这些保守派、守旧派做比附于"五四"的理解，或者发掘其对五四新文化运动和文学革命的先导或者启示作用，或挖掘其与五四新文化、新文学立场的一致性，寻找其历史进步性的证据，目的即在化解历史上已经固化的"守旧派""反对派"乃至"反动派"的面相。如对林纾的研究中，研究界便着力发掘其对中国文学现代性的发生学意义，论证林纾作为新文学的"不祧之祖"的进步意义；又如对甲寅派的研究，学界则趋向于做前后分期处理，并在此基础上肯定以《甲寅》月刊为标志的"前期甲寅派"的进步意义，认定其为"五四新文学"的先声；同样，对于学衡派，则认为其是代表了五四新文化运动的另一种潮流。与 20 世纪世界思潮相对应，学衡派是属于陈独秀代表的激进主义、胡适代表的自由主义以外的保守主义一维。这些研究，无疑还都是以五四新文化/新文学运动为价值参照系做出的评价和论断。从根本上讲，"五四"已经内化为现代文学研究者的一种内在评判尺度，"五四"对于大多数学者而言不仅意味着显性的"价值立场"，更意味着隐性的"情感依恋"甚至"道德皈依"。因此，在对待反对派的问题上，看似做出了一分为二甚至偏袒"反动派"的评判，而骨子里却始终脱离不了"无罪辩护"的意味，潜意识里还是把反对派置于被告席上。对于五四反对派的这种"趋新式"理解，既违背了五四文化保守主义者们的本意，也进一步导致文化保守主义所守成的"旧"，依然被划归为"零价值"或者"负价值"。因此，看似从新旧、得失两方面理解中国文学现代进程的意图仍然是一个单向度的循环。

　　对五四新文化/新文学运动反对派，学界之所以呕呕挖掘其"进步""趋新"的一面，关键原因在于还无法从思维模式上乃至情感道德上摆脱进化论框架乃至"斗争哲学"笼罩下的"新与旧""进步与落后""革命与反动"的二元模式，因而也就无法正视所谓"旧"或者"保守"所具有的实际意义和正面价值。笔者认为，对于五四时期的这些反对派而言，"守旧""保守"恰是其本色，相反，研究者努力发掘出的反对派对于新文化/新文学的"开新"或者"奠基"之功，却并非其本意。与后来研究者为其努力洗刷"反动派"之"罪名"的做法相反，他们往往公开、主动甚至凛然地以新文化/新文学的"反动派"自居。林纾即是以卫道者的姿态主动站出来挑战五四新青年，公然表明自己"卫道"的决心；甲寅派领袖章士钊也不介意做"反动派"，意在"立乎中流""平视新旧两域"，衡量其是非得失。学衡派也同样有着明确的反对派意识和主张，力图对于新文化/新文学运动起到一种"整理收束"之功，以期达到"正负质济"的作用。实际上，新文化阵营对这些反对者也并非采取一概否定、漠视的态度，徐志摩在批判章士钊的文章《守旧与"玩"旧》中即重新剖析了反对派存在的价值，从正面意义上肯定了章士钊及其《甲寅》周刊作为反动派的价值，称他是一个值得敬仰的"合格的敌人""一个认真严肃的敌人"：

> 我对于现代言论界里有孤桐这样一位人物的事实，我到如今为止，认为不仅有趣味，而且值得欢迎的。因为在事实上得着得力的朋友固然不是偶然；寻着相当的敌手也是极难得的机会。前几年的所谓新思潮只是在无抵抗性的空间里流着；这不是"新人们"的幸运，这应分是他们的悲哀。
>
> ……
>
> 早年国内旧派的思想太没有它的保护人了，太没有战斗的准备，退让得太荒谬了；林琴南只比了一个手势就叫敌营的叫嚣吓了回去。新派的拳头始终不曾打着重实的对象；我个人一时间还猜想旧派竟许永远不会有对垒的能耐。但是不，《甲寅周

刊》出世了，它那势力，至少就销数论，似乎超过了现在任何同性质的期刊物。我于孤桐一向就存十二分的敬意的。虽则明知在思想上他与我——如其我配与他对称这一次——完全是不同道的。我敬仰他因为他是个合格的敌人。在他身上，我常常想，我们至少认识了一个不苟且，负责任的作者。在他的文字里，我们至少看着了旧派思想部分的表现。有组织的根据论辩的表现。有肉有筋有骨的拳头，不再是林琴南一流棉花般的拳头了；在他的思想里，我们看了一个中国传统精神的秉承者，牢牢的抱住几条大纲，几则经义，决心在"邪说横行"的时代里替往古争回一个地盘；在他严刻的批评里新派觉悟了许多一向不曾省察到的虚陷与弱点。不，我们没有权利，没有推托，来蔑视这样一个认真的敌人，我常常这么想，即使我们有时在他卖弄他的整套家数时，看出不少可笑的台步与累赘的空架。①

徐志摩所谈论的虽然只是针对章士钊及其甲寅派，但是他的这些态度可以扩大到对其他新文化/新文学反对派的认识。应该说，这些反对派，无论是在中国现代历史文化结构中，还是在实际历史进程中，都起到了一定的制衡作用，而这些制衡作用的产生，正在于其"守旧"而非"趋新"。

2. "失落"的现代性

五四时期是一个复杂而丰富的历史时代，传统思想、道德、文化、文学的分裂蜕变与新思想、道德、文化、文学的萌蘖滋生相伴而生，其中既伴随着新生的喜悦也难掩失落和撕裂的痛苦，既有开拓思想新境的勇毅也有卫护旧有精神家园的执着。中国思想、文化、文学的现代转型并不仅仅是一个"拿来"并"获得"的过程，也是一个"丢弃"和"失落"的过程。对于"获得"的部分，研究界已

---

① 徐志摩：《守旧与"玩"旧》，郑振铎编选《中国新文学大系·文学论争集》，上海良友印刷公司1935年版，第230~231页。

经投注了持久的关注热情，对于"失落的"部分则明显关注不足。当我们单从新文化/新文学的立场言说"五四"的时候，其开拓历史的力度、打破旧物的强度都获得了展示。与此相对应，作为其对立面的"卫道士""顽固派""守旧者"的对抗往往被看作一种否定的、负面的价值。尤其从新文化/新文学最终胜利的历史结果回望过去，这些曾经存在过、最终以失败告终的"阻力"与"对抗"似乎只能做"胜利者"的注脚。以单向度的历史观和价值观看待"五四"和"新文学史"容易得出这样的结论。如果不把"五四"仅仅看作"新文化和新文学"的"五四"，而是作为一个多元价值共享并存的历史时空，那么在这一思想、文化和文学的大转折时期，"守旧者""保守派"所持守的传统思想、文化和文学的时代境遇就不应被漠视。中国自近代以来即面临着"三千年未有之变局"，亡国灭种的危机使得中国近代以来再难有绝对的守旧者，"求变"成为走出历史困局的公认途径，只不过变革速度的快慢、变革尺度的大小、变革内容存在不同而已。新旧两派并非在"变"与"不变"的根本问题上论争，而是在变革的手段上争执不下，究竟是"破旧立新""弃旧图新"还是"新旧相衔""孕新于旧"更符合文化的变革规律、更适应中国国情，这恐怕才是新旧两派的真正分歧。由"新与旧"的激战构成的对抗、对话、混溶、交往的复杂关系正昭示着"五四"思想变革的深度和广度。当我们超越"五四人"的立场，走出论争式的二元对立思维，从长时段的历史角度和健全的文化、文学生态去看待"守旧派""保守派"与五四新文化/文学阵营的对抗/对话时，就会发现其作用就不仅仅是消极的，毋宁说，"守旧"构成了"开新"的必要阻力。作为开拓者的新文化派和它的反对派共同构成了中国文化与文学的现代转型的两翼，因此，即便是"失落"与"丢弃"，它也是"现代转型"的构成部分。进一步讲，中国"古已有之"的思想文化和文学传统经由"五四"到底失落了哪些，是怎样失落的，应该怎样对待这些在现代进程中失落的传统，这些问题都值得我们后来研究者深刻地省思。

3. "顽固"是守旧者的正面价值

五四是新旧思想文化交锋论战的大时代，其不朽的精神魅力，即体现为这种论争的勇气和交锋的锐气，这种魅力的生成不仅仅来自"革命派"的胡适、陈独秀、钱玄同等五四新青年荡涤旧物、开辟新生的力度，也来自身为"保守派"的林纾、辜鸿铭、章士钊等固守价值、毫不妥协的强度。新青年以对旧物"尽数扫除"的决绝姿态（钱玄同语）和"必以吾辈所主张者为绝对之是，而不容他人之匡正"（陈独秀语）的强悍和霸气，显示了新青年淋漓的生气和革命的斗志，而林纾"拼我残年，极力卫道"的倔强也毫不逊色："苟能俯而听之，存此一线之伦纪于宇宙之间，吾甘断吾头，而付诸樊於期之函，裂吾胸，为安金藏之剖其心肝。皇天后土，是临是鉴。"[1] 辜鸿铭更是以坚守"发辫""尊孔"等奇言怪行被视为最保守的文化守成主义者。一方面是五四新青年派对顽固守旧者的指斥，周作人直指辜鸿铭为"北大顶古怪的人"；另一方面则是同道者如罗振玉称其为"警世之木铎""沉疴之药石"，更有丹麦学者勃兰兑斯肯定这种执着的精神为"自立脚跟，坚确求道"[2]，甚至同时代的日本学者清水三安称赞辜鸿铭备受世人讥讽的发辫"是一种精神的源泉"[3]。确切地说，"固执"正是五四反对派的正面价值所在。无可置疑，诸如辜鸿铭、林纾等都是热忱的卫道者，他们对于孔教及古文的捍卫是出自真诚的信仰，用"诚之者，择善而固执之者也"（《礼记·中庸》）来评价他们是不为过的。郑振铎曾总结当时五四新青年是"扎硬寨，打死战"的精神，这同样适用于反对派。如果

---

① 林纾：《腐解》，《畏庐三集》，商务印书馆1927年版，第1页。
② 〔丹麦〕勃兰兑斯：《辜鸿铭论》，黄兴涛编《旷世怪杰》，东方出版中心1998年版，第265页。
③ 〔日〕清水三安：《辜鸿铭》，黄兴涛编《旷世怪杰》，东方出版中心1998年版，第295页。

除去双方所持守价值的新旧不论，就其精神风范而言，都是值得钦佩的，陈独秀所讲"林琴南很可佩服"并不是揶揄，而是发自真心的赞语。正是新旧双方对自身价值顽强地持守、确信，才构成了五四时期健康的言论生态和有效的言说空间。从某种意义上讲，正是有了反对派的"坚持"和"固守"，才保障了这一思想论争场域的有效张力。郑振铎也从积极的角度评价了五四反对派的存在价值："我们相信，在革新运动里，没有不遇到阻力的；阻力愈大，愈足以坚定斗士的勇气，扎硬寨，打死战，不退让，不妥协，便都是斗士们的精神的表现。不要怕'反动'。'反动'却正是某一种必然情势的表现，而正足以更正确表示我们的主张的机会。三番两次的对于白话文学的'反攻'，乃正是白话文运动里所必然要经历过的途程。这只是更鼓励了我们的勇气，多一个扎硬寨，打死战的机会，却绝对不会撼惑军心，动摇阵线的。"[1] 郑振铎从鼓励新青年阵营的角度，分析了反动派存在的必然性和必要性，但也道出了一个基本的历史事实："新"正是在与"旧"的对阵中成长壮大起来的。以长时段的历史眼光看，这一由新旧双方共同构成的思想战场，无论是革命派还是守旧派，无论是独踞虎溪者还是螳臂当车者，他们都有身为战士的可敬可爱之处。百年后回望五四，我们理应获得这样的理性和从容。

---

① 郑振铎：《中国新文学大系·文学论争集·导言》，上海良友图书印刷公司 1935 年版。

以"聊斋"喻林纾小说：
从章太炎到五四新青年

在近年来有关林纾的一些研究中，研究者以接近历史复杂性、触摸历史现场的态度，把林纾从新文学史单一、固化的形象中解脱出来。这位曾经被五四新青年嘲讽、挪揄、批判的守旧派、封建遗老、"反动派"，被逐渐正面化为一位"感时伤乱，呼唤救国"的热血文人[1]，一位堪称"新文学的不祧之祖"的文学翻译家[2]，一位与五四人共享同一精神文化链条的"狂人"[3]。但是在这些纠正、还原之余，也难免出现新的偏差和误解。当下即有林纾研究者把章太炎等以"蒲松龄"比拟林纾，以"聊斋"比喻林纾小说的言辞，视为对林纾的褒扬，借以论述林纾小说的巨大价值。这显然是绕过了历史的曲折，直接以今人或说当下文学史对于《聊斋志异》的价值认知来理解五四人对林纾的评价，从而出现了误判。

一 "今之蒲留仙"：章太炎眼中的蒲松龄与林纾

章太炎与林纾之间的彼此指责、互相鄙薄已成历史公案。但与

---

① 张俊才：《林纾评传》，中华书局 2007 年版。
② 杨联芬：《晚清至五四：中国文学现代性的发生》，北京大学出版社 2003 年版。
③ 王桂妹：《在狂人的精神链条上——林纾人格论》，《西南大学学报》（哲学社会科学版）2013 年第 5 期。

其说这属于个人恩怨，毋宁说是清代学风的一个缩影，其余波直接和五四时期的新旧论争相混溶。众所周知，清学正统为朴学，考据学成为其全盛时期的中坚和劲旅。梁启超在《清代学术概论》中总结说："此派远发源于顺康之交，直至光宣，而流风余韵，虽替未沫，直可谓与前清朝运相始终，而中间乾嘉道百余年间，其气象更掩袭一世，实更无他派足与抗颜行，若强求其一焉，则固有在此统一的权威之下而常怀反侧者，即所谓'古文家'者是也。"① 朴学成为一个笼罩整个清代的学术思潮，风气所致，第一流学术人物几乎全致力于朴学，不但以桐城派为核心的古文家无力与之抗衡，就是朴学大师眼中的古文家或者文人也是低一等的："清代儒者以朴学自命以示别于文人，实炎武启之。最近数十年以经术而影响于政体，亦远绍炎武之精神也。"② "重以当时诸大师方以崇实黜华相标榜。顾炎武曰，'一自命为文人，便无足观。'（日知录二十）所谓'纯文艺'之文，极所轻蔑。高才之士，皆集于'科学的考证'之一途，其向文艺方面讨生活者，皆第二派以下人物，此所以不能张其军也。"③ 可见，文人和小说家并不在清代学问家的眼里占据什么位置。而作为清学正统传人的章太炎对于古文家、小说家林纾的讥讽与轻视可谓双重的，一是旧怨——清代学风遗传下来的朴学家对于古文家的"天然"轻视；二是新争——近代文派上的魏晋、唐宋之争："民国更元，文章多途，特以俪体缛藻，儒林不贵，而魏晋、唐宋，骈骋文囿，以争雄长。大抵崇魏晋者，称太炎为大师，而取唐宋，则推林纾为宗盟云。"④ 因此，当章太炎把蒲松龄与林纾并举或

---

① 梁启超：《清代学术概论》，《饮冰室合集·专集之三十四》，中华书局 1989 年版，第 48~49 页。
② 梁启超：《清代学术概论》，《饮冰室合集·专集之三十四》，中华书局 1989 年版，第 10 页。
③ 梁启超：《清代学术概论》，《饮冰室合集·专集之三十四》，中华书局 1989 年版，第 76 页。
④ 钱基博：《现代中国文学史》，上海书店出版社 2007 年版，第 123 页。

者以蒲松龄比喻林纾时，实际是表达一种贬义与嘲讽。早在 1910 年，章太炎与钱玄同通信谈及嘉兴学生们的偏好时即指出："所论嘉兴学生专喜金圣叹、蒲松龄一流文字，益叹梁夏诸君为作俑也。缪语本易动人，而尸高名者复为诱导，倭人又从旁扇之，微虫腐菌毒遍区中，奚独嘉兴尔乎！今知古学者既难多得，但令处处有桐城派人主持风气，亦可相观而善，胜梁夏之窊言多矣。（惟如林纾辈托名古文辞者，则不可与作缘。）"① 章太炎论及当下小学的衰落和文辞的败坏，把矛头直指梁启超的报章体和林纾的小说："然弊俗相沿。固已久矣。自科举时，小学固非人人习之，起伏照应点精沾豪之说，亦八股专家所创。然则习惯相承，非易骤革，黄吻儿童，无足恨也。然变本加厉者，文辞之坏，以林纾、梁启超为罪魁。（严复、康有为尚无罪。）""曰：'人学作文，上则高文典册，下则书札文牒而已，'高文典册固非人人所有事，书札文牒则未有不用者。然林纾小说之文，梁启超报章之格，但可用于小说报章，不能用之书札文牒，此人人所稔知也。今学子习作文辞，岂专为作小说、撰报章，而舍书札文牒之恒用邪！若欲专修文学，则小说报章固文辞之末务，且文辞虽有高下，至于披文相质，乃上下所通。议论欲直如其言，记叙则直书其事，不得虚益华辞，妄增事状。而小说多于事外刻画，报章喜为意外盈辞，此最于文体有害。""语其下者，则解说经籍，润色文辞，亦非小学不举。若不知其义，而徒用古人成语，如蒲松龄之小说，袁枚之辞章，其不通处甚多，学之适以增愚，书之有觍面目。"② 在章太炎眼中，文辞有高下的等级差异，"高文典册"为上等，"书札文牒"为下等，"小说报章"属于文辞末务。对于同时代的文人及小说家林纾，章太炎的讽刺和否定更是全面而不留情面。在章太炎眼中，林纾不仅没有资格与桐城派文人相比肩，甚至没有

---

① 马勇编《章太炎书信集·与钱玄同》，河北人民出版社 2003 年版，第 115~116 页。括号中文字为原文注文，下同。

② 马勇编《章太炎书信集·与钱玄同》，河北人民出版社 2003 年版，第 118 页。

资格称为古文家。在《与人论文书》中，章太炎认为："并世所见，王闿运能尽雅，其次吴汝纶以下，有桐城马其昶为能尽俗（萧穆犹未能尽俗）。下流所仰，乃在严复、林纾之徒。复辞虽饬，气体比于制举，若将所谓曳行作姿者也。纾视复又弥下，辞无涓选，精采杂污，而更浸润唐人小说之风。夫欲物其体势，视若蔽尘，笑若龋齿，行若曲肩，自以为妍，而只益其丑也。与蒲松龄相次，自饰其辞，而袛敬之曰：'此真司马迁、班固之言！'（纾自云'日以左、国、史、汉、庄、骚教人。'未知其所教者，何语也？以数公名最高，援以自重。然曩日金人瑞辈，亦非不举此自标。盖以猥俗评选之见，而论六艺诸子之文，听其发言，知其鄙倍矣。纾弟子记师言，援吴汝纶语以为重。汝纶既殁，其言有无不可知。观汝纶所为文辞，不应与纾同其缪妄，或由性不绝人，好为奖饰之言乎？）若然者，既不能雅，又不能俗，则复不得比于吴、蜀六士矣。"① 否定了林纾古文的价值，章太炎更进一步讽刺林纾连做"小说家"的资格也没有："又小说者，列在九流十家，不可妄作。上者宋钘著书，上说下教，其意犹与黄老相似，晚世已失其守。其次曲道人物、风俗、学术、方技，史官所不能志，诸子所不能录者，比于拾遗，故可尚也。（宋人笔记尚多如此，犹有江左遗意。）其下或及神怪，时有目睹，不乃得之风听，而不刻意构画其事。其辞坦迤，淡乎若无味，恬然若无事者，《搜神记》、《幽冥录》之伦，亦以可贵。唐人始造意为巫蛊媟渎之言，（苻秦王嘉作《拾遗记》，已造其端，嘉本道士，不足论，唐时士人乃多为之。）晚世宗之，亦自以小说名，固非其实。夫蒲松龄、林纾之书，得以小说署者，亦犹《大全》、《讲义》诸书，傅于六艺儒家也。"② 章太炎从正统的小说观念出发，追溯小说的流

---

① 章太炎：《与人论文书》，《章太炎全集》第 4 卷，上海人民出版社 1985 年版，第 168~169 页。

② 章太炎：《与人论文书》，《章太炎全集》第 4 卷，上海人民出版社 1985 年版，第 169 页。

脉，指斥唐人的小说已经失却了正统，至于蒲松龄、林纾等宗唐人小说，就更等而下之、不入流了。

1936 年，林纾谢世 12 年之后，其弟子朱羲胄请章太炎为其所编纂《林畏庐先生年谱》题辞，章太炎在这种近乎盖棺定论的题辞中，再度以蒲松龄比拟林纾："乌乎畏庐，今之蒲留仙也。余博通不如晓岚，固不敢为论定，观其谱庶几知其人。"① 这一题辞为后来林纾研究者经常援引，以此作为对于林纾的褒扬，颇有借学术大师之言抬高林纾价值的意味②。众所周知，章太炎题辞中所提及的纪晓岚，对于蒲松龄的《聊斋志异》始终持批评和否定态度："《聊斋志异》盛行一时，然才子之笔，非著书之笔也。虞初以下，干宝以上，古书多佚矣。其可见完帙者，刘敬叔《异苑》、陶潜《续搜神记》，小说类也；《飞燕外传》、《会真记》，传记类也。《太平广记》事以类聚，故可并收。今一书而兼二体，所未解也。小说既述见闻，既属叙事，不比剧场关目，随意装点。伶元之传，得诸樊嬺，故猥琐具详。元稹之记，出于自述，故约略梗概。杨升庵伪撰《秘辛》，尚知此意，升庵多见古书故也。今燕昵之词，媟狎之态，细微曲折，慕绘如生。使出自言，似无此理；使出作者代言，则何从而闻见之？又所未解也。"③ 纪昀以正统的小说观念指责《聊斋志异》"一书兼二体"是违背了正统小说规范，因而在其总纂的《四库全书》中更将《聊斋志异》黜而不载。纪昀对于《聊斋志异》的评价和态度代表了清代的官方态度，也是正统态度，对于后来者尤其是清代正统学界评价《聊斋志异》有着重要影响。章太炎的老师俞樾即认同纪昀的小说观及其对于《聊斋志异》的评价："纪文达公尝言：'《聊斋志异》一

---

① 朱羲胄述编《林畏庐先生年谱·章太炎先生题辞·图片》，上海书店 1989 年版。
② 见张俊才《林纾评传》，中华书局 2007 年版，第 187 页；另见韩洪举、王国伟等人有关林纾的研究文章。
③ （清）盛时彦：《阅微草堂笔记姑妄听之跋》，朱一玄编《聊斋志异资料汇编》，南开大学出版社 2012 年版，第 498 页。

书，才子之笔，非著书者之笔也。'先君子亦云：'蒲留仙，人才也。其所藻绘，未脱唐、宋人小说窠臼。若纪文达《阅微草堂》五种，专为劝惩起见，叙事简，说理透，不屑屑于描头画角，非留仙所及。'余著《右台仙馆笔记》，以《阅微》为法，而不袭《聊斋》笔意，秉先君子之训也。然《聊斋》藻绘，不失为古艳，后之继《聊斋》而作者，则俗艳而已，甚或庸俗不堪入目，犹自诩为步武《聊斋》，何留仙之不幸也。"① 以"实学""朴学"为风气的清代学术，对于才子之笔，对于曲折生动的文学描摹，是颇为不屑的。因此才有了"叙事简，说理透"的文笔反倒高于"细微曲折，描绘如生"的评判标准，这种文学标准和后来进入现代时期的文学标准几乎是相反的。

章太炎对于林纾及其小说的评价正是在这一条由纪昀到俞樾构成的正统延长线上。章太炎同样是以正统的小说观否定了唐以来的小说，进而否定了林纾小说的价值。由纪昀等评价聊斋的方式反观章太炎对林纾的评价，二者其实是如出一辙。章太炎评价林纾小说甚至可以看作纪晓岚评价《聊斋志异》的近代版本。章太炎在给林纾的题辞中实际是以纪晓岚对于蒲松龄《聊斋志异》的否定态度来含蓄地表达自己对于林纾的评判。可见，章太炎貌似谦虚的题词，其骨子里暗含的依旧是嘲讽和否定。因此，后世研究者力图为林纾平反而援引章太炎的这一题词，借以抬高林纾的价值，显然是一种南辕北辙的做法。

二 "《聊斋》滥调"：五四新青年眼中的林译小说

五四新文化运动和文学革命发动初期，钱玄同、胡适、陈独秀

---

① （清）俞樾：《春在堂随笔》，江苏人民出版社 1984 年版，第 131 页。

等新文化运动的领军人物关于中国古代小说、近代小说以及当下小说有过一番价值评判和争论，其中涉及《聊斋志异》的评价直接连带着对于林纾及其小说进行了价值定位。五四新青年同人虽与清代末端，尤其是以章太炎为核心的正统学术圈子还保持着历史性承传关系，但毕竟有了现代思想的介入，这也使得他们的文学观念和价值评判尺度与章太炎辈逐渐呈现出代际性差异。

　　五四新文化运动和文学革命发起之初，钱玄同可谓头号激进人物，有关中国小说价值的重新评价最初便由钱玄同发起。钱玄同虽为章太炎的弟子，但是在很多问题的价值评判上并非对其师亦步亦趋，而是显示出独立个性。比如在对待梁启超的问题上，便与章太炎截然相反。章太炎从传统文章的角度判定梁启超开创的报章体为罪魁祸首，钱玄同则从新文学的角度认定"梁任公实为创造新文学之一人"。在对待桐城派问题上，钱玄同则比章太炎持更激烈、更偏执的否定态度，直呼之为"桐城谬种，选学妖孽"。在对待林纾的问题上，钱玄同也与章太炎持同一论调，甚至有过之而无不及，显示出很明显的清代正统学风遗传和宗派门户之见。胡适的《文学改良刍议》发表后，钱玄同致信陈独秀表达对胡适见解的激赏，尤其对胡适提出的"不用典"最为赞同，并以此为武器针砭历代文学，尤其对林纾的文学创作进行了不点名的揶揄："弟以为古代文学，最为朴实真挚，始坏于东汉，以其浮词多而真意少也。弊盛于齐梁，以其渐多用典也。唐宋四六，除用典外，别无他事，实为文学《燕山外史》中之最下劣者。至于近世《聊斋志异》、《松隐漫录》诸书，直可谓全篇不通。""又如某氏与人对译欧西小说，专用《聊斋志异》文笔，一面又欲引韩柳以自重，此其价值，又在桐城派之下，然世固以大文豪目之矣。"① 针对钱玄同夹杂着派别之见和意气之争的评判，胡适提出了反对意见："钱先生云'至于近世《聊斋志异》

---

① 钱玄同：《通信·致陈独秀》，《新青年》第 3 卷第 1 号，1917 年。

诸书直可谓全篇不通.'此言似乎太过，《聊斋志异》在吾国札记小说中，以文法论之，尚不得谓之'全篇不通'。但可讥其取材太滥，见识鄙陋耳。"[1] 即便倡言文学革命的陈独秀也认为钱玄同全面否定《聊斋志异》的见解太过偏激："玄同先生谓《聊斋志异》全篇不通，虽未免太过，然作者实无文章天才，有意使典为文，若丑妇人搽脂抹粉，又若今之村学究满嘴新名词，实在令人肉麻。吾国札记小说，以愚所见，最喜《今古奇观》，文笔视聊斋自然得多，取材见识亦略高。所述杜十娘宋金郎二事，旧剧家盛演之，观者咸大欢迎，而原书之声价反在聊斋下，毋乃世人惑于堆砌之套语浮词乎。"[2]

经过胡适等人的纠正，钱玄同反倒以更为激进的态度修正了自己以前的观点，对于此前给予肯定评价的中国古代、近代小说做了全面否定：

> 以前我写信给先生和适之先生，说《水浒》、《红楼梦》、《儒林外史》、《西游记》、《金瓶梅》和近人李伯元、吴趼人两家的著作，都是中国有价值的小说，这原是短中取长的意思。也因为现在那种旧文学家的谬见，把欧、曾、苏、王、归、方、姚、曾，这些造劣等假古董的人看做大文学家，反说施耐庵、曹雪芹只会做小说，便把他排斥在文学以外，觉得小说是很下等的文章。所以我们不得不匡正他们的谬误，表彰《水浒》《红楼梦》那些书。其实若拿十九、二十世纪的西洋新文学眼光去评判，就是施耐庵、曹雪芹、吴敬梓，也还不能算做第一等。
>
> ……
>
> 至于从"青年良好读物"上面着想，实在可以说，中国小说，没有一部好的，没有一部应该读的。若是能读西文的，可以直读 Tolstoy、Maupassant 这些人的名著。若是不懂西文的，

---

[1] 胡适：《通信·致陈独秀》，《新青年》第 3 卷第 4 号，1917 年。
[2] 陈独秀：《通信·致胡适钱玄同》，《新青年》第 3 卷第 4 号，1917 年。

像胡适之先生译的《二渔夫》，马君武先生译的《心狱》和我
的朋友周豫才，起孟两先生译的《域外小说集》、《碳画》都还
可以读得。（但是某大文豪用《聊斋志异》文笔和别人对译的
外国小说，多失原意，并且自己搀进一种迂谬批评，这种译本，
还是不读的好。）①

　　钱玄同虽然以激进的态度几乎否定了中国既有的全部小说，但
是对于胡适关于《聊斋志异》等小说提出的辩护意见，还是做了退
一步的商榷："玄同谓《聊斋志异》、《燕山外史》、《松隐漫录》诸
书全篇不通者，专就其堆砌典故之点言之。先生谓'《聊斋志异》
在吾国札记小说中，但可讥其取材太滥，见识鄙陋'。玄同则以为就
此点观之，尚不能算一无足取。《燕山外史》一书，专用恶滥之笔，
叙一件肉麻之事，文笔亦极下劣，更无丝毫'思想''情感'之可
言，最不足道。王韬《松隐漫录》，全是套《聊斋志异》笔法，文
笔更为恶劣，亦无'思想''情感'可言。若《聊斋志异》，似尚不
能尽斥为'见识鄙陋'。十数年前，有人说《聊斋志异》一书，寓
有排满之意，书中之'狐'，系指'胡人'，此说确否，虽未可知，
然通观前后，似非绝无此意。又其对于当时龌龊社会，颇具愤慨之
念，于肉食者流，鄙夷讪笑者甚至。故玄同以为就作意而言，此书
尚有可取之处。惟专用典故堆砌成文，专从字面上弄巧，则实欲令
人作呕，故斥之为'全篇不通'耳。《阅微草堂笔记》，亦是《聊斋
志异》一类，论文笔，实较《聊斋志异》为干净。论作者之思想，
则纪昀便僻善柔，利欲熏心，下于蒲松龄远甚。然文笔可学，而思
想不能学。故学《阅微草堂笔记》之《子不语》，看了尚不甚难过。
而学《聊斋志异》之《松隐漫录》则实欲令人肌肤起粟。"② 经过一
番论析，《聊斋志异》在五四新青年现代眼光中的"有价值处"和

———————————

① 钱玄同：《通信·陈独秀书》，《新青年》第 3 卷第 6 号，1917 年。
② 钱玄同：《通信·致胡适》，《新青年》第 3 卷第 6 号，1917 年。

"无价值处"基本得到厘清。至此，有关林纾的评价也脱离了把蒲松龄与林纾相提并论的"章太炎阶段"，而进入"五四新青年阶段"，转而视林纾小说更不值一哂："至某氏'其女珠其母下之'之妙文，则去不通尚有二十年，此公之文，本来连盖酱缸都不配，只有用先生的法子，把他抛入垃圾桶罢了。"① 五四新青年对于林纾及其小说的抨击至钱玄同与刘半农共同演绎的"双簧信"达到一个高潮。周作人曾说："文学革命以后，人人都有了骂林先生的权利。"② 确切地说来，林纾在文坛价值的大幅跌落，正是始于"双簧信"事件。

在提升《聊斋志异》的现代价值，并把林纾小说归于"聊斋类""聊斋滥调"进行批判的过程中，胡适起到了关键的作用。梁启超在《清代学术概论》中曾把胡适置于"清学正统"的链条上给予赞扬："绩溪诸胡之后有胡适者，亦用清儒方法治学，有正统派遗风。"③ 但与其说胡适是在正统清学的链条上，不如说胡适更接近西方的思想和治学方法，或者说，胡适让西方现代的治学方式和清代考据学达成了融通。而就当时的文坛而言，胡适与钱玄同、陈独秀等人相比，更远离从清代承传下来的学术宗派之争，更直白地说，胡适不属于以章太炎为核心的革命同志群体和清学文人群体。因此，胡适对古代、近代小说包括林纾的评价上，有着更为客观、更为现代的标准，而少传统门户之见。对于钱玄同挟持着宗派之见的古代、近代小说评判，胡适更是毫不客气地提出批评，尤其对《聊斋志异》等小说提出了更为稳妥、合理的评判："明末清初的文人，很做了一些中上的文言短篇小说。如《虞初新志》、《虞初续志》、《聊斋志异》等书里面，很有几篇可读的小说。比较看来，还该把《聊斋志异》来代表这两朝的文言小说。《聊斋》里面，如《续黄粱》，《胡

---

① 钱玄同：《通信·致刘半农》，《新青年》第 4 卷第 1 号，1918 年。
② 启明（周作人）：《林琴南与罗振玉》，《语丝》第 3 期，1924 年。
③ 梁启超：《清代学术概论》，《饮冰室合集·专集之三十四》，中华书局 1989 年版，第 6 页。

四相公》，《青梅》，《促织》，《细柳》……诸篇，都可称为'短篇小说'。《聊斋》的小说，平心而论，实在高出唐人的小说。蒲松龄虽喜说鬼狐，但他写鬼狐却都是人情世故，于理想主义之中，却带几分写实的性质，这实在是他的长处。只可惜文言不是能写人情世故的利器。到了后来，那些学《聊斋》的小说，更不值得提起了。"①胡适高度评价《聊斋志异》的同时对"聊斋滥调"的模仿之作提出了严厉的批评，但这"聊斋滥调"并非单指林纾的小说，还指向被钱玄同、陈独秀等五四健将推崇的苏曼殊的创作。

　　在对同代人小说的评价中，钱玄同曾一再推崇苏曼殊（以及章士钊）的文学创作："曼殊上人思想高洁，所为小说描写人生真处，足为新文学之始基乎。此外作者，皆所谓公等碌碌。"②"《碎簪记》、《双枰记》、《绛纱记》自是二十世纪初年有价值之文学。"③ 对此，胡适大不以为然："又先生屡称苏曼殊所著小说。吾在上海时，特取而细读之，实不能知其好处。《绛纱记》所记，全是兽性的肉欲，其中又硬拉入几段绝无关系的材料，以凑篇幅，盖受今日几块钱一千字之恶俗之影响者也。《焚剑记》直是一篇胡说，其书尚不可比《聊斋志异》之百一，有何价值可言耶？"④ 胡适摒弃了当时以章太炎为核心的革命文人群体对于苏曼殊的偏爱，而直接从艺术的角度对其创作给予批评。在《建设的文学革命论》中，胡适批评中国小说方法简陋，直指"某生体"为最下等、最低端的创作："现在的小说（单指中国人自己著的）看来看去，只有两派。一派最下流的，是那些学《聊斋志异》的札记小说。篇篇都是'某生某处人，生有异禀，下笔千言，……一日于某地遇一女郎，……好事多磨，……遂为情死'；或是'某地某生，游某地，眷某妓，情好綦笃，遂订白

---

① 胡适：《论短篇小说》，《新青年》第 4 卷第 5 号，1918 年。
② 钱玄同：《通信·致陈独秀》，《新青年》第 3 卷第 1 号，1917 年。
③ 钱玄同：《通信·致胡适》，《新青年》第 3 卷第 6 号，1917 年。
④ 胡适：《通信·致钱玄同》，《新青年》第 4 卷第 1 号，1918 年。

头之约，……而大妇妬甚，不能相容，女抑郁以死，……生抚尸一
恸几绝'；……此类文字，只可抹桌子，固不值一驳。"① 显然，胡
适所抨击的那些"学《聊斋志异》的札记小说"或"某生体"的小
说并非单指林纾，至少还包括备受陈独秀、钱玄同等推崇的苏曼殊。
毋宁说，胡适是在批评这一类小说。但无可否认，"双簧信"事件之
后，此前从未对林纾有非议的胡适也难免受五四新青年同仁的情绪
和言论影响，转而对林纾揶揄嘲讽："用古文译书，必失原文的好
处。如林琴南的'某女珠，其母下之'，早成笑柄，且不必论。前天
看见一部侦探小说《圆室案》中，写一位侦探'勃然大怒，拂袖而
起。'不知道这位侦探穿的是不是康桥大学的广袖制服！——这样译
书，不如不译。又知林琴南把 Shakespeare 的戏曲，译成了记叙体的
古文！这真是 Shakespeare 的大罪人，罪在《圆室案》译者之上。"②
胡适的评判正确与否暂且不论，单就其不加审辨、信手拈来的林纾
"笑柄"而言，显然是轻率的。③ 同样，在《论短篇小说》中，胡适
虽未明言，但是批评的矛头所指也是大家心照不宣的："那些古文家
和'《聊斋》滥调'的小说家，只会记'某时到某地，遇某人，作
某事'的死账，毫不懂状物写情是全靠琐屑节目的。"④ 一直到《五
十年来中国之文学》，胡适才对林纾的古文、林译小说、白话诗等做
出了比较客观的、全面的评价。以胡适的评价为标志，很多五四人
在林纾逝后，对这位在文学革命中备遭丑诋揶揄的反对派给予了比
较客观公允的评价。周作人也在《林琴南与罗振玉》一文中称赞林
纾的勤奋，并一度认定林纾"终是我们的师"⑤。看了周作人的评
价，刘半农也对当年的"双簧信"事件深表悔意，"后悔当初之过

---

① 胡适：《建设的文学革命论》，《新青年》第 4 卷第 4 号，1918 年。
② 胡适：《建设的文学革命论》，《新青年》第 4 卷第 4 号，1918 年。
③ 蔡萌：《"笑柄"的笑柄》，《读书》1989 年第 7、8 期。
④ 胡适：《论短篇小说》，《新青年》第 4 卷第 5 号，1918 年。
⑤ 启明：《林琴南与罗振玉》，《语丝》第 3 期，1924 年。

于唐突前辈"。①　唯有钱玄同不依不饶，在《语丝》上发表公开信，近乎严厉地批评周作人、刘半农对林纾的赞扬与尊敬："我底意见，今之所谓'遗老'，不问其曾'少仕伪朝'与否，一律都是'亡国贱俘，至微至陋'的东西。""何以要认林纾为前辈？若说年纪大些的人叫做前辈，那么，年纪大的人多得很哪，都应该称为前辈吗？""一九一九年林纾发表的文章，其唐突我辈可谓至矣，我记得那时和他略开玩笑的只有一个和我辈关系较浅的程演生。我辈当时大家都持作揖主义的态度，半农亦其一也。有谁'过于唐突'他呢？"至于他那种议论，若说唐突我辈，倒还罢了；若说教训我辈，哼！他也配！！！！"②　钱玄同的批评颇为见效，致使周作人态度急转，在钱玄同信后发表《再说林琴南》，立即改变了态度："林琴南死后大家对于他渐有恕词，我在《语丝》第三期上也做有一篇小文，说他介绍外国文学的功绩。不过他的功绩止此而已，再要说出什么好处来，我绝对不能赞成。"在全面否定了林纾的翻译和他对旧礼教的尊重之后，周作人总结道："林琴南的确要比我们大几十岁，但年老不能勒索我们的尊敬，倘若别无可以尊敬的地方，所以我不能因为他是先辈而特别客气。"③　钱玄同对于林纾"死也不饶恕"固然体现了其作为激烈派的惯有态度，但是周作人态度的翻转就不得不令人深思。钱玄同、周作人同为"章门弟子"，这种力排异己的"门户之见"还是显而易见的。

　　《聊斋志异》在近、现代历史时期的中国古代文学史书写中逐渐得到重视，尤其在新中国成立之后"当代时段"的古代文学史中，更稳固地居于文学经典行列。《聊斋志异》在中国近、现、当代的价值定位史，是一个复杂的话题，需要另辟专题论述。回望五四前后的文坛，《聊斋志异》的价值变迁，还是不难厘清，一是清代正统学

---

①　刘复：《巴黎通信》，《语丝》第 20 期，1925 年。
②　钱玄同：《写在半农给启明的信底后面》，《语丝》第 20 期，1925 年。
③　启明：《再说林琴南》，《语丝》第 20 期，1925 年。

风的余威笼罩，二是五四新文化运动中的白话文运动，都致使对《聊斋志异》的评判还处在"有无"和"多少"的论争中。对《聊斋志异》的评价更牵扯对于中国近代笔记小说以及林纾的评价。作为正统清学的压阵大将，章太炎尽管语含不屑与嘲讽，但终究还能把林纾比作蒲留仙。而到了五四新青年眼中，随着钱玄同、胡适、陈独秀等人对于《聊斋志异》等小说的价值清理，普遍认定林琴南的小说已经没有资格和《聊斋志异》相提并论，仅成了"不值一驳"的"聊斋滥调"，林纾本人也成了新青年们公开揶揄的对象。后来研究者认清了这些历史的细节和曲折，自然就不会把章太炎等人以《聊斋志异》喻林纾小说看成对林纾的褒扬。

以"聊斋喻林纾"只是历史中的微末细节，在浓墨重彩的近、现代历史舞台上仿佛一条若隐若现的游丝，但正是这样一条游丝，却牵扯清代至五四以来学界及文坛的诸多新争与旧怨。由《聊斋志异》到林纾的历史评判曲折脉络，向上可以勾连起如纪晓岚、章太炎、俞越、桐城派、林纾等清代文坛的重镇及文学大家，向下则牵扯五四时代的章门弟子和文学革命健将，几百年的学风流转与文学嬗变亦可借一斑而窥全豹。尤其是当以"五四"为时间节点和精神节点的系列事件，在近百年来的历史建构和想象中，越来越被纯化为一种价值尺度、一种精神表征乃至一种道德立场时，这些复杂而生动的历史细节也许有助于我们理解历史应有的丰富和曲折。

旧派的沉默与林纾的境遇：
五四新旧论战在 1919

近百年来，"五四"已成为现代中国的精神源头之一，同时也是现代知识界聚讼纷纭之地。尽管不同时期、不同言说群体所征引、所阐发的五四内涵不尽相同，但是无可置疑，"言说五四"和"五四言说"已成为中国历史思想变革的重要风向标，这不仅表明了五四的重要性，也显示了五四的丰富性和复杂性。五四是包含着五四新文化运动/文学革命以及与之密切相关又有区别的五四爱国学生运动的大概念，"文化的五四"与"政治的五四"构成了彼此支撑、无法分解的双重内涵。作为中国政治、思想、文化和文学现代转型的关键事件，新旧思想文化及文学的论争构成了五四的基本生成方式。诚然，五四新青年派与文化守旧派的论争早已成为历史陈迹，但是由其所开启的中国新旧文化之争从未停止。说到底，文化的转型并非仅凭一次论争就能彻底解决，东方与西方、传统与现代、本土与域外的纠结和论争百年来始终不绝如缕。"新"与"旧"并不能在"优"和"劣"之间简单地画上等号，因此，看似胜负已分的五四新旧文化之争实际上并没有尘埃落定。从深层次看，基于亡国灭种的危机而被动开启的中国现代历史进程始终处于峻急的奔驱状态中，中国甩脱传统落后的重负，跨入现代先进的国家行列，获得近现代以来最大的内驱力。现代性的焦虑致使人们对思想、文化、文学现代转型中"拿来"并"获得"的部分投注了持久的关注和热情，对于"丢弃"和"失落"的部分则缺乏足够的耐心和重视。实际上，那些在文化急转期被批判、遭否定甚至被抛弃的"旧物"并非全部都是糟粕，捍卫、守护着这些传统旧物的人也不能简单地被定义为历史前进的绊脚石，他们犹如传统思想文化肌体敏感的末梢神经，深切感受着整个文化嬗变过程中的冷热与疼痛。五四百年后的今天，我们理应获得超越性的思维，在继承五四精神的同时走出二元认知模式，重新看待这些在论争中被否弃的"旧派"，以"了解之同情"重新审视这些"旧派"的时代境遇和历史命运，在新旧的转捩点、断裂点寻找传统与现代的接续点。

一 从笼统批评到指名道姓：五四新青年对旧派的有意挑战

1919 年，五四新青年派与林纾的论战进入白热化阶段。以此为标志，五四新文化运动发起的新旧思想及文学论争进入关键时期。1919 年 2 月，林纾影射、丑化陈独秀、胡适、钱玄同等新青年派代表的笔记小说《荆生》发表于《新申报》，随即被《每周评论》转载，成为"示众"和批判的材料；3 月，林纾发表《致蔡鹤卿太史书》以及丑诋蔡元培等的笔记小说《妖梦》；4 月，蔡元培发表《答林琴南》，林纾刊出《论古文白话之相消长》。林纾的小说、文章及其与蔡元培驳难的书信发表后，新青年派对林纾的批判由《新青年》杂志转到《每周评论》，论战方式也由以往的冷嘲热讽、零星批驳转为集中批判。《每周评论》第 17 号（1919 年 4 月 13 日）和第 19 号（1919 年 4 月 27 日）特辟"对于新旧思潮的舆论"专栏，转载了《晨报》《国民公报》《北京新报》《顺天时报》《神州日报》《北京益世报》等刊载的 26 篇文章，对以林纾为代表的旧派的思想言论进行了集中的展览和批判。从"荆生"引申出来的借助政治武力压制新思想的企图与北大新派教员被驱逐的流言融汇在一起，引发了思想文化界对新派的同情、支持以及对旧派的道德指责。至此，新青年派无论是从思想主张上还是从舆论、道义上都占据了上风。

一个值得注意的现象是，在五四新文化运动发轫期的新旧思想论战中，林纾始终孤军奋战，旧派中几乎没有一个人公开站出来助战。而胡适、陈独秀、钱玄同、刘半农等五四健将在《新青年》发动新文化运动和文学革命的时候，抨击的旧派并非只有林纾一人，还包括"桐城谬种""选学妖孽"在内的诸多旧派人物。林纾，一位并不自认是桐城派的卫道士，却最终接过了新青年掷过来的骂称，成了桐城古文的真正护法，同时成为新青年攻击的靶心。那么，在1919年，当林纾与新青年酣战并被围攻的过程中，被新青年指骂的旧派究竟有哪些？他们到底处于怎样的情势与心态中呢？

众所周知，在五四新文化运动及文学革命的初倡期，尽管《新青年》所提出的观念主张，件件都有点惊世骇俗，但始终处于自说自话的状态，其情形正如刘半农在《复王敬轩》中所言："记者等自从提倡新文学以来，颇以不能听见反抗的言论为憾。"① 因此，五四新青年们发起的挑战，包括"双簧信"的制造都是有意的，目的是激起旧派的回应以便在论争中扩大新思想的影响。而在整个五四新文化运动和文学革命发动过程中，五四新青年对旧派打击力度最大、对后世影响也最深的莫过于"桐城谬种""选学妖孽"的提出。这一指称的发明权无疑应属于五四新文化运动中最为激进的钱玄同，但是，与其说这是钱玄同的创造发明，不如说是总结发明，此前的导引之功首先要归于胡适和陈独秀。胡适在《文学改良刍议》中即指出了"当今"文坛诗、文、小说的弊端皆在于模仿古人："更观今之'文学大家'，文则下规姚、曾，上师韩、欧，更上则取法秦汉魏晋，以为六朝以下无文学可言，此皆百步与五十步之别而已，而

---

① 半农：《文学革命之反响》，《新青年》第 4 卷第 3 号，1918 年。

皆为文学下乘，即令神似古人，亦不过为博物院中添几许'逼真赝鼎'而已，文学云乎哉！""今之作文作诗者，每不讲求文法之结构，其例至繁，不便举之，尤以作骈文律诗者为尤甚。"胡适虽然没有直接点名，但实际是把包括"魏晋文""唐宋文""骈文""律诗"在内的"当下文坛"一网打尽。随后胡适把阻滞"言文合一"的罪责归结于明代的何李七子："政府既以八股取士，而当时文人如何李七子之徒，又争以复古为高，于是此千年难遇言文合一之机会，遂中道夭折矣。"① 在稍后的《建设的文学革命论》中，胡适把"当下文坛"的旧派进一步细化和明确化："现在的旧派的文学实在不值得一驳。什么桐城派的古文哪，文选派的文学哪，江西派的诗哪，梦窗派的词哪，《聊斋志异》派的小说哪，——都没有破坏的价值。"② 在胡适看来，这些都属于不值一驳的假文学和死文学。

陈独秀的《文学革命论》显然受到了胡适《文学改良刍议》的启发并做了"老革命党"式的强化和发挥，把文学革命对象进一步明确为"十八妖魔"："元明剧本、明清小说，乃近代文学之粲然可观者。惜为妖魔所厄，未及出胎，竟尔流产。以至今日中国之文学，萎琐陈腐，远不能与欧洲比肩。此妖魔为何，即明之前后七子及八家文派之归、方、刘、姚是也。此十八妖魔辈，尊古蔑今，咬文嚼字，称霸文坛。反使近代文豪若马东篱，若施耐庵，若曹雪芹诸人之姓名，几不为国人所识。若夫七子之诗，刻意模古，直谓之抄袭可也。归、方、刘、姚之文，或希荣誉墓，或无病而呻，满纸之乎者也矣焉哉。每有长篇大作，摇头摆尾，说来说去，不知道说些甚么。此等文学，作者既非创造才，胸中又无物，其伎俩惟在仿古欺人，直无一字有存在之价值。虽著作等身，与其时之社会文明进化无丝毫关系。"③ 论及"今日之文坛"，陈独秀批判的矛头也直指桐

① 胡适：《文学改良刍议》，《新青年》第 2 卷第 5 号，1917 年。
② 胡适：《建设的文学革命论》，《新青年》第 4 卷第 4 号，1918 年。
③ 陈独秀：《文学革命论》，《新青年》第 2 卷第 6 号，1917 年。

城派、骈体文和西江派："今日吾国文学，悉承前代之弊。所谓桐城派者，八家与八股之混合体也；所谓骈体文者，思绮堂与随园之四六也；所谓西江派者，山谷之偶像也。"① 从陈独秀语气强悍的"十八妖魔"到钱玄同的"桐城谬种""选学妖孽"，可谓顺理成章，一脉相承。当然，钱玄同比陈独秀更为峻急。陈独秀历数中国文坛流变，指斥前后七子和归、方、刘、姚为"十八妖孽"，但这些终究是文坛中的"历史人物"，对当下文坛的批判也是对派不对人。钱玄同进一步把批判对象明确为当下文坛的两派文人，斥其为"桐城谬种""选学妖孽"，显然增加了现实的批判性和挑衅性："顷见六号《新青年》胡适之先生《文学刍议》，极为佩服……具此识力，而言改良文艺，其结果必佳良无疑。惟选学妖孽、桐城谬种，见此又不知若何咒骂。虽然得此辈多咒骂一声，便是价值增加一分也。"② 直指当下文人的"桐城谬种""选学妖孽"至此出炉，并成为此间钱玄同使用频率最高的词语，几乎言必称之。提出"选学妖孽""桐城谬种"的称号之后，钱玄同又在《〈尝试集〉序》中把桐城派与文选派斥为"文妖"。他指出导致中国两千年来语言和文字分裂的罪人有二，一是独夫民贼，二是文妖，文选派为当今第一种文妖，桐城派则为第二种文妖。③ 从五四论战的实际状况看，尽管"桐城谬种""选学妖孽"的骂称出炉，但胡适、陈独秀鲜有使用，使用最多的是钱玄同、刘半农二人。

五四新青年的批判从历史流脉到当下文坛，从派别批判到落实为当下的具体代表人物，受到点名批判最多的自然是林纾。时为五四新青年的钱玄同一登场，便以"选学妖孽""桐城谬种"的惊人之语，把刘师培和林纾拎出来进行猛烈抨击："（近人仪征某君即笃信其说，行文必取骈俪，尝见其所撰经解，乃似墓志。又某君之文，

① 陈独秀：《文学革命论》，《新青年》第 2 卷第 6 号，1917 年。
② 钱玄同：《通信·致陈独秀》，《新青年》第 2 卷第 6 号，1917 年。
③ 钱玄同：《〈尝试集〉序》，《新青年》第 4 卷第 2 号，1918 年。

专务改去常用之字。以同训诂之隐僻字代之，大有'夜梦不祥开门大吉'改为'宵寐匪祯辟札洪庥'之风。此又与用僻典同病。）"
"（又如某氏与人对译欧西小说，专用《聊斋志异》文笔，一面又欲引韩柳以自重，此其价值，又在桐城派之下，然世固以大文豪目之矣。）"① 钱玄同虽然把笃信骈文的"仪征某君"和与人对译欧西小说的"某氏"置于括号中，以类似附注的形式出现，但实际上尽人皆知，前者指的是刘师培，后者指的是林纾。五四新旧思想阵营论战期间，钱玄同等新青年派虽然把"选学妖孽""桐城谬种"并称，但实际上对于"桐城谬种"的代表——林纾的批判力度和频次远甚于对"选学妖孽"——刘师培的抨击，批判的着力点也大为不同。

对于林纾，新青年首先是以新思想、新理念为尺度批判林纾"以唐代小说之神韵移译外洋小说"毫无文学价值，讥讽其"大文豪"的名头。刘半农在给"王敬轩"的复信中即称："林先生所译的小说，若以看'闲书'的眼光去看他，亦尚在不必攻击之列；因为他所译的《哈氏丛书》之类，比到《眉语莺花》杂志，还'差胜一筹'，我们何必苦苦的'凿他背皮'，若要用文学的眼光去评论他，那就要说句老实话：便是林先生的著作，由'无虑百种'进而为'无虑千种'，还是半点儿文学的意味也没有！"② 钱玄同在刘半农译《天明》附志中，再就翻译问题对林纾大加讥讽："然而如大文豪辈，方且日倡以古文笔法译书，严禁西文式样输入中国，恨不得叫外国人都变了蒲松龄，外国的小说都变了《飞燕外传》《杂事秘辛》，他才快心；——若更能进而为上之，变成'某生''某翁'文体的小说，那就更快活得了不得！"③ 其次，五四新青年还以"旧学"的尺度在"不通"上大做文章，指出林纾的"不学"。刘半

① 钱玄同：《通信》，《新青年》第 3 卷第 1 号，1917 年。
② 半农：《文学革命之反响》，《新青年》第 4 卷第 3 号，1918 年。
③ 钱玄同：《明天·附志》，《新青年》第 4 卷第 2 号，1918 年。

农在"双簧信"中便借周作人的译笔来讽刺林纾的古文功底太差："如先生的国文程度——此'程度'二字是指先生所说的'渊懿''雅健'说，并非新文学中之所谓程度，——只能以林先生的文章为文学止境，不能再看林先生以上的文章，那就不用说；万一先生在旧文学上所用的功夫较深，竟能看得比林先生分外高古的著作，那就要请先生费些功夫，把周先生十年前抱复古主义时代所译的《域外小说集》看看。"① 新青年讥嘲林纾的小说翻译没有文学价值，也许并不使林纾太在意，因为他并不看重自身小说家的身份。但是，指出其文章"不通"所针对的则是林纾很看重的古文家的身份，这对林纾的打击力度是很大的。而"不识字""空疏"正是以往经学家、汉学家对于"桐城派古文家"的普遍讥讽。胡适在《新青年》"通信"中也拈出了林纾在《论古文之不当废》一文中的"不通"之处："此中'而方姚卒不之踣'一句不合文法，可谓'不通'……林先生知'不之知''未之有'之文法，而不知'不之踣'之不通，此则学古文而不知古文之'所以然'之弊也。"由此，胡适得出结论："林先生为古文大家，而其论'古文之不当废'，'乃不能道其所以然，'则古文之当废也，不亦既明且显耶？"② 刘半农更是制造林纾"不通"之"笑柄"的第一人："近人某氏译西文小说，有'其女珠、其母下之'之句，以'珠'字代'胞珠'转作'孕'字解，以下字作'堕胎'解，吾恐无论何人，必不能不观上下文而能明白其意者，是此种不通之字，较诸'附骥'、'续貂'、'借箸'、'越俎'等通用之典，尤为费解。"③ 虽然，这一"笑柄"后来经钱锺书指出乃是一种讹误："古奥的字法、句法在这部译本里随处碰得着……'女接所欢，嫛，而其母下之，遂病'——这

---

① 半农：《文学革命之反响》，《新青年》第 4 卷第 3 号，1918 年。
② 胡适：《通信》，《新青年》第 3 卷第 3 号，1917 年。
③ 刘半农：《我之文学改良观》，《新青年》第 3 卷第 3 号，1917 年。

个常被引错而传作笑谈的句子也正是'古文'里叙事简敛肃括之笔。"① 刘半农所指出的这一"笑柄"无疑透露出刘半农自身"小学"功底的薄弱，但在当时却没有人对此细加分辨，反而在以讹传讹中使这一"笑柄"广为流传。继"双簧信"后，《每周评论》上还刊载了自称为"某中学教师"的"二古"先生的一篇文章，以批改学生作文的方式，对林纾的小说《荆生》进行逐字逐句的批驳，讥讽其文字不通，连中学生的水平还没达到，更不配称为"大古文家"："唯以文论之，固不成其为文也。其结构之平直、文法之舛谬、字句之欠妥，在在可指。林先生号为能文章者，乃竟一至于斯耶，殊非鄙人梦想所料及者矣。"批改之余讽刺林琴南暮年江郎才尽："此篇小说，其文之恶劣，可谓极矣。批不胜批，改不胜改。设吾校诸生作文尽属如此，则吾虽日食补脑汁一瓶，亦不足济吾脑力，以供改文之用。然吾昔读林先生所译之《茶花女遗事》，及他种小说，尚不如是。岂年衰才尽，抑为他人赝作耶。"② 显然，这种批驳方式与"双簧信"如出一辙，钱玄同自然也与化名为"二古"的中学教师难逃干系。苏曼殊则对这种先生批改学生作文的方式拍手称快，也如唱双簧一般回答了二古先生的疑问，讥讽林纾后来的小说之所以恶劣不堪，是因为译者丧失了译《巴黎茶花女遗事》时的纯粹心境，而把译小说当成了赚钱的手段："吾非好为尖刻之语以伤人，诸君但捡近年林氏所译之小说与《茶花女》一较之，当知吾言之不谬。书中之结构，责在著者，吾所论者译笔而已，林琴南先生乎，'吾性但欲得金耳'实夫子自道矣。此二古先生之所以叹林氏之才尽也。"③ 以"拜金主义"来评价林纾，显然是有意无意地忽略了林纾仗义疏财、"遇人缓急，周之无吝色"④ 的慷慨品格。

---

① 钱锺书等：《林纾的翻译》，商务印书馆 1981 年版，第 42~43 页。
② 《通讯·评林㧑庐最近所撰〈荆生〉短篇小说》，《每周评论》第 13 期，1919 年。
③ 曼殊：《通讯》，《每周评论》第 14 期，1919 年。
④ 朱羲胄述编《贞文先生学行记》卷一，世界书局 1949 年版，第 5 页。

　　相比较林纾所招致的剧烈批判，五四新青年派对于选学派代表刘师培、黄侃的讥讽要克制得多。在"桐城谬种""选学妖孽"名词出炉之际，钱玄同便提及选学派的"仪征某君"。此外，钱玄同还在《新青年》第6卷第3号《随感录·五五》中讥讽了"某先生"（即黄侃）虽身为革命党，却在诗文中流露出遗老、遗少气，正是暴露了"旧文学"的弊端："我知道这位某先生当初做革命党，的确是真心，但是现在也的确没有变节。不过他的眼界很高，对于一班创造民国的人，总不能满意，常常要讥刺他们。他自己对于'选学'工夫又用得很深。因此，对于我们这班主张国语文学的人，更是嫉之如仇。"但实际上，钱玄同又把选学派嘲骂新文学和林纾等文人区分开来，认为黄侃是别有怀抱："这种嬉笑怒骂，都不过是名士应有的派头。他绝非因为眷恋清廷，才来讥刺创造民国的人；他更非附和林纾、樊增祥这班'文理不通的大文豪'才来骂主张国语文学的人。我深晓得他近来的状况，我敢保他现在的确是民国的国民，决不是想做'遗老'，也决不是抱住'遗老'的腿想做'遗少'。"钱玄同认为，这样一位曾为革命党、现为民国国民的学者之所以在诗词中表现出遗老的口气，根本原因是无法摆脱旧文学的谱式："中国旧文学的格局和用字之类，据说都有一定的'谱'的。做某派的文章，做某体的文章，必须按'谱'填写，才能做得像，像了就好了。"而这，正是新旧文学旨趣的不同："新文学以真为要义，旧文学以像为要义，既然要以像为要义，那便除了取消自己，求像古人，是没有别的办法了。"① 同样，胡适也对选学派刘申叔点名讥讽："有许多人说我们所提倡的白话文学是很没有价值的，是很失身份的。我有一天走到琉璃厂，买了一部《中国学报》，看见内中有一篇刘申叔先生的《休思赋》，我拿回来，读了半天，查了半天的字典，还不能懂得百分之一二。我惭愧得很，便拿到国立北京大学去，请

────────────

　　① 钱玄同：《随感录·五五》，《新青年》第6卷第3号，1919年。

一位专教声音训诂的教授讲解给我听。不料这位专教声音训诂的教授读了一遍，也有许多字句，不能懂得。我想这篇赋一定是很有身份，很有价值的了，所以我便把这篇赋抄了下来，给大家见识见识。"① 胡适讥讽刘申叔自炫淹博，却不过是用"死文字"制作了"死文学"而已。从新文学、新思想的意义上，胡适、钱玄同等人有理由指责刘师培、黄侃等选学派的不合时宜，然而以旧学的尺度衡量，新文学家们也不得不承认二者身为学问大家，在学界依旧有着举足轻重的地位。钱玄同尽管与黄侃有着新旧之争，但二人终究属于同门中的不同派别，而黄侃更是在章门弟子以及选学派与桐城派的较量中起到了至关重要的作用。因此，以钱玄同为代表的五四新青年，对于黄侃以及刘师培的态度显然是"嬉笑"多于"怒骂"。另外，如陈平原所指出的那样，"桐城谬种"和"选学妖孽"在五四新旧论战中得到了不同的对待，五四新青年狠批桐城，而对选学手下留情，与五四新文化对程朱理学极为反感大有关系。②

　　严复也是五四新青年们的揶揄对象之一。钱玄同在有关新文学的通信中也对严复进行了批评："我觉得日本人造的新名词，比严复高明得多；像严氏所造的什么'拓都''幺匿''囨两'之类，才叫人费解哩？"刘半农在复信中答曰："若严复之'拓都''版克'……直与武则天自造名字无二，理会他做甚？"③ 在钱、刘二人炮制的"双簧信"中，同样没忘记借讥讽王敬轩的同时对严复施以嬉笑怒骂："严先生译'名学'二字，已犯了"削趾适屦"的毛病……严先生译'中性'为'囨两'，是以'囨'字作'无'字解，'两'字指'阴阳两性'，意义甚显；先生说他'假异兽之名，以明无二

① 胡适：《旅京杂记》，《新青年》第 4 卷第 3 号，1918 年。
② 陈平原：《中国现代学术之建立——以章太炎、胡适之为中心》，北京大学出版社 2010 年版，第 325 页。
③ 《通信·新文学与今韵问题》，《新青年》第 4 卷第 1 号，1918 年。

之义'，是一切'中性的名词'，都变做了畜生了！先生如此附会，严先生知道了，定要从鸦片铺上一跃而起，大骂'该死'！"① 很显然，在五四新青年派对旧派的批驳中，严复虽然也偶尔被新青年拿来揶揄打趣，但相比较对林纾的激烈态度，新青年对严复还是相当客气的，只是轻搔他的痛处。尤其在首创"桐城谬种"之说的钱玄同眼中，严复是时代思想的开拓式人物，林纾是无法与之相比肩的。钱玄同在《刘申叔遗书》序言中说，中国最近五十余年以来（1884～1934），为中国学术思想之革新时代。其中对于国故研究之新运动进步最速，贡献最多，影响于社会政治思想文化最巨。1884～1916 年，在社会政治思想文化方面影响最大的有十二个人：康有为、宋衡、谭嗣同、梁启超、严复、夏曾佑、章炳麟、孙诒让、蔡元培、刘光汉、王国维、崔适。钱玄同称这些人为中国学术"黎明运动中最为卓特者"，"好学深思之硕彦，慷慨倜傥之奇材"②，可见，钱玄同对严复评价之高。

除了集中火力攻击选学派、桐城派，新青年还对宋诗派的诗人们有所指摘。早在胡适的《文学改良刍议》中谈及"不摹仿古人"一条时，即以陈伯严的诗做了反面教材，直指其为"古人的抄胥奴婢"："昨见陈伯严先生一诗云：'涛园抄杜句，半岁秃千毫。所得都成泪，相过问秦刀。万灵噤不下，此老仰弥高。胸腹回滋味，徐看薄命骚。'此大足代表今日'第一流诗人'摹仿古人之心理也。其病根所在，在于以'半岁秃千毫'之工夫作古人的抄胥奴婢。故有'此老仰弥高'之叹。若能洒脱此种奴性，不作古人的诗，而惟作我自己的诗，则决不致如此失败矣。"③ 同样谈及当下诗坛的创作，刘半农更指出诗界"现在已成假诗世界"："近来易顺鼎、樊

---

① 半农：《文学革命之反响》，《新青年》第 4 卷第 3 号，1918 年。
② 钱玄同：《〈刘申叔遗书〉序》，《刘申叔遗书》，江苏古籍出版社 1997 年影印，第 28 页。
③ 胡适：《文学改良刍议》，《新青年》第 2 卷第 5 号，1917 年。

增祥等人拼命使着烂污笔墨，替刘喜奎、梅兰芳、王克琴等做斯文奴隶，尤属丧却人格，半钱不值。而世人竟奉为一代诗宗。又康有为作《开岁忽六十》一诗长至二百五十韵，自以为前无古人。报纸杂志，传载极广，据我看来，却置字句之不通，押韵之牵强于不问。单就全诗命意而论，亦恍如此老已经死了，儿女们替他发了通哀启。又如乡下大姑娘进了城，回家向大伯小叔摆阔。胡适之先生说，仿古文章，便做到极好，亦不过在古物院中，添上几件'逼真赝鼎'。我说此等没价值诗，尚无进古物院资格，只合抛在垃圾桶里。"① 在"双簧信"中，钱玄同与刘半农对易顺鼎、樊增祥同样做了不留情面的讥嘲，以樊增祥所著小说《琴楼梦》和易顺鼎《咏鲜灵芝》的诗句为例，对其"烂污"的笔墨进行抨击："敬轩先生，你看这等著作怎么样？你是'扶持名教'的，却'摇身一变'，替这两个淫棍辩护起来，究竟是什么道理呢？"② 相比较桐城派与选学派，易顺鼎、樊增祥等宋诗派在新青年眼中更是等而下之，不足挂齿了。

二　无心应战："旧派"的隐忍与沉默

新青年派在新文化运动和文学革命倡导期，对于文坛的旧文学派别做了毫不留情的讥讽和批判，但是最终起而应战的"旧派"却只有林纾，而在双方论战最为激烈的 1919 年，被指为"桐城谬种""选学妖孽"的旧派几乎处于集体沉默状态，遭新青年讥讽、痛骂的那些旧派人物到底处于怎样的境况呢？

1. 严复的困境

严复对于五四新青年所提倡的白话文运动以及林琴南与新青年

---

① 刘半农：《诗与小说精神上之革新》，《新青年》第 3 卷第 5 号，1917 年。
② 半农：《文学革命之反响》，《新青年》第 4 卷第 3 号，1918 年。

的论争，虽然并未公开发表驳论，但其态度却尽人皆知，成为严复对待五四文学革命的最终历史证词。严复在与熊纯如的通信中说：

> 北京大学陈、胡诸教员主张文白合一，在京久已闻之，彼之为此，意谓西国然也。不知西国为此，乃以语言合之文字，而彼则反是，以文字合之语言。今夫文字语言之所以为优美者，以其名辞富有，著之手口，有以导达要妙精深之理想，壮写奇异美丽之物态耳。如刘勰云："情在词外曰隐，状溢目前曰秀。"梅圣俞云："含不尽之意，见于言外，状难写之景，如在目前。"又沈隐侯云："相如工为形似之言，二班长于情理之说。"今试问欲为此者，将于文言求之乎？抑于白话求之乎？诗之善述情者，无若杜子美之《北征》；能状物者，无若韩吏部之《南山》。设用白话，则高者不过《水浒》、《红楼》；下者将同戏曲中簧皮之脚本。就令以此教育，易于普及，而斡弃周鼎，宝此康瓠，正无如退化何耳。须知此事，全属天演，革命时代，学说万千，然而施之人间，优者自存，劣者自败，虽千陈独秀，万胡适、钱玄同，岂能劫持其柄，则亦如春鸟秋虫，听其自鸣自止可耳。林琴南辈与之较论，亦可笑也。[①]

严复的态度很明确：文言是美的，比白话更适合传达精深理想和抒情写景，以白话代替文言乃是一种退化，胡适、陈独秀、钱玄同之说必将遵循优胜劣败的天演之例归于淘汰；林琴南与之争论是可笑之举。可见，严复虽然反对五四白话文运动，但也并没有站在卫护古文的林纾一边给予支持、表示同情。世人眼中的"严林"实际上并没有并肩作战。

在与桐城派的文脉传承以及精神关联中，严复和林纾的状况最

---

① 严复：《书信·与熊育锡》，《严复全集》卷八，福建教育出版社 2014 年版，第 372～373 页。

为接近。尽管某些严格的正宗桐城派论者并未把严复纳入桐城派①，
但严复深得桐城派大家吴汝纶的赏识和提携，并以西学译介为桐城
派的古文创作打开了新局面，却也是一个不争的历史事实，正是在
这个意义上，"严林"并称的说法得以被世人广泛接受。康有为在答
林纾所绘"万木草堂图"诗中即有"译才并世数严林，百部虞初救
世心"②之句，称誉严、林二人在译界的功绩。后来学者如胡适、
周作人等谈及后期桐城派时也把二人并提。胡适认为"严复、林纾
是桐城的嫡派，谭嗣同、康有为、梁启超都是桐城的变种"③。周作
人谈及中国新文学源流时也认定新文学的开端是被后期桐城派人物
引起来的："到吴汝纶、严复、林纾诸人起来，一方面介绍西洋文
学，一方面介绍科学思想，于是经曾国藩放大范围后的桐城派，慢
慢便与新要兴起的文学接近起来了。后来参加新文学运动的，如胡
适之、陈独秀、梁任公诸人，都受过他们的影响很大，所以我们可
以说，今次文学运动的开端，实际还是被桐城派中的人物引起来
的。"④批判者也往往把二者进行并列批判。章太炎即把严复与林纾
视为桐城派的"下流"："并世所见，王闿运能尽雅，其次吴汝纶以
下，有桐城马其昶为能尽俗（萧穆犹未能尽俗）。下流所仰，乃在严
复、林纾之徒。复辞虽饬，气体比于制举，若将所谓曳行做姿者也。
纾视复又弥下，辞无涓选，精采杂污，而更浸润唐人小说之风。夫
欲物其体势，视若蔽尘，笑若龋齿，行若曲肩，自以为妍，而只益
其丑也。"⑤在章太炎的论述中，严复虽比林纾高明一些，但终究都是

---

① 1929年，刘声木撰写的《桐城文学渊源撰述考》即不列严复和林纾。钱基博著
《现代中国文学史》中也未把严复创作与林纾、马其昶、姚永概等人的桐城派散
文共论，而是作为逻辑文的先导与章士钊共论。
② 朱羲胄述编《贞文先生学行记》，世界书局1949年版，第6页。
③ 胡适：《五十年来中国之文学》，《胡适全集》第2卷，安徽教育出版社2003年
版，第282页。
④ 周作人：《中国新文学的源流》，河北教育出版社2002年版，第44页。
⑤ 章太炎：《与人论文书》，《章太炎全集》第4卷，上海人民出版社1985年版，第
168页。

桐城"下流"。

从人际交往和人事关联上看，严复与桐城派诸子的交往更为深远。严复深得后期桐城派大家吴汝纶的赏识。吴汝纶主动为严复所译《天演论》作序，称赞"自吾国之译西书，未有能及严子者也"①。严复与同代桐城派诸人的交往也源远流长，在教育界有几度合作的经历。1902 年，京师大学堂译书局"开局"，严复任总办，林纾在译局供职，二人即成为同僚。1905 年严复被安徽巡抚聘为安徽高等学堂监督，该校代理监督姚叔节亲赴上海请严复就职。严复于 1906 ~ 1907 年任职期间，姚永朴等"尤相推挹"②。1912 年 3 月，严复任北京大学校长，姚氏兄弟及林纾再次群集北京大学，这与严复对北京大学新的改革设想有直接的关系："欲将大学经、文两科合并为一，以为完全讲治旧学之区，用以保持吾国四五千载圣圣相传之纲纪彝伦道德文章于不坠。"监督此科的人选，严复所属意者为陈三立，付者（教务提调）为姚永概："得二公来，吾事庶几济。"③ 正是严复的改革，聘请林纾、姚永概、姚永朴等担任经、文教习，使桐城文派在京师大学堂——北京大学期间再度大放光彩。直至 1912 年 12 月严复去职，何燏时接任北大校长，陆续引进了马裕藻、沈兼士、钱玄同、黄侃等章门弟子，最终致使桐城派陆续离开北京大学："太炎先生门下大批涌进北大以后，对严复手下的旧人则采取一致立场，认为那些老朽应当让位，大学堂的阵地应当由我们来占领。"④ 随后，严复又于 1913 年与梁启超、林纾、夏曾佑、马其昶、姚永概、吴芝瑛等人发起组织孔教会。严复的文教、社会活动，始终和林纾、马其昶、姚永概等桐城派有着密切的关联。

① 孙应祥：《严复年谱》，福建人民出版社 2014 年版，第 98 页。
② 孙应祥：《严复年谱》，福建人民出版社 2014 年版，第 222 页。
③ 严复：《书信·与熊育锡书》，《严复全集》卷八，福建教育出版社 2014 年版，第 284 ~ 285 页。
④ 沈尹默：《我和北大》，陈平原、夏晓虹编《北大旧事》，生活·读书·新知三联书店 1998 年版，第 166 页。

　　严复对待古文与白话的态度也始终分明。1902 年，梁启超在《新民丛报》第 1 号"绍介新著"栏目中对严复所译《原富》"太务渊雅"提出批评："严氏于西学中学，皆为我国第一流人物。此书复经数年之心力，屡易其稿，然后出世，其精善更何待言。但吾辈所犹有憾者，其文笔太务渊雅，刻意摹仿先秦文体，非多读古书之人，一翻殆难索解。夫文界之宜革命久矣，欧美、日本诸国文体之变化，常与其文明程度成比例。况此等学理邃赜之书，非以流畅锐达之笔行之，安能使学僮受其益乎？著译之业，将以播文明思想于国民也，非为藏山不朽之名誉也。文人结习，吾不能为贤者讳矣。"① 严复在回信中对上述批评提出了反驳："窃以谓文辞者，载理想之羽翼，而以达情感之音声也。是故理之精者不能载以粗犷之词，而情之正者不可达以鄙倍之气。中国文之美者，莫若司马迁、韩愈……仆之于文，非务渊雅也，务其是耳……且文界复何革命之与有？持欧洲挽近世之文章，以与其古者较，其所进者在理想耳，在学术耳，其情感之高妙，且不能比肩乎古人；至于律令体制，直谓之无几微之异可也。"② 严复与梁启超的辩驳虽然并非文白之辨，但是严复对于渊雅之文方能传达深邃学理是坚信不疑的。而此时的严复，正处于译著的高峰期，也是其人生的壮年期和精神的昂扬期。严复虽然在旧学方面被指为"半路出家"，但经过多年的深研、磨炼，以及与吴汝纶等桐城名家的切磋，对自己的文章译笔已经有了充分的自信，对于梁启超流畅锐达的报章体则不以为然。严复认定古文辞的存亡，与所有的事物一样，全凭天演，非人力可为，但坚信真正的古文辞不会消亡："且客以今之时为亡古文辞者，无亦以向之时为存古文辞者乎？果如是云，则又大谬。夫帖括讲章，向之家唔咿而户揣摩者，其于亡古文辞，乃尤亟耳。然而自宋历明，彼古文辞未尝亡也。以向之未尝亡，则后

---

　　① 梁启超：《绍介新著》，《新民丛报》1902 年第 1 号，第 113 ~ 115 页。
　　② 严复：《与梁启超》，《严复全集》卷八，福建教育出版社 2014 年版，第 120 ~ 121 页。

之必有存，固可决也。"① 尽管严复认定语言的变革应归于天演，但实际上，严复还是处处为古文辞辩护。

时至五四新旧论战的高峰期，严复已至人生的暮年晚景。在1917 年至 1921 年的人生最后几年中，严复身陷病痛折磨，精神也进入暮年颓唐境地。对于新青年的言论和揶揄，固然有不屑、不必与辩的姿态，更有无心、无力与辩的苦衷。严复在与友人的通信中，常常表达出因为身体病痛和衰弱而产生的颓唐："鄙人以垂暮之年，老病侵寻，去死不远。"② 病中的严复，有时连看信、回信都难以完成："复回京后，于新历十二月初旬，又一病几殆，浑身肌肉都尽，以为必死矣，嗣送入协和医院，经廿二日而出，非曰愈也，特勉强可支撑耳。但以年老之人，鸦片不复吸食，筋肉酸楚，殆不可任，夜间非服睡药不能睡。嗟夫！可谓苦矣……以此之故，老弟书来，总不能答，有时因神思散泛之故，且不能读，直俟后来始能细看也。老朽虽不死，自顾无益于时，不知彼苍留此微息作何用耳。"③ 在与家人的通信中所谈也大多是自己的病痛，"吾居医院，今已逾月，收效极疲"④，"日来吾又甚病，喘嗽支离，不能出房门半步"⑤。查严复日记，1916 年至 1917 年，日记内容基本都是病痛服药、注射硫酸吗啡的记录。随着病症的加重，注射的吗啡也逐渐增加，由 1916 年的每天 1 次或 2 次，一次 1/4 克和 1/8 克，至 1917 年每天注射 7 次，每次 10 毫升或 15 毫升。1919 年至 1920 年的日记也大多是病痛、服药、住院的记录，一直到 1921 年病逝。五四新文化运动蓬勃兴起的

---

① 严复：《〈涵芬楼古今文钞〉序》，《严复全集》卷七，福建教育出版社 2014 年版，第 333 页。

② 严复：《书信·与侯毅》，《严复全集》卷八，福建教育出版社 2014 年版，第 408 页。

③ 严复：《书信·与熊育锡》，《严复全集》卷八，福建教育出版社 2014 年版，第 377～378 页。

④ 严复：《书信·与长子严璩》，《严复全集》卷八，福建教育出版社 2014 年版，第 442 页。

⑤ 严复：《书信·与三子琥》，《严复全集》卷八，福建教育出版社 2014 年版，第 527 页。

这几年间，也正是严复遭受病痛折磨最深重的几年，正如他在病逝前一个月致张元济的书信中所言："弟原拟秋凉赴京，但日来喘咳又剧，不得不暂作罢论。恐过此凉气益深，北行愈加无由。老病残年，行动之难如此，可浩叹也。"① 在病逝前的病痛折磨中，严复已经无力、无心应对其他。因此，严复与友人通信中对于五四新青年的文学革命运动，看似冷眼旁观，实际更有着无力、无心辩驳的原因。还有论家指出，严复和林纾对待五四新青年的挑战的不同态度，也显示出了性格差别："林性格热情，为自家坚持捍卫的古文毅然挺身而出；严复纯然依恃'天演'，实则不无个性上的消极色彩在其中。"②

2. "一马二姚"的心态

马其昶、姚永朴、姚永概，被认为是桐城派古文的正宗继承者，世称"一马二姚"。钱基博在《现代中国文学史》中称："当其时，与纾为徒而真能绍桐城之学者，马其昶、姚永概为最著。""其昶文追惜抱，而永概乃似望溪。""永朴、永概咸以高文雅望膺京师大学文科教授。"③ 在章太炎的论述中，桐城派古文家中王闿运能尽雅，而马其昶能尽俗。钱基博则对马其昶的性情和学术都做了传神的概括："其昶澹泊静约，貌庄而气醇。自少于俗尚外慕，一不屑意，而刻苦锐进于学。三十以前，治古文辞，后治群经，旁及诸子史，编纂选述，寻蹟要眇，覃精穷思，如此者数十年如一日。中岁后须发尽白，然神完气凝，老而不衰。"④ 但正是桐城派的这些嫡传弟子在世变日亟、新旧更迭的大转关时期，在"旧"的自守中深深感受到了无用、无奈、无力。

---

① 严复：《与书信·张元济》，《严复全集》卷八，福建教育出版社 2014 年版，第 157 页。

② 郭道平：《严复、林纾交游考论》，吴仁华主编《革新与守固：林纾国际学术研讨会论文集》，商务印书馆 2017 年版，第 321 页。

③ 钱基博：《现代中国文学史》，上海书店出版社 2007 年版，第 136、138、141 页。

④ 钱基博：《现代中国文学史》，上海书店出版社 2007 年版，第 138 页。

马其昶对于新学兴起、道德文章衰落的情形深感忧惧，其作《桐城耆旧传》正是有感于世风日下，缅怀先贤，抚今追昔，发思古之幽情："吾邑人才，后先迭起，彬彬称极盛矣，而方姚之徒益以古文为天下倡，海内言文章者必推桐城，而桐城之文遂为宗于天下……又窃怪今者风流歇绝，何其蹶而不复可振也，岂不以师友之渊源渐被沦而日薄，士或数典忘其祖，闻见孤陋，不足感发兴起之欤……仰前哲之芳躅，悼末俗之陵替，文献放失，余甚惧焉。"① 在古文及其与之命运休戚相关的桐城文人不再为世所用、不再为世所重的历史大转关年代，马其昶屡次以"自得"表达文人的自守、自傲并聊以自慰。其在《〈素光阁读经记〉序》中即以"自得"作为治经者、笃古者最终的精神依托："自古鸿生巨儒，皆甘心焉而弗悔者，何也？吾之寄此身于斯世者，暂耳！千百世上有圣人焉，吾不得而见之也；其言吾不得而闻之也；吾读其书，则吾之心，与圣人之心，可歙然冥契于言义之表，天下之至乐，又孰有加此者邪？期适乎吾心之独喻，而非必果有所待于后。且吾既捐百为，屏群趋，而笃古者，贵其自得也。"马其昶所谓的"自得"是摒弃任何功利心，既不为求今生今世的荣誉，也不为流传于后世，而是"终其身于圣人之籍，放意辽阔而毋或有人之见者存，则庶几其所谓自得者乎"②。但是，马其昶也很清醒地意识到，自己所学已经与世事无用，因此，当张楚宝欲聘其为学校校长时，马其昶婉言拒绝："其昶自少所学，皆符于空言，于世事一不通晓，独好取古文复高至赜之旨，潜思力探，不希知于人，人亦无过问者，以此自识涯分，绝意进取。向使其昶前生百数十季，当乾嘉世，士竞古学而投以己之所守，犹不得合，况今之变皆前古所未有，于斯时也，乃欲攘臂自奋与英彦少年相角逐，愈疏阔矣。"③ 马其昶的这

---

① 马其昶：《〈桐城耆旧传〉序》，《抱润轩文集》卷三，1909 年石印本，第 2 ~ 3 页。
② 马其昶：《〈素光阁读经记〉序》，《抱润轩文集》卷三，1909 年石印本，第 8 ~ 9 页。
③ 马其昶：《复张楚宝观察书》，《抱润轩文集》卷四，1909 年石印本，第 13 ~ 14 页。

番话，既有自谦、自傲之意，也有对世态的悲观失望之情，更有一种自知之明。同时，面对当下新式学堂"往往师弟子乖刺不相得"的世风，马其昶宁愿"退而与二三徒友泳歌遗经"，也不愿"强所不知以取罪辱"。对于自己的生不逢时，马其昶并无怨言，只期望自己与徒友之所学、所存有补于"道术之大明"之将来："庶几存十一于千百，以待道术大明之日，必有圣者出焉。综古今中外而一之者，诚若是，则吾之所学虽不周于世用，而竭其不肖之心力，需之十世百世，未必其遂无补也。士各有所遭时，正不必逮吾之生尔，而又非矜其所能以訾其所不能也。"① 所学无用于今世，转而寄希望于一个未可知的"道术大明"之将来，正显示出"笃古"者的无奈与悲凉。正如研究家所见："其昶写于 1914 年的《陶庐文集序》论古文之命运，以'陈朽之业'，'互慰寥寂、召笑取侮'之类的言语自嘲。文入困境，而论者之心也渐入老境。"②

姚永朴、姚永概与马其昶并称为"桐城之殿军"，三人中以姚永概（叔节）对林纾最表同情。姚永概曾为《畏庐续集》作序，对林纾其人其文都颇为推许。姚叔节认为"文"的重要品质是去伪存真，有真性情才可信，才可传世，而林纾正是如此："若畏庐者，殆余所谓可信者也。光绪庚戌，余始识之于京师，及壬子、癸丑共事大学堂，既皆不合以去，临别赠余文，且滕以画。今年又同应徐君之聘教授正志中学校。畏庐长余十四年，弟视余，余亦以兄事之，每有所作辄出相示，违覆而不厌，故余知畏庐深其性情，真古人也。"姚永概对于林纾抱定宗旨的卫道之情也深表钦佩："余发读竟夕，太息不止，私念畏庐与余，生际今日，五六十年来所闻见，多古人所未常有，区区抱孤旨于京师尘埃之中，引迹自远，虽颓废而不悔。"③ 林纾也引

---

① 马其昶：《复张楚宝观察书》，《抱润轩文集》卷四，1909 年石印本，第 14 页。
② 关爱和：《二十世纪初文学变革中的新旧之争——以后期桐城派与"五四"新文学的冲突与交锋为例》，《文学评论》2004 年第 4 期。
③ 姚永概：《畏庐续集·序》，林纾：《畏庐续集》，商务印书馆 1927 年版，第 1 页。

姚永概为知己，他为《慎宜轩文集》作序时称赞姚永概的古文辞"气专而寂，澹宕而有致，不矜奇立异，而言皆衷于名理，是固能称其祖矣"①。林纾还多次在致姚叔节书信中表达对"妄庸巨子及其谬种"的不满，发泄"骨鲠在喉，不探取而出之坐卧皆弗爽"的愤懑心情。从林纾信中也可知姚永概对林纾的好争辩的脾气有所规劝，同时并未冷眼旁观五四新青年对林纾的围攻。1919 年 2 月，林纾与新青年醋战之际，姚永概在《公言报》上发表《示正志中学校一二班毕业诸生》一文，可算是对林纾的遥相支持，《新青年》1919 年第 6 卷第 2 号转载了此文并在文后加上了钱玄同的批驳。姚叔节在文中指责那些主张"废文字灭六经"之人为"饮狂泉者"，为"惑世诬民之说"，并勉励学生"不变初心"，"相勉以读经"。对此，钱玄同批评道："中国人如其不肯安于做'臣'做'奴才'做'小民'的本分，妄要做'人'，则惟有速'变初心'，速'饮狂泉'，信仰所谓'惑世诬民之说'；若人人'相勉以读经'，宝之为'精金美玉'，则复辟帝制之事弹指可现，何去何从，惟吾国民自择之。"②钱玄同对姚永概留了相当的情面。署名 S. F. 的读者在向《新青年》杂志提供这篇文章时，主张"仿照骂王敬轩先生的前例，痛痛的骂他一顿"，钱玄同回复说："足下要本志仿照骂王敬轩的前例，痛痛的骂姚叔节一顿。在记者看来，以为不该骂他，因为王敬轩对于文学，满纸都是陈独秀先生所谓'闭眼胡说'，所以唯有痛骂之一法；若姚氏此文，其发挥经义颇为精当，竟把孔教的坏处完全显出，我们主张推翻孔教，此文颇可为间接之帮助；我们如何可以骂他呢？"③应该说，姚永概并没有像林纾那样和新青年进行针锋相对的论战，这除了和他本人的性情相关，还和他投身新教育的人生经历和理念有关。姚永概在 20 世纪初即开始投身新学堂的兴办，并主张

① 林纾：《〈慎宜轩文集〉序》，《畏庐三集》，商务印书馆 1927 年版，第 5 页。
② 《通信》，《新青年》第 6 卷第 2 号，1919 年。
③ 《通信》，《新青年》第 6 卷第 2 号，1919 年。

引进新式教育。在创办安徽高等学堂时，姚永概即在《复刘葆良观察》信中提出应学习日本，创办新式学堂："又变法须一切变，只变一二事而其余不变，皆与本事有间接之阻力。如铁路不修，则学生到堂之期决不能画一。警察不严，则学生之出外滋事决不能保其必无。若夫科举之不停，则学费膳金决不能收，尤其显焉者已。今之学堂能受日本之诸种利益，使吾辈可放手一做乎！"面对创办新学的重重阻力，姚永概并不灰心，而是做退一步思考："然有学堂终胜于无学堂。吾辈处过渡之时，作过渡之人，只可行过渡之事。"①相比较林纾"誓死卫道"的"固执"，姚永概更多了一分"过渡之人"的清醒与豁达。1919 年 6 月 11 日陈独秀被捕之后，《慎宜轩日记》中也留下了姚永概多方参与营救的记载："二十一日　晴　上课。孝宽诸人来，言陈君被拘求救事。""二十二日　晴　上课。为陈君函求又铮。""二十四日　晴　上课。江彤侯、邓仲纯来，言将保陈生，求列名，余勉应之，令勿入前行。"②"二十一日　晴　邓仲纯约至警厅保陈仲甫。"③由此也可见出，姚永概对新青年、新思想始终有一份包容之心。

"二姚"中的姚永朴（仲实）与一直积极投身教育的姚永概不同，而是"媷志读经三十余年"："舍读书无他营，舍经无他书，虚心以求真是，将终其身焉，其殆庶欤。"对于别人的"投诗定交"，也往往"意落落也"④。心无旁骛，一心只读圣贤书的姚永朴既不愿与人交，更不愿与人争，并认为与人争乃有修养有道德的人应该摒弃的"私"："以其聪明才辩陵人，发一言，行一事，辄思人之同己，誉之则喜，訾焉则怒，若此者亦私也。"⑤同时，姚永朴"门

---

① 姚永概：《慎宜轩日记》，沈寂等标点，黄山书社 2010 年版，第 1480 页。
② 姚永概：《慎宜轩日记》，沈寂等标点，黄山书社 2010 年版，第 1422 页。
③ 姚永概：《慎宜轩日记》，沈寂等标点，黄山书社 2010 年版，第 1427 页。
④ 钱基博：《现代中国文学史》，上海书店出版社 2007 年版，第 140～141 页。
⑤ 姚永朴：《蜕私轩记》，《真实半月刊》第 1 卷第 2 期，1936 年。

户"观念淡薄:"读经三十余年,不立门户,视唐如汉,视宋元明亦如唐,博稽而约取,会通众说,有不安,乃下己意。"① 姚永朴治经不立门户,论文同样不立门户:"先生论文大旨,本之姜坞、惜抱两先哲,然自周秦以迄近代,通人之论,莫不考其全而撷其精。故虽谨守家法,而无门户之见存。"② 姚永朴认为"文"只有"是"与"当"而没有难易、古今之别,所谓"派之别由末流而生,实根于党同伐异之见"③,因此,他并不认同世人所谓"桐城派""阳湖派"的说法:"宗派之说,起于乡曲竞名者之私,播于流俗之口,而浅学者据以自便,有所作弗协于轨,乃谓吾文派别焉耳。近人论文,或以'桐城'、'阳湖'离为二派,疑误后来,吾为此惧,更有所谓'不立宗派之古文家',殆不然欤!"④ 正是基于这样的理念,姚永朴对于林纾与新青年们的争辩,很不以为然:"'奋臂拨眥',几何不为引车卖浆者语耶!昔在京中,林琴南与陈独秀争,吾固不直琴南也。"⑤ 尽管姚永朴有如此的自信与豁达,但是对于古文不可阻挡的衰落,也深感伤心与无奈。许振轩记录了姚永朴与弟子吴常焘之间的一段对话:"焘诵惜抱寿海峰诗:'如今中酒能多少?他日奇文恐散亡!'先生喟然曰:'子亦青年,以为奇文耶?谬种耶?'"姚永朴亲历了古文从"奇文"到"谬种"的时代变迁,伤感之情溢于言表。"其后新学渐萌芽,从学少衰,而先生诵说益肯肯坚确,以为不能得之于今日,犹将期诸于后之人。呜呼!非所谓'守死善道'者耶?"⑥ 无独有偶,林纾同样发出了"悠悠百年,自有能辩之者,请诸君拭目俟之"的慨叹,同样是一种大势已去的伤心语、绝望

---

① 钱基博:《现代中国文学史》,上海书店出版社 2007 年版,第 140 页。

② 张玮:《文学研究法・序》,姚永朴撰《文学研究法》,许振轩校点,黄山书社 1989 年版。

③ 姚永朴撰《文学研究法》,许振轩校点,黄山书社 1989 年版,第 59 页。

④ 姚永朴撰《文学研究法》,许振轩校点,黄山书社 1989 年版,第 64 页。

⑤ 《书姚仲实先生〈文学研究法〉后》,姚永朴撰《文学研究法》,许振轩校点,黄山书社 1989 年版,第 191 页。

⑥ 王遽常:《桐城姚仲实教授传》,《国文月刊》第 57 期,1947 年。

语。封建王朝的瓦解，使得与孔孟之道、程朱理学相表里、以纲常礼教为精神依托的桐城派古文顿失凭依，道统的失效直接导致文统的式微。

3. "选学妖孽"的无力回击

以刘师培、黄季刚（黄侃）为首的选学派曾经是抨击"桐城派古文"最有力的一派，从学理根本上动摇了桐城派的合法根基，并导致桐城派古文家在北京大学陆续辞去教职。而新文学运动的兴起，则以"妖孽"与"谬种"并称，把二者统统归于新文学的反动阵营。

1918 年 11 月，北京大学代表新思想阵营的新潮社成立，《新潮》杂志第 1 期于 1919 年 1 月 1 日出版，与之相对应，国故月刊社于 1919 年 1 月 26 日在刘师培住宅召开成立大会，《国故》第 1 卷第 1 期于 1919 年 3 月 20 日出版，刘师培与黄季刚共任《国故》月刊总编辑，双方杂志还刊出了新潮派毛子水与国故派张煊有关"国故与科学精神"的辩难文章。新旧思潮的冲突也越来越受到社会各界的关注。1919 年 3 月 18 日，北京《公言报》发表《请看北京学界思潮变迁之近状》，即指出了以《新潮》《国故》"两种杂志之对抗"为代表的新旧两派的对抗：

> 《新潮》之外，更有《每周评论》之印刷物发行，其思想议论之所及，不仅反对旧派文学，冀收摧残廓清之功，即于社会所传留之思想，亦直接间接发见其不适合之点，而加以抨击，盖以人类社会之组织，与文学本有密切之关系，人类之思想更为文学实质之所存，既反对旧文学，自不能不反对旧思想也。顾同时与之对峙者，有旧文学一派。旧派中以刘师培氏为之首，其他如黄侃马叙伦等，则与刘氏结合，互为声援也，加以国史馆之耆老先生，如屠敬山张相文之流，亦复深表同情于刘黄。……顷者刘黄诸氏以陈胡等与学生结合，有种种印刷物

发行也，乃亦组织一种杂志曰《国故》，组织之名义出于学生，而主笔政之健将教员实居其多数，盖学生中固亦分新旧两派，而各主其师说者也。二派杂志旗鼓相当，互相争辩，当亦有裨于文化，第不免忘其辩论之范围，纯任意气，各以恶声相报复耳。①

对于外界的这种说辞，《国故》随即致函《公言报》，指出该报所报道的《国故》月刊情形与真相不合，并重申了自己的办刊原则："《国故》月刊纯由学生发起，其初议定简章，即送呈校长阅览，当蒙极端赞成，并允垫给经费，本社遂以成立。……因同学才识简陋，恐贻陨越，……故敦请本校教员及国史馆职员为总编辑及特别编辑，而社中编辑十人全为学生，……教员亦不过负赞助上之职务耳。……贵报所谓……名义出于学生，而主笔政之健将，教员居其多数，毋乃全背事实、而蹈捕风捉影之讥乎。至于本社成立之初，同人尝立一规律，以研究学术，实事求是，不得肆击他人，亦不得妄涉讪骂，至今恪守，罔敢踰越。盖以学术大同，百科并重，各尊所闻，各行所是，祇求学理之是非，而无意见之争执。而贵报不察，既未明本社真象，复猜测其词，以为且秩范围，而涉意气，荧惑观听之责，贵报岂能其辞。"② 在新旧思想激战之际，北京大学作为新思想的发源地，也陷入谣诼丛集的境地，面临重重危机。校内师生固然为保存学校的声誉而屏息内部纷争，一致对外，但是由代表旧派的《国故》而不是提倡新思想的《新潮》发表声明，恰也表明旧派实际已处于舆论的下风。随后刘师培也致信《公言报》，澄清事实，否认《国故》与《新潮》杂志的争辩："读十八日贵报《北京学界思潮变迁》一则，多与事实不符。鄙人虽主大学讲席，然抱疾岁余，闭关谢客，

---

① 转引自周作人《一一八·林蔡斗争文件一》，《知堂回想录》（下），河北教育出版社 2002 年版，第 390～391 页。

② 转引自高叔平《蔡元培年谱长编》（中），人民教育出版社 1996 年版，第 177～178 页。

于校中教员素鲜接洽，安有结合之事？又《国故》月刊由文科学生发起，虽以保存国粹为宗旨，亦非与《新潮》诸杂志互相争辩也。祈即查照更正，是为至荷！"[1] 此时的刘师培虽然刚过而立之年，但已临近人生终点，无论是精神还是身体都已经陷入病弱颓唐，虽然任教于北大，但"病瘵已深"，连高声讲演讲义的力气都没有了，却挣扎着发表了这番声明，固然是为平息外界对北大的攻击，却也显示出其身为"选学妖孽"的掌门人，完全没有了和新文学阵营论战的心力。

作为选学派另一主将的黄侃，则抨击白话不遗余力，虽然并没有留下批驳白话文和新文学运动的文字资料，但是他对白话文的口头痛骂则是尽人皆知："他的攻击异己者的方法完全利用谩骂，便是在讲堂上的骂街，它的骚扰力很不少，但是只能够煽动几个听他的讲的人。"[2] 黄侃最终也在白话文运动的浩大声势下，于 1919 年 7 月黯然离开北京大学，去武昌的学校就职。一个有意味的细节是，黄侃离开北京南行之前，曾去拜访了林纾，并被林纾的弟子朱羲胄记载到了林纾的"学行记"中："黄侃题先生诗册曰：侃以己未秋，初见先生于京师酒楼，时先生方腾书攻击妄庸子之居国学，而并邪说者，侃亦用是，弃国学讲席，南还。先生见侃，所以奖掖慰荐之良厚。每心佛自北来，必寄声垂询，侃甚感焉。"[3] 虽然黄侃私下里对于林纾弟子对此事的记录和公开发表有所不满[4]，但终究无法否认，选学派与桐城派确实为"同类"，属于遭到新文化运动共同抨击的"旧派"。章太炎曾评价黄季刚"敢于侮同类，而不敢排异己"，

---

① 刘师培：《致公言报函》，万仕国辑校《刘申叔遗书补遗》，广陵书社 2008 年版，第 1452 页。

② 周作人：《一五六·北大感旧录二》，《知堂回想录》（下），河北教育出版社 2002 年版，第 548 页。

③ 朱羲胄述编《贞文先生学行记》卷一，世界书局 1949 年版，第 14 页。

④ 黄侃在日记中记载："朱羲胄自武昌寄所刊林纾《文微》来。昔年为羲胄所娆，系一题辞，不谓羲胄竟刻之，此足为好弄笔者戒。妙在纾书必不足传，我虽无似，亦决不至荒陋与纾等。虽刻我文，亦无损我耳。"（《黄侃日记》中册，中华书局 2007 年版，第 314 页）

正是指出了黄侃的"敢"与"不敢"："然揣季刚生平，敢于侮同类，而不敢排异己。昔年与桐城派人争论骈散，然不骂新文化。今之治乌龟壳、旧档案者，学虽虚受，然亦尚是旧学一流，此外可反对者甚多。发小犰而纵大兕，真可怪也。"① 诚如章太炎所说，旧派在同类之间的互相排挤中削弱了彼此的力量，最终白话盛行，致使两派之争泯于无形。也许直至"旧派"被白话文排挤得近乎无处容身，黄侃自己也不得不离开北京大学的时候，才幡然醒悟，"桐城谬种""选学妖孽"本是一根绳上的蚂蚱，他于南下之际拜访林纾之举或许正是体会到了"同是天涯沦落人"的悲怆之感。林纾逝后，黄侃的挽词中对林纾的人与文也多有称道："小说与文章关键相通，著书满家，博雅直过洪野处；匹夫以天下兴亡为责，谒陵九次，忠贞可肖顾亭林。"② 章太炎论中的"异己""大兕"自然是指"新文化"，对此，黄侃并非不骂，但是与桐城派的"不肯置辩"③ 不同，新青年对反对派实施"痛骂一法"，正是在新思想群体的凌厉攻势下，身为"旧派"的黄侃却显示出了软弱、无力与忍让。1922 年，胡适在《五十年来中国之文学》中曾对黄侃进行了公开的嘲讽贬低："章炳麟的古文学是五十年来的第一作家，这是无可疑的。但他的成绩只够替古文学做一个很光荣的下场，仍旧不能救古文学的必死之症，仍旧不能做到那'取千年朽蠹之余，反之正则'的盛业。他的弟子也不少，但他的文章却没有传人。有一个黄侃学得他的一点形式，但没有他那'先豫之以学'的内容，故终究只成了一种假骨董。章炳麟的文学，我们不能不说他及身而绝了。"④ 对此，黄侃仍未做

---

① 《章炳麟论学集》，北京师范大学出版社 1982 年版，第 439 页。
② 朱羲胄述编《贞文先生学行记》卷三，世界书局 1949 年版，第 9 页。
③ 章太炎在《文学略说》中曾谈及"余弟子黄季刚初亦以阮说为是，在北京时，与桐城姚仲实争，姚以老髦，不肯置辩"（章太炎：《章太炎国学讲演录》，中华书局 2013 年版，第 290 页）。
④ 胡适：《五十年来中国之文学》，《胡适全集》第 2 卷，安徽教育出版社 2003 年版，第 302 页。

公开的回应，而是在给友人的信中表达了自己的不满："昨示仆以胡适之在《申报》论近日文学，涉及于仆之辞，怪仆何以遂默默。年来闭户息纷，不观杂报，借非足下语我，虽使白首不闻胡君之教可也。胡君起自孤生，以致盛誉，久游外国，尚知读中国书，仆固未尝不称道之；而品核古今，裁量人物，殆非所任；正史讥仆，亦何伤乎？而以默默为病耶？……仆之为文，诚不豫之以学，何可讳言！抑胡君以文变天下之俗，其自视学问果居何等耶？猥以假古董为诮，盖伪古伪新，其事均等。仆与胡君，分据两涂，各事百年，不亦可乎？仆非不能以恶声反诸胡君，窃见今之学者，为学穷乎诟骂，博物止于斗争，故耻之不为也。"① 1919 年 7 月，黄侃离开北京大学，1919 年 11 月刘师培病逝，出版了四期的《国故》停刊，选学派与新文学派的论争，还没有开始便已结束了。

在五四新文化运动和文学革命的倡导期、论争期，除了林纾以老少年的姿态孤身挑群雄与新青年展开论战以外，被新青年点名讥讽指斥的旧派人物基本处于默默然状态。这种沉默展示出了旧派的整体历史处境，在新文化、新思想锐不可当的冲击下，旧派在不屑与辩、不敢与辩、无力置辩中显示出了暮气与颓唐。无论是从自然年龄上看还是从思想、精神状态上看，新青年派都显示出一种与历史新纪元相匹配的蓬勃朝气。1919 年，新文化运动的领袖人物陈独秀 40 岁，李大钊 30 岁，胡适 28 岁，钱玄同 32 岁，刘半农 28 岁，鲁迅 38 岁，周作人 34 岁。从自然年龄看，新青年的中坚人物正处于风华正茂的青壮年时期。与之相对应，遭新青年抨击的旧派人物则大多已近人生的暮年期和衰落期，桐城派麾下的林纾 68 岁（1924年病逝）、严复 67 岁（1921 年病逝）、马其昶 67 岁（1930 年病逝）、姚永朴 60 岁（1939 年病逝）、姚永概 54 岁（1923 年病逝）。选学派

---

① 转引自陈子展撰，徐志啸导读《最近三十年中国文学史》，上海古籍出版社 2000 年版，第 203 ~ 204 页。

领袖刘师培虽然正值 36 岁的青壮年时期，但已病入膏肓，于 1919 年 11 月即病逝。作为一种象征，"旧学"也在新思想的朝阳中黯然褪色，隐退到历史的暗影中。另外，旧派的集体沉默也显示出林纾的尴尬处境。林纾作为卫道、卫古文的"守旧派"，受到新青年派的抨击是自然的，但是始终得不到旧派同仁的支持，甚至被严复认为"可笑"，被姚永朴所"不直"，也恰恰说明林纾在其所属旧派中不被认可的尴尬境地，其深层原因恰与林纾"宿敌"章太炎的抨击如出一辙。林纾的友人陈衍即有类似的评价："为学总须根柢经史，否则道听途说，东涂西抹，必有露马狐尾之日。交好中远如严几道、林琴南，近如冒鹤亭，皆不免空疏之讥。"林纾在京师大学堂讲授"仪礼"时，因为没有"小学"方面的造诣，往往错误百出，陈衍评价他"卤莽灭裂""予先后为遮丑掩羞，不知多少"，"琴南最怕人骂，以其中有所不足也"。① 可见，在由"旧"向"新"转变的历史时代，林纾的不新不旧、亦新亦旧，致使其既遭新青年抨击，也没有得到旧派同仁的支持，恰成为鲁迅所说的"彷徨于无地"的中间物。但是，无可置疑，这些发声或者沉默的旧派同样是五四的组成部分，而且是有效成分，这不仅仅是因为他们从反面促成了五四新文化运动的发生，更因为这些旧派作为传统文化肌体的末梢神经，更为具体、敏锐地感受、承受了时代转型带来的文化之痛。

---

① 钱锺书：《石语》，中国社会科学出版社 1996 年版，第 31～33 页。

"反动派"的建构与消解：
甲寅派阅读史

中国历代文学史上从来不乏各式各样的"复古运动"、"革新运动"或者"以复古为革新"的运动。每个运动的发生都伴随着倡导者、拥护者和反对者们唇枪舌剑、你来我往的论争，但是没有几个时代的文学史会把一种文学运动的反对者最终定义为政治上的"反动派"进行批判。在中国新/现代文学史上，恰恰存在着这样一群"反动派"，甲寅派便是其中之一。作为五四新文化/新文学运动的反对者，甲寅派曾与林纾、学衡派等一起被新/现代文学史打入"反动阵营"。但是与其他"反动派"不同，甲寅派的灵魂人物章士钊曾经身为北洋政府的教育总长兼司法总长，并在其执政期间发生了"女师大事件""三一八惨案""鲁迅被解职"等一系列引发严重社会后果的事件，致使其"反动派"的定位更加牢不可破，这也为后来研究者的解构和重估带来了难度和纠结。同时，由于历史的惯性思维，人们往往认为政治意义上的"反动派"乃是 20 世纪 50～70年代的历史产物，实际上，这一极端化的历史思维早有渊源，而它的幽灵至今也还未彻底消失。因此，"甲寅派—反动派"在中国现代文学史上具有典型意义，解读甲寅派如何由五四新文化/新文学运动的反对派逐渐被建构为政治意义上的"反动派"，以及这一"反动派"的定位得到了怎样的历史延续，它又是在什么历史语境下得到了部分的解构，确实是一个意味深长的话题，它关联着中国新（现代）文学史的整个建构书写历程，也在深层结构上牵扯着中国近一百多年的政治、思想、文化乃至文人心灵的变迁。

一 "甲寅派—反动派"的最初命名与使用

据现有资料看，胡适在《五十年来中国之文学》中比较早地提出了"甲寅派"这一说法："章士钊一派是从严复、章炳麟两派变化出来的，他们注重论理，注重文法，既能谨严，又颇能委婉，颇可以补救梁派的缺点。'甲寅派'的政论文在民国初年几乎成一个重要文派。但这一派的文字，既不容易做，又不能通俗，在实用的方面，仍旧不能不归于失败。因此，这一派的健将，如高一涵，李大钊、李剑农等，后来也都成了白话散文的作者。"① 胡适的《五十年来中国之文学》是 1922 年为上海《申报》五十周年纪念所作，其时《甲寅》月刊、《甲寅》日刊均已退出历史舞台，而《甲寅》周刊尚未出世，五四文学革命的尘埃也还未最后落定，仍处于"第一个十年"的发展当中，胡适在此时讲述"五十年来中国之文学"自然是有意为新文学张目。胡适在进化论的观念下以"文白死活"的二元框架勾勒出了一个"古文学—死文学"的末运史、衰亡史和"活文学—白话文学"的复兴史、革命史。甲寅派虽然被定格在"古文失败"的末运途中，但其历史功绩还是得到了比较客观的认定："自一九〇五年到一九一五年（民国四年），这十年是政论文章的发达时期。这一个时代的代表作家是章士钊。章士钊曾著有一部中国文法书，又曾研究论理学；他的文章的长处在于文法谨严，论理完足。他从桐城派出来，又受了严复的影响不少；他又很崇拜他家太炎，

① 胡适：《五十年来中国之文学》，《胡适全集》第 2 卷，安徽教育出版社 2003 年版，第 261 页。

大概也逃不了他的影响。他的文章有章炳麟的谨严与修饰，而没有
他的古僻；条理可比梁启超，而没有他的堆砌。他的文章与严复最
接近；但他自己能译西洋政论家法理学家的书，故不须模仿严复。
严复还是用古文译书，章士钊就有点倾向'欧化'的古文了；但他
的欧化，只在把古文变精密了；变繁复了；使古文能勉强直接译西
洋书而不消用原意来重做古文；使古文能曲折达繁复的思想而不必
用生吞活剥的外国文法。"① 尽管罗列了以章士钊为首的甲寅派政论
文的诸多优点，但是胡适此论的终极目的还是要说明古文必然失败
的命运。因此，指出甲寅派政论文有如此卓越的成就而终究归于失
败的结局，正是为了更加有力地说明古文不可阻挡的没落命运："章
士钊同时的政论家——黄远庸，张东荪，李大钊，李剑农，高一涵
等，——都朝着这个趋向做去，大家不知不觉的造成一种修饰的，
谨严的，逻辑的，有时不免掉书袋的政论文学。但是这种文章，在
当日实在没有多大的效果。做的人非常卖气力；读的人也须十分用
气力，方才读得懂。因此，这种文章的读者仍旧只限于极少数的
人。"② 对于胡适的这一历史定位和评介，章士钊后来并没有反对，
反而给予了更为明确的认定："愚曩违难东京，始为《甲寅》，以文
会友，获交二子，一李君守常，一高君（指高一涵——引者注）也，
其后胡君适之著《中国五十年文学史》，至划愚与高君所为文为一
期，号甲寅派，亦号政论文学，愚虽不敢妄承，时亦未闻高君有所
论难，若吴南屏之于曾涤生然。"③ 可见，当胡适和当事人章士钊最
初使用"甲寅派"的时候，是有着基本共识的，即承认甲寅派在历
史中的正面价值和积极作用。

---

① 胡适：《五十年来中国之文学》，《胡适全集》第 2 卷，安徽教育出版社 2003 年
版，第 305 ~ 306 页。
② 胡适：《五十年来中国之文学》，《胡适全集》第 2 卷，安徽教育出版社 2003 年
版，第 308 页。
③ 孤桐：《反动辨》，《甲寅》周刊第 1 卷第 15 号，1925 年。

　　章士钊及其甲寅派被指认为"反动派"是在《甲寅》周刊时期。胡适1925年在《老章又反叛了!》一文中称:"行严是一个时代的落伍者;他却又虽落伍而不甘心落魄,总想在落伍之后谋一个首领做做。所以他就变成了一个反动派,立志要做落伍者的首领了。"① 胡适的这一文章略带诙谐、不乏轻慢,他对于五四反对派的一贯态度是"不值一驳"。相比较而言,高一涵稍后于胡适所发表的《那里配称得起"反动"》一文,则带有严厉指责和挖苦的意味。高一涵借英国思想界"完健的反动派"来批判中国思想界的"反动派",矛头直指章士钊:"现在且正告中国的反动派:你们如果以为自己落伍,骂骂人出出气,那就罢了。如果真正想做点实在事,可不是斗嘴头,弄字眼儿,或尽量的把一般趋炎附势乞恩求宠的人的私信公表出来,便算完事。第一,最少要具有历史进化的眼光,不要只在历史的轮回劫中翻筋斗,竖蜻蜓,拿古今的差异,当作中外的差异,硬一口咬定了说:中国是万古都以农业立国的,第二,要有应付时势的主义,不要把那死过去的制度,当作万古不变的圣经看,硬在民治政体下翻出专制政体下的袍褂出来,披在身上,做一件遮丑的衣裳。第三,要有容纳普通思潮的雅量,不要弄小心眼儿,和人家撇气,硬把时代的思潮一笔抹煞。不能如此,便不配称为反动家。"在高一涵看来,章士钊是不配"反动派"这一称号的:"'肉麻'杂志,'饭碗'机关,装饰品似的参什么院,师爷式的起什么草……大概都是这个反动运动的总成绩。"② 对于新文化阵营抛过来的"反动派"一名,章士钊顺势接过并进行了积极的"正名"。他在回应高一涵的《反动辨》一文中称:"反动者非不可居之名而亦无有常位者也。乾嘉经学之后,承以桐城义理之文,方姚之徒,反动派也。八股空疏,则骛为经世有用之学,如魏默深、冯林一、

① 胡适:《老章又反叛了!》,郑振铎编选《中国新文学大系·文学论争集》,上海良友图书印刷公司1935年版,第203页。
② 高一涵:《那里配称得起"反动"》,《现代评论》第2卷第44期,1925年。

康长素、梁卓如，反动派也。胡适之'规复'白话，自称理二千年来为死文学所抹杀之旧绪，其义叶于反动尤至，高君，亦相与乱流而进耳，莫能外也。纵高君曰，吾为革命，不得曰反动，则须知革命与反动，为抵力分字之二名，质理两方应守之律应归一致。""梅因之言曰，吾英宪法之精义在一任反对党意见之流行，高君盛称英治，亦当晓然于其保守党之见重于国，为何如故。"① 在章士钊看来，清代以降的文学变迁史即是一部后起者对于既有文学的"反动史"。所谓的"反动"与"革命"不过是一种运动中两种相反的力量而已，而且"革命"与"反动"的位置也是变动不居的，不必从名称上判断其良莠价值。高一涵和章士钊都以"英国的保守党"做比，显然是认同"反动派"应有的积极价值。徐志摩在批判章士钊的文章中也是从正面意义上肯定了章士钊及其甲寅派作为新文化运动"反动派"的价值，称他是一个值得敬仰的"合格的敌人""一个认真严肃的敌人"，"在他严刻的批评里新派觉悟了许多一向不曾省察到的虚陷与弱点"②。

实际上，在 20 世纪二三十年代的学界，"反动"或者"反动派"只是一个普通名词而非后来的"洪水猛兽"。人们基本是在一种"中性的"乃至"正面的"意义上使用"反动派"这一名称的。与章士钊的观点相似，周作人在《中国新文学的源流》中即把中国文学的变迁史看作一部"言志派"和"载道派"两种潮流彼此消长、互为反动的历史。清代的八股文、桐城派古文乃是对于明末新文学运动的反动，民国以来的新文学运动又是对于晚清文学的反动，是"反动"之"反动"。周作人以"反动"命名的新文学运动轨迹实际上与胡适、陈独秀以"革命"命名的新文学运动流程内涵相同。当然，周作人也以同样的名称指称新文学运动的反对派们："对此次

---

① 孤桐：《反动辨》，《甲寅》周刊第 1 卷第 15 号，1925 年。
② 徐志摩：《守旧与"玩"旧》，郑振铎编选《中国新文学大系·文艺论争集》，上海良友图书印刷公司 1935 年版，第 230～231 页。

文学革命运动起而反对的，是前次已经讲过的严复和林纾等人。……他们为什么又反动起来呢？那是他们有载道的观念之故。"① 可见，这里的"反动"并无贬义，同样是指与此前文学运动相反的一种运动而已，与章士钊使用的"反动"有同一内涵。同样，出现于20世纪30年代的一批新文学史也是在上述语境中使用"反动派"这一名称对甲寅派进行价值评判的。大体看来，20世纪30年代这些意在为新文学寻求合法性的文学史在运思模式上与胡适的《五十年来中国之文学》大体相似，都是在进化史观中阐释新文学不可阻挡的历史发展趋势和文学反动派无可挽回的败亡之途。与胡适的史著不同的是，当这些文学史出现的时候，章士钊及其《甲寅》周刊与新文学的论争业已发生，章士钊及其《甲寅》周刊作为新文学反对派的面目已清晰明朗，这就使得稍后出现的这些文学史能够面对一个"完整"的甲寅派。大多数的新文学史持比较客观的二分态度，肯定《甲寅》月刊时期的章士钊及甲寅派的历史功绩，批判《甲寅》周刊时期的章士钊及后期甲寅派对于新文学运动的反对。比如陈子展在《最近三十年中国文学史》中便对章士钊及其甲寅派做了如下评判："我们要说起这二十年来的'政论文学'，总不会忘记章士钊的《甲寅杂志》，同样，我们说起这十年来文学革命者的最后之劲敌，就该不会忘记章士钊的《甲寅》周刊。"② 与当时诸多新文学史不同的是，陈子展并非对章士钊及其《甲寅》周刊持一味否定的态度，而是有限度地承认甲寅派作为"反对者"对于新文学的积极作用："若是仅从文化上文学上种种新的运动而生的流弊，有所指示，有所纠正，未尝没有一二独到之处，可为末流的药石。"③ 这种比较客观的态度是同时代其他仅持批判立场的新文学史所不及的。如王丰园在《中国新文学运动述评》中谈及章士钊及其《甲寅》周刊时认定：

① 周作人：《中国新文学的源流》，河北教育出版社2002年版，第53页。
② 陈炳堃：《最近三十年中国文学史》，太平洋书店1930年版，第243页。
③ 陈炳堃：《最近三十年中国文学史》，太平洋书店1930年版，第253~254页。

"由此我们知道章士钊先生是一个保守性最倔强的人，他不肯随时代向前进，反而以其教育总长的威权，压迫文学革命的份子。"① 再如伍启元在《中国新文化运动概观》中将章士钊的《甲寅》周刊作为文学革命"最后的敌人"："章氏的《甲寅》杂志，也尝做过一个时期的领导者；但到了《甲寅周刊》时代的章氏，他就成了一个反动分子。思想家赶不上时代，就不能不落后和失败，可叹。"② 《甲寅》周刊时期，章士钊及甲寅派作为文学革命的反对派和他身为思想家的落伍，成为大家所公认的一个事实。

二 "甲寅派—反动派"的政治性建构

众所周知，"中国新文学大系（1917～1927 年）"丛书是对中国后世文学史撰述产生了巨大影响的一项系统工程。大系虽然主要是对新文学第一个十年的资料整理编纂，但是从整体框架的设计到各集资料的选择再到各卷意义重大的"序言"，实际上已基本构成了一个体系完整、观念鲜明的新文学史缩影。其影响不仅仅是观念方面的，更是一种范式意义上的，其中一个重要的环节是对"新旧文学论争"的凸显和强化，而从文学论争、文化论争、思想论争再到阶级论争，则是一个便利的通道。

早在阿英以笔名"张若英"编著的《新文学运动史资料》（1934 年出版）中就有意强调了新文学发生发展过程中对于各类反对/"反动"派的论争和战斗，在这里，他把新文学的道路描述成了一个不断克服阻碍而走向坦途、走向革命的过程，③ 在这一过程中，"对旧作家林纾的论争""对学衡派的战斗""对甲寅派的对抗"构成了三个重要环节。显然，阿英是把他身为"普罗文学"倡导者的

① 王丰园编著《中国新文学运动述评》，新新学社 1935 年版，第 88 页。
② 伍启元：《中国新文化运动概观》，现代书局 1934 年版，第 34 页。
③ 张若英编《新文学运动史资料·序记》，光明书局 1944 年版，第 2 页。

革命性思维运用到了他的史料编撰中。这里被称为"反动派"代表的甲寅派显然已经不是胡适《五十年来中国之文学》中所定义的甲寅派了，而是以《甲寅》周刊为核心的新文学反动派。《新文学运动史资料》所收入的八篇"对甲寅派的论争"资料也都是《甲寅》周刊时期的论争文章。章士钊的文章，收录了具有代表性的《评新文化运动》和《评新文学运动》；新文学阵营则收录了六篇：《新文化运动的批评》（高一涵）、《守旧与"玩"旧》（徐志摩）、《章士钊—陈独秀—梁启超》（吴稚晖）、《读章氏〈评新文学运动〉》（成仿吾）、《文言文的优胜》（唐擘黄）、《告恐怖白话文的人们》（唐擘黄）。阿英显然是有意识地把章士钊及其甲寅派设置为新文学阵营的集体批判对象。"中国新文学大系（1917～1927年）"的编纂中，上述"新旧阵营对垒"的新文学生成发展模式得到了进一步强化，《中国新文学大系·文学论争集》构成了单独的一卷。郑振铎主编的《中国新文学大系·文学论争集》不但从资料上直接受益于阿英，同时把论争模式进一步发扬光大。他在导言中说："最后该谢谢阿英先生，本集里有许多资料都是他供给我的。没有他的帮助，这一集也许要编不成。"① 比较一下即可发现，阿英在《新文学运动史资料》中收录的文章被郑振铎照单全收，另外在甲寅派部分又多收了瞿宣颖的《文体说》和章士钊的《答适之》。在缕析这一论争的时候，郑振铎对甲寅派进行了"文学—政治"的一体化阐释："在一九二五年的时候，章士钊主编的《甲寅周刊》出版了。在这个'老虎'报上，突然出现了好几篇的攻击新文化运动及新文学的文字。……'甲寅派'这次的反攻，并不是突然的事，而是自有其社会的背景的。五四运动的狂潮过去之后，一般社会又陷于苦闷之中。外交上虽没有十分的失败，而军阀的内讧，官僚的误国之情状，却依然存

---

① 郑振铎：《中国新文学大系·文学论争集·导言》，上海良友图书印刷公司1935年版，第22页。

在。局势是十分的混沌。一部分人是远远的向前走去了。抛下新文学运动的几个元勋们在北平养尊处优的住着；有几个人竟不自觉的挤到官僚堆里去。新文学运动在这个时候早已进入了第二个阶段之中，而'甲寅派'却只认识着几个元勋们，而懒洋洋的在向他们挑战。而这种反动的姿态却正是和军阀，官僚们所造成的混沌的局势相拍合的。章士钊也便是那些官僚群中的重要的一员。"① 郑振铎的这一评价几乎成为后世文学史评价甲寅派的母本。同时他又以一种昂扬的斗士姿态描述了新文学派与"反动派"的斗争："我们相信，在革新运动里，没有不遇到阻力的；阻力愈大，愈足以坚定斗士的勇气，扎硬寨，打死战，不退让，不妥协，便都是斗士们的精神的表现。不要怕'反动'。'反动'却正是某一种必然情势的表现，而正足以更正确表示我们的主张的机会。三番两次的对于白话文学的'反攻'，乃正是白话文运动里所必然要经历过的途程。这只有更鼓励了我们的勇气，多一个扎硬寨，打死战的机会，却绝对不会撼惑军心，动摇阵线的。所以像章士钊乃至最近汪懋祖辈的反攻，白话文运动者们是大可不必过分的忧虑的——但却不能轻轻的放过了这争斗的机会！"② 在这里，新文学史已被描述成了一部新文学与"反动派"的斗争史，而这里的"反动派"，显然已经超出了"文学"的范畴，染上了强烈的革命意识形态色彩。

"中国新文学大系（1917~1927年）"所强化的"斗争"模式，在后来的文学史中随着政治意识形态的强化得到了进一步的升级，思想、文化、文学观念的论争最终被描述为"政治的""阶级的"斗争。在这一政治强化的历程中，李何林的《近二十年中国文艺思潮论》可谓起到了承上启下的作用。李何林这一史著的鲜明特征和

① 郑振铎：《中国新文学大系·文学论争集·导言》，上海良友图书印刷公司1935年版，第14~15页。
② 郑振铎：《中国新文学大系·文学论争集·导言》，上海良友图书印刷公司1935年版，第21~22页。

重要意义在于他有意识地使用"阶级论"观点来梳理中国文艺思潮的变迁："如以这二十年文艺思想发展的'阶级性'来讲，实在只有二种思想作为主要的潮流支配着这二十年的文艺界。即由一九一七年到一九二七年是资产阶级文艺思想的发展和无产阶级文艺思想萌芽的时代；由一九二七年到一九三七年是无产阶级文艺思想发展的时代。"[①]《近二十年中国文艺思潮论》出版之后，1941 年即被国民党查禁，可见其革命性、政治思想倾向性的惹眼。也正是在此基础上，李何林把"五四"定义为"动摇妥协和前途暗淡的中国资产阶级的'五四'"，作为反对派的"林、梅、胡、章"则被划归到一起："他们不过是二千年来的封建的古典文学的送葬者。"[②]"以这先天不足，后天夭折的中国资本主义经济作为基础，反映到新文学运动上来的，是先有代表封建古文势力的林纾，'学衡派'（梅光迪、胡先骕等）及'甲寅派'（章士钊等）的进攻，后有新文学运动的首脑人物的投降，胡适等'整理国故'去了。"[③] 李何林的《近二十年中国文艺思潮论》虽然对于前述阿英和郑振铎的资料和观点多有引述借鉴，但是阶级观念的使用已经使他的论述发生了明显的偏向。首先他调整了新旧阵营的对垒阵容。一是弱化了胡适和章士钊之间的论争，二是提升了鲁迅在论争中的地位。众所周知，《甲寅》周刊时期的章士钊对于新文化运动和新文学运动的批判主要是针对胡适的观点，但是李何林既然判定胡适的"整理国故"是属于"投降于封建势力的资产阶级"，那么，章士钊与胡适的论争自然也就不再作为新旧阵营对垒的主要内容，在这一点上，李何林认同成仿吾的意见，认为章士钊针对胡适论战本身就是个历史性的错误："成仿吾在一九二五年十一月的《创造周报》上发表一篇《读章氏〈评新文学运动〉》说，'胡氏演词，仅胡氏一人之说，它的是否，还待研究，

---

①　李何林编著《近二十年中国文艺思潮论》，生活书店 1938 年版，序第 4 页。

②　李何林编著《近二十年中国文艺思潮论》，生活书店 1938 年版，序第 7~8 页。

③　李何林编著《近二十年中国文艺思潮论》，生活书店 1938 年版，第 5 页。

实不应据以为评新文学运动之对象.'这是说，章氏首先就把题目弄错了。"① 李何林以郑振铎在《中国新文学大系·文学论争集》导言中的长段评判作为自己的结论，把章士钊和胡适归类为"一丘之貉"："这一场辩论，表面上看来是很起劲，其实双方都是懒洋洋的，无甚精彩的见解，有许多话都是从前已经说过了的。终于他们是联合成了同一群。……"② 李何林在其著述中还加大了新文学阵营中其他人如涤洲、成仿吾等人的批判比重，尤其是突出了鲁迅在这一论争中的位置，其次还有瞿秋白。李何林在该著作序言中毫不讳言他对鲁迅的崇敬，称"鲁迅则是新中国的圣人"，"埋葬鲁迅的地方是中国新文学界的'耶路撒冷'，《鲁迅全集》中的文艺论文也就是中国新文学的《圣经》。因此，本书引'经'甚多，以见我们的'新中国的圣人'，在近二十年内各时期里面中国文艺思潮的浪涛中，怎样尽他的'领港'和'舵工'的职务；并供'研究鲁迅'者关于这一方面的参考。"③ 正是出于对鲁迅的崇拜，李何林在对甲寅派的论争中也大段引用了鲁迅的《答 KS 君》中对于章士钊的批判，这是在以往的史著编纂中都没有的情形。诚然，鲁迅与章士钊虽然有过一场满城风雨的诉讼官司，但在新文学阵营与章士钊及《甲寅》周刊的论战中，鲁迅并不占有重要的位置，顶多是冷嘲热讽地敲边鼓。李何林由阶级论的观点建构的新文学史与新中国成立之后意识形态化的现代文学史虽然有着一脉相承的关系，但在当时终究是出自一种个人化的政治立场和文学理解，在民国时期的新文学史的多元叙事中，也只是其中的一种。

甲寅派最终被定性为政治意义上的"反动派"，并固化为统一的"文学史常识"，是在新中国成立之后。新的国家意识形态在赋予新文学很高的政治地位的同时有了更为鲜明和严格的政治规定性，如王瑶所讲："只有从'五四'开始的现代文学才可以说是与中国民

---

① 李何林编著《近二十年中国文艺思潮论》，生活书店 1938 年版，第 65 页。
② 李何林编著《近二十年中国文艺思潮论》，生活书店 1938 年版，第 74 页。
③ 李何林编著《近二十年中国文艺思潮论》，生活书店 1938 年版，序第 9 页。

主革命的任务同呼吸、共脉搏的，才成为'整个革命机器的一个组成部分'"。"从'五四'文学革命开始，作为中国新民主主义革命的一条重要战线，现代文学就是随着时代的前进和革命的深入而得到发展的。"① 在这一政治规范下的文学史，一是强化了作家的阶级属性，二是突出了各阶段的文艺思想斗争，至此，章士钊及其甲寅派作为政治意义上的"反动派"也就无可逃脱。王瑶在《中国新文学史稿》中这样评判章士钊和甲寅派："一九二五年章士钊办《甲寅周刊》，又集中力量反对新文学，他那时是段祺瑞执政下的司法总长兼教育总长，正是封建势力在文化上的代表。"② 王瑶的《中国新文学史稿》虽然已经在努力运用新的阐释框架，但仍因"对于许多作家作品都不能指出他们的社会性质"③ 而受到批评，随后的几部文学史都在这一方面进行了强化。张毕来在《新文学史纲》中评价："一九二五年，章士钊又来办他的《甲寅》杂志，主张读经主张文言。这也是一个专门反对新文化新文学的杂志。章士钊当时是封建官僚集团的文化代表。他本身也是一个官僚。他的所作所为更典型地体现了古文派的反攻之与政治的武装的封建压力相结合的特征。"④ 丁易的《中国现代文学史略》则把这一论争直接定性为"以鲁迅为首的文学革命阵营和封建文学及右翼资产阶级文学的斗争"。20世纪50年代中期以后，随着"个人化"的文学史被"集体化"的文学史所取代，"政治正确"已经成了不二标准。在这些集体操作的文学史中，新文学阵营与甲寅派的论争直接被定性为"革命文学和反革命文学的斗争，是反帝反封建的革命斗争进一步深入在文学上的必然反映，是革命与反革命争夺青年和群众跟谁走的你死我活的阶级斗争。

---

① 王瑶：《中国新文学史稿 · 重版代序》，上海文艺出版社 1982 年版，第 3、第 5 页。

② 王瑶：《中国新文学史稿》，开明书店 1951 年版，第 38 页。

③ 《〈中国新文学史稿〉（上册）座谈会记录》，《文艺报》1952 年第 20 号。

④ 张毕来：《新文学史纲》，人民文学出版社 1985 年版，第 114 页。

斗争的结果，是封建复古主义者经不起革命洪流的冲击，随同他们所依附的封建军阀一起被送进了坟墓"①。

三　对"甲寅派—反动派"的选择性解构

学界对于"甲寅派—反动派"的重评，并不对应着中国新时期以来的"拨乱反正"和后来的重写文学史大潮，或者说，在 20 世纪 80 年代以来的"平反大潮"中，人们根本无暇顾及那些"新文学运动的反动派"，他们几乎成了一个被遗忘的群体。甚至在 20 世纪 90 年代以来的一些文学史论著中，有关"新旧文学论争"的部分还是延续着固有的阶级斗争思维，对这些复古派和保守派仍进行着"革命与反动"的敌我评判。以影响巨大的钱理群、温儒敏、吴福辉、王超冰合著的《中国现代文学三十年》（上海文艺出版社 1987 年版）为例，虽然对月刊时期的《甲寅》杂志和后期的《甲寅》周刊有所分辨，但还是以《甲寅》周刊为主对其进行政治批判："《甲寅杂志》原为月刊，一九一四年创刊于东京，两年后出至十期停刊。该刊本有进步倾向，支持过孙中山领导的资产阶级革命，可是后来它的编者章士钊担任了段祺瑞政府的司法总长兼教育总长，思想倾向于反动保守势力。一九二五年七月他主持《甲寅》周刊复刊，这个封面上印有黄斑虎标志的所谓'老虎报'，就成了专门反对爱国学生运动、反对新思潮和新文学的'半官报'。""《甲寅》派这次反扑与以往几次复古思潮不同，它直接由章士钊这样的封建文化统治机构的掌权人物挑起，得到北洋军阀政府支持，与反动当局镇压学生运动，屠杀爱国群众的政治行动紧密配合，所以斗争实际上超出了文化战线。新文学战线几乎动员了全部力量，全面迎击，撰写了许

① 中国人民大学语言文学系文学史教研室编著《中国现代文学史讲义（初稿）》，1961 年，第 48 页。

多批驳文章……在新文学战线的回击之下，随着北洋军阀段祺瑞政府的倒台，《甲寅》派也就销声匿迹了。"① 这是一种火药味十足的敌我斗争描述，而初版本的《中国现代文学三十年》所显示的还只是此一时期中国现代文学史价值评判的平均值。

新文学史中的这批"反动派"重新进入现代文学研究者的视野要迟至20世纪80年代末90年代初，并直接受益于学界出现的保守主义思潮，这一反思大潮由"文革"入手，直逼"五四"。作为对"五四激进主义"反思的另一面，身为五四新文化/文学对立面的人物和派别也受到了关注，一时间，重评这些被打入"反动阵营"的保守派并认定其思想文化的价值成为学界的热潮，"文化保守主义"代替以往的"反动派"，得到了学界的关注甚至青睐。应该说，保守主义思潮确实为学界提供了另一种思路，但是这一立场也容易陷入另一种非此即彼的评价。更多的现代文学研究者并非从保守主义立场出发，而是从历史整体发展的角度重新看待五四时期的守旧/保守派和五四新文化阵营的关系，肯定反对派的积极作用。例如秦弓认为："五四时期，林纾、章士钊与学衡派从不同方面向新文学挑战，因而在现代文学史叙述中多以反对派的角色受到否定性的评价。实际上，历史是复杂的，林纾对传统失传的担忧，章士钊的民族主体性观念和新与旧、雅与俗的辩正观念，学衡派尊重传统、捍卫汉字、循序渐进的渐进改革观与内涵丰富的文学观，对于新文学来说具有程度不同的积极意义，对此应予以实事求是的评价。"② 总之，新的历史时空给予了新文化/新文学的反对派们重见天日的机会。当然，这种"平反"或者"重估"也是有先后次序的。没有任何政治背景且具有更丰富的文化思想内涵的学衡派首先被关注，并引发了学界持续的

---

① 钱理群、温儒敏、吴福辉、王超冰：《中国现代文学三十年》，上海文艺出版社1987年版，第40～41页。

② 秦弓：《五四时期反对派的挑战对于新文学的意义》，《中国社会科学院研究生院学报》2007年第2期。

研究热情。其次，作为新文学奠基人物的林纾也进入人们的研究视野。甲寅派虽然与林纾、学衡派长期处于同一反动阵营，但因其无法摆脱的政治背景和在爱国学生运动中不可推卸的责任，相对来说被关注得较晚，人们对其"反动派"的解构也更加审慎。

　　对于甲寅派的重新认知，学界所做的主要有两项工作。一是重新认识章士钊在政治、思想、文化和文学上的作为和价值，尤其章士钊早年的革命行为和思想言论，如罢课活动、苏报案、流亡日本参与革命、讨伐袁世凯、批判国民政府等一系列立于时代潮头的作为都得到了全面细致的整理。与此同时，章士钊身为思想、言论界翘楚的政治家风范、特立独行的人格风采以及他与中国历史上众多社会政界名人交往的传奇生涯，都受到了广泛的关注并引起了人们极大的兴趣。二是对甲寅派的清理工作。章士钊一生三办《甲寅》（月刊、日刊和周刊），但是由于文学史的书写，为人所熟知并构成其"反动面相"的则是《甲寅》周刊时期。因此，学界做的一项重要工作是厘清"前后甲寅派"。① 考辨清楚"前后甲寅派"的主要意图则旨在分析《甲寅》月刊时期的思想进步性，以便和"反动时期"的《甲寅》周刊相区别。以李怡的观点为代表，认定《甲寅》月刊为"五四新文学运动的思想先声"。② 实际包括对章士钊前后期

---

① 郭双林的《前后"甲寅派"考》（《近代史研究》2008 年第 3 期）；童龙超、黄秀蓉的《"甲寅派"考辨》（《中国现代文学研究丛刊》2007 年第 6 期）等，是此一方面的代表性成果。

② 李怡：《〈甲寅〉月刊：五四新文学运动的思想先声》，《中国现代文学研究丛刊》2003 年第 4 期。与之相一致的成果还有：杨琥《〈新青年〉与〈甲寅〉月刊之历史渊源——〈新青年〉创刊史研究之一》[《北京大学学报》（哲学社会科学版）2002 年第 6 期]，刘桂生《章士钊与〈甲寅〉月刊和〈新青年〉》（《百年潮》2000 年第 10 期），赵亚宏《〈甲寅〉月刊与中国新文学的发生》（人民出版社2011 年版），童龙超《章士钊与〈新青年〉初期的关系考察》（《四川大学学报》2013 年第 1 期），等等。另有张光芒《黄远生：五四之前的新文化先驱者》（《东方论坛》2001 年第 4 期）、沈永宝《新文学史应该有黄远生的名字》（《读书》1998 年第 10 期）则从另一个角度认定了《甲寅》月刊和五四新文学的承继关系。

思想的剖析都是要力图分清"进步时期"的章士钊和作为"反动派"的章士钊的不同，这在一定程度上确实突破了既往文学史把章士钊及其甲寅派当作"反动派"的笼统对待。除此之外，也有少数研究者开始触碰章士钊身为段祺瑞执政府司法总长兼教育总长期间的政治作为和政治思想言论，尤其是被看作敏感问题且已成历史定案的"女师大事件""三一八惨案"，以及与此相关的"鲁迅被解职"等历史问题，也开始进入少数研究者的视野。① 学者们小心翼翼地涉足这一在历史上已有"是非定论"的政治事件，力图在更翔实的史料基础上进一步分清历史责任，以期"澄清"或者"减轻"章士钊的"历史罪责"。对此，也有人提出了质疑和反对，葛涛即指出章士钊在"女师大事件"中所撰写的两则公文，以及与鲁迅打官司的诉状与辩护书没有被收录到《章士钊全集》之中，是一种明显的失误："检点上述四则没有被收录进2000年出版的《章士钊全集》的文章，联系到全集的主编均为章士钊的学生和亲人，以及章士钊的亲人近年来一直在为章士钊在女师大风潮期间的表现所做的辩护，笔者担心这四则不是太难找到的文章是不是被全集的编者从为尊者讳的心理出发而有意地失收呢？"② 事实上确实如此，要想对章士钊在"女师大事件""三一八惨案""鲁迅被解职"等事件中重新做出评判，缓解章士钊身为"反动派"的历史面孔，恐怕并不是一件易事，这不仅牵扯到文学史料的钩沉问题，还涉及一个积淀了一百年的正义与公愤问题。说到底，章士钊身为司法总长兼教育总长，无论如何都摆脱不了干系，至于责任的大小和具体责任的认定（如谁下令向学生开枪的问题）则首先要在这一个大的历史责任框架中进行辨析，而不宜做"无罪辩护"，因为这既不符合历史的事实，也不

---

① 相关研究成果如张天社《章士钊与三一八惨案》（《历史教学》1997年第2期）、金梅《章士钊与鲁迅之间的历史公案——现代文化史札记》（《文学自由谈》1995年第3期）等。

② 葛涛：《章士钊在"女师大"风潮中的四则"佚文"》，《博览群书》2009年第6期。

符合章士钊特立独行的人格风范和敢作敢当的精神。认定历史责任其实并不会掩盖章士钊的人格风采，倒是后人出于善意的"为尊者讳"反而事与愿违，甚至矮化了一代大家的人格。

相对于新锐的学术研究而言，文学史的写作往往带有一种迟滞性和保守性。一种文学现象一旦成为"文学史常识"，便构成了一种稳定叙事，并成为一种习焉不察的思维惯性，对于"甲寅派—反动派"的这种稳定叙事实际在文学史中一直持续到当下。但同时，某些文学史写作中，附着在甲寅派身上的政治意涵也被逐渐剥离。对甲寅派的阅读和甲寅派与新文化阵营的论争，学界越来越倾向于将其作为普通的文学/文化事件来描述，而非作为一种政治现象来阐释，人们开始用"文化保守主义"这样中性的文化概念取代带有贬义色彩的"复古派"以及政治色彩浓烈的"反动派"。仍以钱理群等著《中国现代文学三十年》为例，其修订本较之初版本在思维框架和书写模式上都进行了大规模的调整。修订本对于甲寅派的描述和评判有了三个明显的变化：一是论述篇幅大为缩减，以两条路线的斗争为指导思想的"新旧阵营的论战"已经不再作为文学史叙述的重点；二是去除了火药味十足的话语表述方式，而代之以比较中性的、温和的叙述语言，比如把"一九二五年，新文学营垒又击退了《甲寅》派的反扑"换成了"1925年还发生过与'甲寅派'的论争"等；三是对于章士钊及其甲寅派的政治定性卸载，以对章士钊政治身份的简介替换了以往的政治定性，去掉了"反动"字样。由此可见，《中国现代文学三十年》修订本所做的不仅仅是某些个别字句和叙述方式的修订，而是一种文学史思维模式的转换和超越。值得一提的是，已经有一些文学史著开始对五四时期的反对派以及新旧阵营的关系做出了结构性改写。朱寿桐在《中国现代社团文学史》（人民文学出版社2004年版）中以"文派制衡"的观念重新认识被定义为"反动派"的学衡派和甲寅派，从而解构了"甲寅派—反动派"历史建构。朱寿桐认为："一种健康的文学生态和文化生态，应该是多元共生的局面，这种局面的出现要有各种各样的文人派别，它们通过相互制约达到一种平衡。任何时代文化、文学的健康发展都需要这种文派制衡的生态。中国历史上文化高度发达的时期，总是显现着这种明显的或不明显的生态。"① 中国五四新文化运动的迅速发展和五四新文学的健康成长"并非完全得之于新文化思想和新文学创作的一枝独秀般的运作，而是在诸多文派相互制衡下的健康生态调节和催发的结果"②。正是从"文派制衡"的观念出发，朱寿桐指出"中国现代文化和文学的历史研究都往往将文派制衡现象阐释为文学论争和文化斗争，这是一种学术政治化的歧误"③。朱寿桐对于甲寅派的认知也在这一视角下产生新的价值评判："甲寅派与其说是新文化运动的敌人，不如说是对新文化实施制衡的一种文派力量。……甲寅派站在传统文化和文言的立场上对已经处于主流和中心位置的新文化和白话文所提出的制衡要求，对于新文化和白话文的健康发展应该说相当有利。"同时，朱寿桐还对《甲寅》周刊与政治的关系做出了不同以往的分析，认为"将甲寅派视为封建官僚势力的强有力的代表，认为章士钊以其教育总长和司法总长的权力领导甲寅派压迫了新文化和新文学人士"的看法，实际是一个重大的认识误差："甲寅派虽然有掌握大权的章士钊挂帅，但它确实没有运用权力贯彻自己的保守主义文化策略，正相反，它倒是自处于时代潮流的边缘，以一种抗争的姿态向新文化和新文学提出了自己的制衡要求。章士钊虽然手握大权，但在那个比较开放的时代，依然遭到胡适、吴稚晖、高一涵、成仿吾的猛烈批判，其中包括相当辛辣的嬉笑怒骂，甚至还有身为下属的鲁迅的冷嘲热讽。这些人如此放肆地批判和冒犯'老章'，与章士钊并未滥用自己

① 朱寿桐：《中国现代社团文学史》，人民文学出版社 2004 年版，第 93 页。
② 朱寿桐：《中国现代社团文学史》，人民文学出版社 2004 年版，第 97～98 页。
③ 朱寿桐：《中国现代社团文学史》，人民文学出版社 2004 年版，第 102 页。

的权力进行文化论争有关。"① 应该说，在以往的文学史中，鲁迅在论争中的重要性有被虚夸的一面，朱寿桐的这一分析捅破了这一层窗纸。朱寿桐对于章士钊与政治关系的分析在很大程度上厘清了其身为"反动派"的政治负累，这对化解中国现代文学史上带有政治意涵的"甲寅派—反动派"起到了重要的作用。同样，朱德发、魏建在《现代中国文学通鉴（1900—2010）》中提出的"文化渗染观"对"反动派"的政治建构起到了有效的消解作用。朱德发以"渗染观"把中国现代文学的生成和发展影响归属为"政治文化"、"新潮文化"、"传统文化"和"消费文化"，但这四种文化并不是一个价值判断，而只是形态认定。这就为不同文化渗染下的文学建立了一个平等的价值评判机制，也正是在这一观念下，被规划到"传统文化渗染"下的"章士钊及其甲寅派也就超脱出了反动阵营。《现代中国文学通鉴（1900—2010）》在评判章士钊及其甲寅派尤其是作为新文化对立面的"后甲寅派"时与朱寿桐的"文派制衡观"达成共识："前'甲寅派'在思想上开风气之先，在文学革命上对新体散文的形成功绩显著。后'甲寅派'虽然逆潮流而动但对新文学的互补、制衡毋庸置疑……尊重他们的文化选择，指出他们的历史局限，对建构今天的多元共生的文化格局具有积极的作用。"② 朱寿桐的"文派制衡观"和朱德发、魏建提出的"文化渗染观"，虽属一家之言，但对新/现代文学史中多年累积的价值等级制度起到了有效的消解作用。

应该说，"反动派"在今天的使用仍然没能回到一百年前的平和、淡定状态，或者说，这一名词本身还积淀着特定历史年代深刻的"精神创伤"。因此，在对"甲寅派—反动派"的解构史中，学者们反倒不能如章士钊那样凛然地公开承认自己是"反动派"，而是

---

① 朱寿桐：《中国现代社团文学史》，人民文学出版社 2004 年版，第 104～105 页。
② 朱德发、魏建主编《现代中国文学通鉴（1900—2010）》，人民出版社 2012 年版，第 459 页。

努力回避和寻找一种替代词，以免勾连起不良反应。这表明人们对于"反动派"还心存太多的负面记忆或者历史话语禁忌，而只要这种记忆和禁忌存在，对于"甲寅派—反动派"乃至文学史上一切"反动派"的解构就不可能真正完成。

从"无意开新"到"有意守旧"：
《甲寅》一贯的文学趣味

近年来学界谈到《甲寅》与新文学的关系时，一个共同的趋向是把《甲寅》月刊与《甲寅》周刊分而论之，重点论及《甲寅》月刊对于新文学的发生学意义，由《甲寅》月刊对于《新青年》（原名《青年杂志》）的前导关系论证《甲寅》月刊对于"新文学"的开创之功。至于《甲寅》周刊与新文学的关系，学界自然鲜有做翻案文章的兴趣，《甲寅》周刊作为五四新文化运动和文学革命的对立面或者"反动派"的历史面目基本依旧。这种一分为二的辨析，相比较以往文学史上把以《甲寅》杂志为依托的甲寅派笼统判定为"复古派""反动派"的做法，固然是一种进步。但是，由《甲寅》月刊时期的思想先进性以及《甲寅》月刊与《新青年》的亲缘关系进而强调《甲寅》月刊对于新文学的发生学意义，未免又产生了一种过度阐释，由此也便形成了对甲寅派的新误读，即比照《甲寅》月刊对于新文学的开创之功和《甲寅》周刊对于新文学的反对与批判，判定以章士钊为精神核心的甲寅派走了一条由"进步"到"守旧"乃至"反动"的道路。这种观点实际上是把"政治思想"与"文学理念"完全做了同构式理解。从政治思想上看，《甲寅》由月刊时代思想言论界的先锋到周刊时代人人喊打的新文化、新文学"拦路虎"，确乎走了一条日趋退步保守的道路，但是这并不对应着一条与之轨辙重叠的文学轨迹。相比较其政治思想的"翻转"而言，《甲寅》从"月刊"到"周刊"的文学趣味始终是一贯的。《甲寅》在周刊时代旗帜鲜明地与新文学对抗，所表现出来的自然是一种"有意守旧"的姿态，而《甲寅》在月刊时代也并没有提倡新文学的意思。从"月刊时代"的"无意开新"到"周刊时代"的"有意守旧"，《甲寅》的文学思想从"隐"到"显"，但其"保守"的本色是一贯的。

一　无意开新：《甲寅》月刊的文学状况

　　《甲寅》月刊时期，以章士钊为代表的杂志同仁的全部注意力几乎都投注在社会现实问题上，以发表"条陈时弊，朴实说理"的政论、时评为主，所谓文学，并不是其关注的重点。但是章士钊的"文人底色"又使他始终不能忘情于文学，《甲寅》月刊中文学类栏目的有意设置和精心策划，证明文学并非一个可有可无的存在，由此也足以管窥《甲寅》月刊的文学趣味及文学观念。

　　中国古已有之的"文学"观念与现代以来采自西方的"文学"观念，实际上并不完全相同。简言之，借自西方的现代文学概念以想象性、虚构性、审美性的文学艺术形式为主，而中国自古有之的"文""文章""文学"则是一个范围极广的概念，虽经历代文论家们清理辨析、不断剔除其"非文学性"成分，但仍然是一个既包含着文学之文又包含着非文学之文（如应用性、学术性、政论性文章）的大文学、泛文学概念。直至近代，章太炎仍主张回到先秦时期，以"文字"论"文学"："文学者，以有文字著于竹帛，故谓之文。论其法式，谓之文学。凡文理、文字、文辞，皆言文。言其采色发扬，谓之彣。""是故推论文学，以文字为准，不以彣彰为准。"① 章士钊虽然

---

① 章太炎撰，陈平原导读《国故论衡·文学总略》，上海古籍出版社 2003 年版，第 49～50 页。

对章太炎至为推崇，时常援引"吾家太炎"的观点，但是在"文学"上并没有亦步亦趋地跟随其后，认同这种太过宽泛的文学观念。章士钊的"逻辑文"或称"逻辑文学""政论文"，开一代风气，在中国文学史中的历史地位和价值已有确论，但是甲寅派的"逻辑文"毕竟是以政论文为主，而此类政论文章在"现代文学"时期已经不再划归于"文学"范畴。实际上，在《甲寅》月刊中，作为刊物主体的政论性文章也不再以"文学"的面目出现，刊物另设有专门的文学类栏目，这在无意间恰与后来的"现代文学"观念暗合。《甲寅》月刊从第 1 卷第 1 号到第 4 号，设有"文录""诗录""丛谈""小说"四个文学门类，从第 5 号始一直到第 10 号结束，又把"诗录""文录"两类合并为"文苑"类，与"丛谈""小说"并立。这种分类法显然已经意识到了"文学"既不等于范围至广的"文字"，也不等于包罗着所有著述类的"文章"，而是自有其作为"文学"的边界和属性，尤其是"小说"栏目的设置更显示了《甲寅》月刊"与时俱进"的文学观念。然而，这种分类法并不是《甲寅》月刊的独创，早在 19 世纪末 20 世纪初出现的一些重要报刊中，如梁启超主持的《清议报》中就已经把"政治小说"和"诗文辞随录"与政论、时评类分离。其后诸如《新民丛报》（梁启超 1902 年创办）、《安徽俗话报》（陈独秀 1904 年创办）、《民报》（张继、章太炎等 1905 年创办）、《醒狮》（高天梅 1905 年创办）等，基本都遵循这样的体例，把"小说"、"文苑"以及"诗词"、"谈丛"等门类与其他论著、时评并立。这表明近代的文人、学者、报人们已经有了较以前更为明确的也更趋向"现代"的文学意识，而《甲寅》月刊栏目的分区设置不过是对这些既有"惯例"的承继。

从《甲寅》月刊中各类文学样式的数量、内容及文字形式看，也显示出其文学状况仍在"传统"且"正统"的文学延长线上。中国自古论"文"或"文学"是以"诗""文"为正统，"小说"进入文苑并成为"文学之最上乘"（梁启超语）则是一个典型的"现代性事件"。"诗""文"也同样构成了《甲寅》月刊文学栏目中最重要、最基本的部分。《甲寅》月刊共刊载诗300余首,文40余篇,笔记丛谈和小说类共13种/部。《甲寅》月刊中的诗,若从五四"白话新诗"的角度回望过去,显然还处于古代的格套中,其形式上不出传统五七言的规范,其内容上不外乎咏史、述怀及大量师友间的唱和赠答。五四时期提倡的白话新诗一个重要的主张就是要打破五七言的形式,不拘格律、不拘平仄、不拘长短,实现诗体的大解放。以此为参照,《甲寅》月刊中的诗无疑还处于革命的前夜。至于《甲寅》月刊中的"文录"类,虽然剔除了甲寅派最拿手的政论文,但基本还是以应用文和论说文为主,数量最多的则是文人之间的书牍往还。"书牍"作为传统"文"中的重要类别,几经发展,已经成为一种融艺术审美与实用为一体的文章样式。在这一准私人空间,文人的情感、性情也容易得到流露和展示,因此,"书牍"历来受到文人们的重视。而中国流传于世的一些著名书信,更因其审美价值、精神价值大大超过了应用价值而成为文苑精华。尽管如此,"书牍"作为应用文体的本然性质其实是无法改变的。五四文学革命初期,陈独秀、刘半农等人在讨论文学边界时,即主张把这些应用类的文章剔除出"文学"范畴。在1916年文学革命兴起之初,陈独秀即在答常乃德的信中把中国固有的"文章"分为"文学之文"与"应用之文"两大类①,随后又在1917年《通信》中继续把"文学之文"细化为诗、词、小说、戏(无韵者)、曲(有韵者,传奇亦在此内)五种。② 刘半农在《我之文学改良观》中直接借用了西方 Literature(文学)与 Language(文字)的概念划分,认为"必列入文学范围者,惟诗歌戏曲、小说杂文、历史传记三种而已"。至于新闻、官署之文牍告令、私人之日记信札等,虽然有时无法确定其归属,但仍

---

① 陈独秀:《通信》,《新青年》第2卷第4号,1916年。
② 陈独秀:《通信》,《新青年》第3卷第5号,1917年。

需以"文学"与"文字"两个范畴互不侵害为前提，不可滥用文学的概念，"凡可视为文学上有永久存在之资格与价值者，只有诗歌戏曲、小说杂文二种也"①。相比较而言，《甲寅》月刊并没有这种清晰的"现代文学"意识。在其文学栏目中，文人学者之间的"书牍"往还就有 27 通，占据了"文录"的主体，其余则是一些序、跋、人物传记，还包括少数学术著作。可见，《甲寅》月刊中的"文"，基本还拘囿于传统意义上的"文"或者"文章"的范畴，而非现代意义上的"文学"之"文"。

《甲寅》中的诗文作者群，从直观上看，首先是一个以章士钊为核心的革命同仁圈。46 位诗文作者中，除了 9 位（魏源、袁昶、龚自珍、唐景崧、姜实节、龙继栋、戴名世、文廷式、王鹏运）为已故清代著名学者、诗人之外，其余的 37 位作者中有 20 多位——章太炎、王无生、谢无量、苏元瑛（苏曼殊）、黄节、金天翮、刘师培、诸宗元、汪兆铭、陈仲（陈独秀）、赵藩、杨琼、龑勤斋（龙璋）、杨守仁、邓艺孙、杨昌济、易培基、蒋智由、吴虞、程演生、舒闰祥、易坤（易白沙）——曾经参加了反清革命或相关的组织及活动，诸如"苏报案"、爱国学社、同盟会、兴中会、南社、辛亥革命等，其中很多位又是多个革命团体组织的交叉参与者。但是，这一"红色名单"并不表明《甲寅》月刊的文人群仅仅是一个反清革命同仁圈，因为在这些反清革命同仁之外，还有如桂念祖、释敬安等与革命无关的作者，更有像王国维、张尔田、叶德辉、康有为、陈三立等拥护帝制的遗老式人物，其中刘师培、叶德辉等还参与了袁世凯的复辟帝制活动，是典型的"反革命分子"。这些"革命异己"分子的存在，并非《甲寅》月刊对于作者拣择不严，而是表明：《甲寅》月刊中的政治理念与文学趣味并非一回事，或者说章士钊及其甲寅派并没有以其政治倾向波及和干预文人/文学的政治立

---

① 刘半农：《我之文学改良观》，《新青年》第 3 卷第 3 号，1917 年。

场。当然，这还与《甲寅》月刊时期章士钊的政治思想理念密切相关。创办《甲寅》月刊时期的章士钊的政治思想理念已由激进的"废学救国"期转入稳健的"苦学救国"期。《甲寅》月刊虽然以"反袁"为宗旨，但是"调和立国"而非"革命"已构成章士钊政治思想理念的主导。这一"调和论"应该说是统摄了章士钊整体思想的一个核心理念，在政治上，他反对排斥异己的专制做法，主张"有容"之德，认为掌权者应该克服"好同恶异"的本性，给予各种政治势力，包括反对派以充分的政治言论及活动空间，从而使中国政治走出革命与反革命的二元恶性循环。这一理念在当时现实政治领域的接受度和可行性另当别论，但是章士钊确实把这种"调和论"实施在了他自己创办的刊物中。《甲寅》月刊中持不同思想政见的文人学者共居于"文苑"书信往还、诗词唱和，即是一个明证。虽然《甲寅》月刊的大部分诗文作者能见出共有的革命倾向，但这种倾向并不是贯穿《甲寅》文学作者群的唯一有效线索，其更有一个以诗文学术为线索的大脉络，一个较前者更为稳定也更为错综复杂的师友交游网络。而在这个诗文/学术网络里，政治思想理念的新与旧、革命或反革命的界线已经变得模糊甚至无效，晚清遗老和反清战士、保皇派和革命党杂处一堂。一个显见的事实是，上述参与了反清革命活动的革命志士中，绝大多数是晚清文坛上著名的学者、诗人、词家乃至经学大师，或者说，学者/文人才是他们的本色身份，投身革命乃是为时代所激，革命浪潮过后自然还要回归学者/文人本位。因此，由"学统"构成的师友交游网络才是一个更为庞大、深固甚至超于政治理念的网络，以章士钊（或许还有章太炎）为核心，齐聚于《甲寅》月刊"文苑"中的作者，即是这个支脉丛生的晚清学术网络的缩影。由此，也可以理解，在《甲寅》月刊上最早发表诗歌，同时数量也最为可观的，并不是反清革命同仁，而是前朝遗老式的人物王国维。政治理念上是革命还是保皇，都没有妨碍文人学者之间的交游往还、诗词唱和，甚至文人之间的惺惺相惜远远超过了政治理念上的对立与分歧。章太炎在辛亥革命后致信湖南革命军为支持袁世凯复辟的叶德辉求情："湖南不可杀叶德辉。杀之，则读书种子绝矣。"[①] 正说明了知识分子对于学问的敬重和对学者的珍惜。至于章太炎、蔡元培、陈独秀等对于处于人生最后阶段的刘师培的百般救助与呵护，早已成学界美谈。可见，在清末民初的文人学者心目中，"学术"乃是一个高于"政治"的准则，这同样是章士钊及其《甲寅》月刊的准则，这里的诗文作者既有激进的革命派，也有顽固的守旧派。"政治"上或许有"革命/反动"之分，而论及学术诗文，则学问的淹博、才情的高下或许才是标准。纵览《甲寅》月刊的诗文作者，往往是学界耆宿或者诗文大家，其诗文质量多属上品。更为关键的是，他们的学术或者诗文都深植于清代已降的学术诗文根脉上，如果以五四新文化运动的眼光回望，都属于应该被革命的"谬种""妖孽"之流。

《甲寅》月刊中的小说，相比较其中的诗与文，似乎显得更具有"现代气质"。《甲寅》月刊1914年创刊伊始，便在《本志宣告》中对小说栏目做出了特别的说明："本社募集小说，或为自撰，或为欧文译本，均可。名手为之，酬格从渥。"杂志经过了短暂停刊，于1915年复刊后，在第7号"本社通告"中再度申明："小说为美术文学之一，怡情悦性，感人最深。杂志新闻，无不刊载，本志未能外斯成例，亦置是栏。倘有撰著译本，表情高尚者，本志皆愿收购，名手为之，酬格从渥。"众所周知，中国的小说经过了19世纪末近代启蒙者的鼓吹和"小说界革命"的洗礼，不但逐渐摆脱了"小道"的身份，甚至还有上升为"文学之最上乘"的态势。受此风潮的鼓荡，各大报刊也纷纷以刊载小说为风尚，以至于成为一种定例，其情形正如刘半农所说："'小说为社会教育之利器，有转移世道人

---

① 转引自张晶萍《叶德辉生平及学术思想研究》，湖南师范大学出版社2008年版，第236页。

心之能力.'此话已为今日各小说杂志发刊词中必不可少之套语。"①如果把这种风潮从 1897 年严复在《国闻报》发表《本馆复印说部缘起》算起，到章士钊 1914 年创办《甲寅》杂志，其间经过了将近 20 年的鼓吹和实践，"小说"几乎超越了"诗"和"文"的地位，成为近代社会的"新宠"。一些政治家、言论家、革命家，诸如梁启超、章士钊、陈独秀等以身作则，纷纷"下海"创作小说，成为一时风气。可见，《甲寅》杂志小说栏目的开设，在当时"新闻杂志，无不刊载"的状况下，确实如《本志宣言》中所说，不过是遵循了一种定例，谈不上引领风潮。章士钊在《甲寅》杂志停刊后，又选录了刊登于《甲寅》杂志中的小说（包括未刊或未完篇），题为《名家小说》，由亚东图书馆印行，其中不但包括近现代意义上的小说如《双枰记》（烂柯山人），《西泠异简记》（寂寞程生），《孤云传》（白虚著，未刊稿），昙鸾的《绛纱记》《焚剑记》，老谈的《女蜮记》《白丝巾》《孝感记》等，还包括传统意义上的小说——《说元室述闻》（兹）和《啁啾漫记》（匏夫）。后者明显属于传统文学范畴内的"杂记"类。这些杂记所记多为前朝掌故或者奇闻逸事，属于典型的"稗官野史"，更接近中国旧有的笔记小说。仅就章士钊而言，他虽然创作了毕生唯一的小说《双枰记》，并把小说喻为"人生之镜"，但这并不表明在章士钊的心中，小说有多高的位置，毋宁说，在章士钊心目中，小说始终是无法与"诗、文"相提并论的"小道"。因此，当胡适等主张从中国白话小说中学习运用白话文时，立即招致章士钊的激烈反对："夫水浒等书，固无人谓其为不美也。特宇宙之文，何止小说？宇宙之事，何止淫盗琐屑？今欲以记淫盗琐屑而见为美者，移以为一切义理考据词章之文，而相与美之，尊彝与瓦缶并陈，宁无异感？巨履与小履同价，岂是人情？"② 章士

① 刘半农：《诗与小说精神上之革新》，《新青年》第 3 卷第 5 号，1917 年。
② 孤桐：《文俚评议》，《甲寅》周刊第 1 卷第 13 号，1925 年。

钊崇尚诗、文,鄙视小说的心态由此也暴露无遗。

《甲寅》月刊中数量不多的小说以章士钊的《双枰记》、苏曼殊的《绛纱记》和《焚剑记》以及程演生的《西泠异简记》最为人所称道,从精神气质上被认定为具有更为"现代"的特征,其中一个重要的因素是这几篇小说对于"情",尤其是"男女爱情"的极力书写和特别强调。独秀山民(陈独秀)在《双枰记》叙一中称:"夫自杀者非必为至高无上之行,惟求之吾贪劣庸懦之民,实属难能而可贵。即靡施之死,纯为殉情,亦足以励薄俗。罢民之用情者既寡,而殉情者绝无,此实民族衰弱之征。予读《双枰记》,固不独为亡友悲也。"① 陈独秀把小说人物的"殉情"提升到了国民性的高度。章士钊在为苏曼殊的《绛纱记》所作序言中也称:"方今世道虽有进,而其虚伪罪恶,尚不容真人生者存。即之而不得,处豚笠而梦游天国,非有情者所堪也,是宜死矣……吾友何靡施之死,死于是,昙鸾之友薛梦珠之坐化,化于是,罗霁玉之自裁,裁于是。昙鸾曰,为情之正,诚哉正也。吾既撰《双枰记》,宣扬此义,复喜昙鸾作《绛纱记》,于余意恰合。"② 寂寞程生更是在《西泠异简记》以第一章专论"情"的意义,对于章士钊和陈独秀所肯定的"情"做了更进一步的强调:"寂寞程生曰,今小说之著甚多,而于言情言爱为尤夥,有识者咸引为大忧,谓风俗之败坏,青年之堕落,皆缘是之媒。其厉者且欲禁之。然余以为此非探本溯原之筹议。特支见偶及,而不知实有一大劣因之所诱致,固不在此而在彼也。果言情小说之效力,有足以激我少年民族纯洁之血气,能钟于情,殉于情,吾方且祝之尸之。"③ 从这几位作者对于情感模式上的相互印证、认同上看,这三篇以"殉情"为旨归的小说几乎可以做互文式的理解。但说到底,这几篇小说出现于《甲寅》杂志并非创举,也不过是辛

① 独秀山民:《双枰记》叙一,《甲寅》第 1 卷第 4 号,1914 年。
② 章士钊:《〈绛纱记〉序》,《甲寅》第 1 卷第 7 号,1915 年。
③ 寂寞程生:《西泠异简记》,《甲寅》第 1 卷第 9 号,1915 年。

亥革命前后兴起的言情小说浪潮的几朵浪花。在这一热潮中，备受新文学诟病的"鸳鸯蝴蝶派"小说的代表作诸如徐枕亚的《玉梨魂》，吴双热的《兰娘哀史》《孽冤镜》，李定夷的《霣玉怨》以及苏曼殊的《断鸿零雁记》都涌现于此一时期。同时，日趋泛滥且格调日趋低下的言情小说也引起了社会界的广泛批评。曾经发动小说界革命的梁启超对此更是痛心疾首："而还观今之所谓小说文学者何如？呜呼！吾安忍言！吾安忍言！其什九则海盗与海淫而已，或则尖酸轻薄毫无取义之游戏文也。"① 《甲寅》中的这几篇小说虽然都意在通过"用情之真""殉情之纯"提升"情"的高度，以区别那些肤浅浮薄之作，但实际上，当时在社会上引起反响的那些言情小说，也并非都是滥情之作，而往往是把儿女之情延伸到社会、国家、时代的重大话题中，以显其"宗旨纯正"。可见，《甲寅》的这几篇小说，虽然并非那些格调低下之作，但说到底，也并未跳脱时代浪潮的裹挟，依旧是此间言情小说热潮中的几朵浪花。难怪当钱玄同高度评价《碎簪记》《双枰记》《绛纱记》，尤其认定苏曼殊的小说"足为新文学之始基"② 的时候，一向温和的胡适毫不客气地提出了反对意见："又先生屡称苏曼殊所著小说。吾在上海时，特取而细读之，实不能知其好处。《绛纱记》所记，全是兽性的肉欲，其中又硬拉入几段绝无关系的材料，以凑篇幅，盖受今日几块钱一千字之恶俗之影响者也。《焚剑记》直是一篇胡说，其书尚不可比《聊斋志异》之百一，有何价值可言耶？"③ 应该说，钱玄同的褒和胡适的贬都带有太多个人的好恶，倒是稍后张定璜的评价更可信："《双枰记》等载在《甲寅》上是一九一四年的事情，《新青年》发表《狂人日记》在一九一八年，中间不过四年的光阴，然而他们彼此相去多么远。两种的语言，两样的感情，两个不同的世界！在《双枰

---

① 梁启超：《告小说家》，《中华小说界》第 2 卷第 1 期，1915 年。
② 钱玄同：《通信·致陈独秀》，《新青年》第 3 卷第 1 号，1917 年。
③ 胡适：《通信·致钱玄同》，《新青年》第 4 卷第 1 号，1918 年。

记》、《绛纱记》和《焚剑记》里面，我们保存着我们最后的旧体的作风，最后的文言小说，最后的才子佳人的幻影，最后的浪漫的情波，最后的中国人祖先传来的人生观。读了他们再读《狂人日记》时，我们就譬如从薄暗的古庙的灯明底下骤然间走到夏日的炎光里来，我们由中世纪跨进了现代。"① 张定璜正是以"五四文学"为坐标指出了《甲寅》月刊小说的"旧质"。更为关键的是，《甲寅》中的小说，无论是译作还是创作，一律使用文言。对于中国小说而言，虽然始终存在着白话和文言两种传统，但是涉及五四文学革命，尤其是甲寅派与新青年的论争，"文白"正是一个互不退让的关键问题。因此，从《甲寅》月刊中所刊载的小说（实际是所有文字）一律采用文言形式到《甲寅》周刊时期的"文字须求雅训，白话恕不发布"，其"守旧"的文学观是一致的。

二 "文学改革"的有意与无意

《甲寅》月刊被研究者认定为"新文学前奏"的另一铁证，是黄远庸与章士钊关于文学改革的通信。黄远庸有关文学改革的著名通信刊登在《甲寅》第 1 卷第 10 号：

> 愚见以为居今论政，实不知从何处说起。洪范九畴，亦只能明夷待访。果尔，则其选事立词，当与寻常批评家专就见象为言者有别。至根本救济，远意当从提倡新文学入手，综之，当使吾辈思潮，如何能与现代思潮相接触，而促其猛醒，而其要义，须与一般之人，生出交涉，法须以浅近文艺，普遍四周。史家以文艺复兴为中世改革之根本，足下当能语其消息盈虚之理也。

---

① 张定璜：《鲁迅先生》（上），《现代评论》第 1 卷第 7 期，1925 年。

黄远庸主张从能够"与一般之人生出交涉"的"新文学"入手，作为社会根本救济之道，这也确实是五四时期新文化运动倡导者提倡文学革命的思维模式，但是从变革文学入手改变国民性进而达到社会变革的运思模式早在梁启超的"新民"时代就已经成为知识界的一种思路，只不过时断时续，总是被政治运动所打断，始终没有得到有效而持续的贯彻。这一被历史悬置的问题再度被黄远庸发现并提及，而且是在反袁革命的高涨期，确实富于远见。黄远庸的文学改革主张在以胡适《五十年来中国之文学》为代表的早期新文学史中就被注意到了，时隔百年，再度成为文学界论证《甲寅》月刊为五四文学革命"先声"的新证和铁证，对黄远庸主张的研究也几乎成为重读《甲寅》的一种共同趋势。有学者认为："《甲寅》月刊早于《新青年》两年便呼唤'新文学'，正表明《甲寅》月刊与《新青年》两者之间存在着一定的传承关系。"① 还有研究者认为《甲寅》月刊提倡新文学是"高远预见"，"催萌了新文学"。② 笔者认为这已经有了过度阐释之嫌。众所周知，当黄远庸把提倡"新文学"的想法以通信的方式传达给章士钊时，所得到的却是一盆冷水，章士钊回复曰：

> 提倡新文学，自是根本救济之法。然必其国政治差良，其度不在水平线下，而后有社会之事可言。文艺其一端也，欧洲文事之兴，无不与政事并进。古初大地云扰，枭雄窃发，蹂躏黉舍，僇辱儒冠，幸其时政与教离，教能独立，而文人艺士，往依教宗，大院宏祠，变为学圃，欧洲古文学之不亡，盖食宗教之赐多也。而我胡望者？以知非明政事，使与民间事业相容，即莎士比、嚣俄复生，亦将莫奏其技矣。③

① 刘桂生：《章士钊与〈甲寅〉月刊和〈新青年〉》，《百年潮》2000 年第 10 期。
② 见吉林大学赵亚宏博士学位论文《〈甲寅〉月刊与中国新文学的发生》第四章，2008 年。
③ 章士钊：《通讯·释言·致甲寅杂志记者》，《甲寅》第 1 卷第 10 号，1915 年。

可见，身为一位政治家、言论家、实行家，章士钊坚信当一个国家的政治还在水平线以下的时候，其他的社会事务都无从谈起，更不用说文学，当务之急，所当奋力争取的应该是民权而非其他。很显然，当黄远庸提出改革文学的主张时，所得到的是刊物主编章士钊委婉而坚决的否定性答复。一如章士钊所讲，社会政治问题应为首要问题，文学问题远在其后。但是就中国当时的现状，"政治清明"之路乃是一个漫长的未知之途，正所谓"俟河之清，人寿几何？"因此，政治到了"水平线以上"的文学改革，实际将是一张空头支票。另外，即便时代进入谈文事的阶段，章士钊是否要依照黄远庸的建议提倡新文学，又是一个问题。后来的事实证明，章士钊对于后来的五四新文化/新文学运动是持否定批判态度的，其反对的理由之一与《甲寅》月刊时期的理由相似："盖文化者，与国民生活状况息息相关者也。一国生活状况枯涩纾促之度如何？即可以卜其文化高下真伪之度如何。知欧洲之情事者，可断言其资本之制不变，文化决无可讲。而吾农国也，工商一切之计，咸无规模，而资本国之晏安鸩毒乃转沉浸至骨，不此之去，文化亦无可谈，此其理味醇醇，不可殚述。惜今幅窄，未及多陈。要之，文化运动乃社会改革之事，而非标榜某种文学之事，凡改革之计划，施于群治，义与文化有关，曲折不离其宗者。从社会方面观之，谓之社会运动，从文化方面观之，谓之文化运动，愚之理解，如斯而已。"① 应该说，从《甲寅》月刊时期到《甲寅》周刊时期，章士钊一直否认中国社会有文化/文学实行革新运动的条件。因此，当后世研究者慨叹章士钊在无意中错过了"文学革命大好时机"时，这种遗憾未免多余，因为章士钊并没有在"文学"方面实行革新的想法。因此，单凭黄远庸的一封得到否定答复的通信就认定《甲寅》月刊为五四新文学的前奏，显然是不妥的。

---

① 孤桐：《评新文化运动》，《甲寅》周刊第 1 卷第 9 号，1925 年。

　　实际上，提示给章士钊有关文学改革信息的并不只黄远庸一人，还有后来成为五四文学革命领袖的胡适。同样是在《甲寅》月刊第1卷第10号，胡适在有关"非留学"的通信中向章士钊提示："前寄小说一种，乃暑假中消遣之作，又以随笔移译，不费时力，亦不费思力故耳。更有暇晷，当译小说或戏剧一二种。近五十年来，欧洲文字之最有势力者，厥惟戏剧，而诗与小说，皆退居第二流。名家如那威之 Ibsen、德之 Hauptmann、法之 Brieux、瑞典之 Strindberg、英之 Bernard Shaw 及 Galsworthy、比之 Maeterlinck 皆以剧著声全世界。今吾国剧界，正当过渡时代，需世界名著为范本，颇思译 Ibsen 之 A Doll's House 或 An Enemy of the People 惟何时脱稿，尚未可料。适去岁著《非留学》篇，所持见解，自信颇有商榷之价值，以呈足下，请览观焉。"① 而在章士钊的复信中，只谈"非留学篇"问题，对于胡适大谈特谈的欧洲文艺发展趋势毫无兴趣，甚至告诉胡适，当下的整个社会更需要的是论政、论学之文，而不是作为稗官野史的小说："稗官之外，更有论政论学之文，尤望见赐，此吾国社会所急需，非独一志之私也。"② 胡适这些遭章士钊冷落的文学主张却在陈独秀那里得到热切的回应，并最终实施在他与陈独秀联手倡导的五四新文化运动和文学革命中。

　　上述两个例子足以证明，章士钊及其《甲寅》月刊并无文学改革之意。如果一定要谈及从《甲寅》月刊到《新青年》在文学上的承继性或者影响性，毋宁说，从《甲寅》月刊到《新青年》创办之初，所延续而来的文学观念恰是一种无意识的守旧状态。《甲寅》月刊中的很多诗——如吴虞的《辛亥杂诗》（第1卷第7号）——即是由陈独秀选载的，而这些诗作同样为章士钊所欣赏，称赞"辛亥杂

---

① 胡适：《通信·非留学》，《甲寅》第1卷第10号，1915年。
② 章士钊：《致胡适函》，《章士钊全集》第3卷，文汇出版社2000年版，第369页。

诗中非儒诸诗，思想之超，非东南名士所及"①。确切地说，在文的创作方面，章士钊作为逻辑政论文的开创者显然要胜陈独秀一筹，而就诗的修养和创作而言，章显然稍逊于陈。退一步讲，创办《甲寅》月刊的章士钊和初创《青年杂志》的陈独秀在文学趣味和文学观念上有着相似性，这也是他们的趣味相投之处。这种"相似"与"相投"，剔除一些个性细节上的好恶，若从大处着眼即可以概括为"传统文人士大夫情趣"和基于专注社会政治变革而来的"文学无用观"。章士钊对于文学所持的是一种承认其价值但又将其搁置的冷漠态度，与其务实的政治救国方案相比，文学显然是务虚的。在章士钊复刊《甲寅》周刊的时候，清华大学研究院的吴其昌曾致信章士钊建议去掉"文录"栏目，以便"专为政治之批评"："故自今日以后，愿贵刊专论政治，作诤臣，指群昧，资鉴考，备采纳，别黑白，辨是非，邮新知，籀古谊，不愿贵刊纫碎衲零，供世人玩赏谈助消遣之资而已也。区区之意，望将'文录'以下各栏，一切去之。'通讯'中之但作颂语，不关宏旨者，亦略去不登，而专为政治之批评。则无论贵刊主张如何，必能成一谊，备一家，纵不能生效于今日，亦必能见容于后世。"章士钊的答复是："'诗文录'本刊固无之，读者病其干枯，屡请增设，此次遂办置。夫文武之道，一张一弛，儒者之义，有藏有息，读本刊而为政论学篇所腻，偶以小诗短记疏之，恍若厚饔之余，佐以姜豉，未始不为一适，特选材良不易易为苦人耳。昔刘勰云：'精义曲隐，无伤其正言，微辞婉晦，不害其体要。'钊之设思，正复如是，即径为君道之，谅君达士，当不以顽劣见罪。"② 章士钊显然不同意吴其昌去掉"文录"的建议。在章士钊眼中，按照办杂志惯例所设置的文学栏目和刊载的文学类作品是类似于主菜的调味品或者正餐后的甜点，虽然有味道但也并无多

① 吴虞：《通信·吴虞致陈独秀》，《新青年》第 2 卷第 5 号，1917 年。
② 士钊：《忠言——答吴其昌》，《甲寅》周刊第 1 卷第 42 号，1927 年。

大实际意义。统观《甲寅》所刊载的诗、文、小说、笔记等各类文学作品,"抒情遣怀、唱和自娱"的文人士大夫趣味颇为浓厚。因此,尽管《甲寅》月刊一直设有文学类栏目,并刊载了大量文学作品,但是若以此便认定办刊者已经认识到了文学之于社会改革的重要性,则是一个历史性的误解。

创办报刊而设置文学专栏的意义,并不都旨在提倡"新文学"乃至倡导"文学革命"。对于《甲寅》月刊而言,文学只是一种点缀,即在为杂志增添趣味的同时给文人情趣提供一块园地,章士钊并无心从文学角度发起一场革命风暴。这种亟亟于实际政治变革而来的"文学无用观"同样为《青年杂志》时期的陈独秀认可。初创期的《青年杂志》与《甲寅》月刊一样,文学并不是一个重要的门类,而仅仅是依照惯例而设置的栏目,作为政论、时评之外的一种点缀品存在。出现在《青年杂志》中的文学作品,除了一些文学翻译作品之外,主要是时人一些寄怀抒情唱和之作,如谢无量的五言排律《寄会稽山人八十韵》、五言古风《春日寄怀马一浮》以及方澍的五言古风《潮州杂咏》,这些诗词创作皆未脱离中国文人自古以来的抒怀遣兴范畴。对于谢无量的《寄会稽山人八十韵》,陈独秀曾由衷地赞道:"文学者,国民之最高精神之表现也。国人此种精神委顿久矣。谢君此作,深文馀味,希世之音也。子云相如而后,仅见斯篇,虽工部亦只有此工力无此佳丽。谢君自谓天下文章尽在蜀中,非夸矣。吾国人伟大精神,犹未丧失也欤,于此徵之。"① 可见,对于文学创作,此时的陈独秀依旧沉浸于传统知识分子的趣味之中,还没产生文学改革的明确意识,甚至还无意间流露出"文学无用"的观念。陈独秀在《新青年》第2卷第3号通讯栏"答 T. M. Cheng"的信中写道:"世界语为今日人类必要之事业,惟以习惯未成,未能应用于华美无用之文学,而于朴质之科学,未必不能达意也。"直到

---

① 陈独秀:《寄会稽山人八十韵·记者志》,《青年杂志》第1卷第3号,1915年。

《新青年》第 3 卷第 4 号，陈独秀答钱玄同信中，才推翻了自己这一
见解："仆前答某君书，所谓'华美无用之文学'者，乃一时偶有
一种肤浅文学观念浮于脑里，遂信笔书之，非谓全体文学皆无用
也。"初期主撰者的这种观念所导致的是《青年杂志》中比较守旧
的文学样态，基本陷于主撰者的个人情趣嗜好层面，自然，这是一
种经过了漫长的教化但又被时代洗礼过的文人情趣。而只有当陈独
秀真正脱离了《甲寅》月刊的思路，脱离了《甲寅》式的文人情
趣，从《青年杂志》转到真正属于自己的"《新青年》时代"时，
才真正走向了有意识的文学革命。或者说，直到文学革命意识成为
主撰者的"自觉"并浮出历史的地表时，《新青年》中的文学状况
才发生彻底改观。因此，可以判定，"以思想文化革新为主旨的《新
青年》，从一开始就着意经营文学作品"① 至少是一种不确切的
说法。

从《青年杂志》到《新青年》出现了一次"关键性的转折"。
这次转折使陈独秀创办的杂志最终脱离了《甲寅》的影响而成为自
身。启动这一历史机关的关键人物即是胡适。胡适有关文学的主张
在《甲寅》月刊上被淹没，但在陈独秀这里却得到了完全不同的回
应，进而发生了巨大的历史效应。胡适曾致信陈独秀批评其文学
观念：

> 贵报三号登谢无量君长律一首，附有记者按语，推为"希
> 世之音"……细检谢君此诗，至少凡用古典套语一百事。稍读
> 元、白、柳、刘（禹锡）之长律者，皆将谓贵报按语之为厚诬
> 工部而过誉谢君也。适所以不能已于言者，正以足下论文学已
> 知古典主义之当废，而独啧啧称誉此古典主义之诗。窃谓足下
> 难免自相矛盾之诮矣。

---

① 陈平原：《思想史视野中的文学——〈新青年〉研究（上）》，《中国现代文学研
究丛刊》2002 年第 3 期。

对于这一批评，陈独秀略有辩解但欣然接受：

> 以提倡写实主义之杂志，而录古典主义之诗，一经足下指斥，曷胜惭感。惟今之文艺界，写实作品，以仆寡闻，实未尝获觌。本志文艺栏，罕录国人自作之诗文，即职此故。不得已偶录一二诗，乃以其为写景叙情之作，非同无病而呻。其所以盛称谢诗者，谓其继迹古人，非谓其专美来者。①

与章士钊不同，陈独秀不但虚心接受了批评，而且对于胡适提出的"文学八事"热烈赞同，这正是陈独秀所独具的时代敏感触角和《新青年》开启"文学革命"的关键按钮。胡适的那封批评信可谓一语点醒梦中人，点燃了陈独秀变革文学的热情，二人携手发起了轰轰烈烈的"五四文学革命"。就"文学"的意义而言，《青年杂志》更名为《新青年》，不仅是一个名称上的改换，二者还有划时代的区别，两份文学革命的宣言——胡适的《文学改良刍议》和陈独秀的《文学革命论》——出现后，致使《新青年》杂志的文学样态完全脱离了《青年杂志》，同时使《甲寅》时期的传统文人趣味和文言形式，真正走向了"新文学"及白话文的全面倡导和实践。

应该判定，"有意"与"无意"正是《新青年》所倡导的文学革命区别于往代的本质特征。至于《甲寅》月刊和章士钊，不但"无意"提倡新文学，而且"有意"漠视和反对。从《甲寅》月刊时期章士钊对于黄远庸提倡新文学意见的漠视到20世纪20年代《甲寅》周刊时期对新文学的公开反对，章士钊及甲寅派的文学观念由潜隐到彰显，其对于新文化，尤其新文学的反对态度是一贯的，并没有发生从"先进"走向"反动"的一个逆转。章士钊讲："自有新文化运动以来，区区之意，无所变更，今日所见思想横决、文笔恶滥诸征，数年前即已频频忠告。曲突徙薪，其功不显，

---

① 陈独秀：《通信》，《新青年》第 2 卷第 2 号，1916 年。

图穷匕见,坐视何能?愚虽无意借政力以行其私,亦安可因作吏而忘其素?"① 确切地说,是新文化运动和文学革命运动日趋蓬勃的态势最终促成了章士钊及其甲寅派作为"反动派"的明朗化,而从根柢上讲,这种批判早就孕育在《甲寅》月刊时期的文学理念之中。或者说,章士钊及其甲寅派"守旧而非开新"的文学趣味和文学观念是一贯的,而由月刊时期的文学理念到周刊时期的文学批判是一个自然而然、顺理成章的过程。

---

① 孤桐:《新旧》,《甲寅》周刊第 1 卷第 8 号,1925 年。

新质虽生　旧痕未泯：
《甲寅》"六记"

　　《甲寅》月刊中的小说是令人眼前一亮的存在。相比较其中的诗与文，《甲寅》月刊中的小说显得更具有"现代气质"，因此，当研究者论及《甲寅》月刊对于新文学的开创之功时，也往往以此作为最鲜明的证据①。诚然，《甲寅》月刊中的小说确实属于"新小说"，但这里的"新"所指的是近代梁启超所提倡的"小说界革命"之后的"新"，其参照系乃是中国传统的小说样态，在这一参照系下，自然是"新大于旧"，如果转换一下坐标，以五四文学革命后的新文学和新小说做比照，那么"新"和"旧"的比值就要重新调整，其所呈现的"现代性"也要大打折扣。

一　时代风潮与《甲寅》小说

　　《甲寅》月刊自 1914 年创刊伊始，便在《本志宣告》中对小说栏目做出了特别的说明："本社募集小说，或为自撰，或为欧文译本，均可。名手为之，酬格从渥。"杂志经过了短暂的停刊，于 1915 年复刊后在第 7 号《本社通告》中再度申明："小说为美术文学之

---

① 赵亚宏：《〈甲寅〉月刊与中国新文学的发生》，人民出版社 2011 年版。

一，怡情悦性，感人最深。杂志新闻，无不刊载，本志未能外斯成例，亦置是栏。倘有撰著译本，表情高尚者，本志皆愿收购，名手为之，酬格从渥。"除了小说栏目，杂志在宣言中做出特别说明的还有"通信栏"。有研究者考证表明："中国近代报刊的通信栏，为章士钊主持的《民立报》、《独立周报》和《甲寅》杂志首创。"① 章士钊立志要把《甲寅》杂志办成"公共舆论机关"，"务使全国之意见，皆得如其量以发表之"②。通信栏目的设置显然至关重要。同时，作为一个尚为国人所不太熟悉的新生事物，编辑者自然要对这个关键栏目做出特别说明。毋庸讳言，对于《甲寅》这个政论性刊物而言，"文学栏目"相对而言是附属品，但是对于同属于文学栏的"诗"和"文"，编辑者并没有特别的说明，而独对"小说栏目"有所交代，显然是有所用意的。中国的小说，经过了 19 世纪末 20 世纪初近代启蒙者的鼓吹和"小说界革命"的洗礼，不但逐渐摆脱了"小道"的身份，还有上升为"文学之最上乘"的态势。受此风潮的鼓荡，各大报刊也纷纷以刊载小说为风尚，以至于成为一种定例，正如刘半农所言："'小说为社会教育之利器，有转移世道人心之能力。'此话已为今日各小说杂志发刊词中必不可少之套语。"③ 这种风潮如果从 1897 年严复于《国闻报》发表《本馆复印说部缘起》算起，到章士钊 1914 年创办《甲寅》杂志，经过了将近 20 年的鼓吹和实践，小说已经几乎接近了诗和文的地位，成为近代社会的"新宠"。中国近代史中有关小说的标志性事件，诸如风靡社会的"林译小说"，为史家所称道的"四大谴责小说"，备受五四批判的"鸳鸯蝴蝶派"小说，周氏兄弟的译作《域外小说集》等，都出现在此一时期。也正是在这一风潮的鼓荡中，一些政治家、言论家、

---

① 杨琥：《章士钊与中国近代报刊"通信"栏的创设》，《安徽大学学报》2012 年第 4 期。

② 《本志宣告》，《甲寅》第 1 卷第 1 号，1914 年。

③ 刘半农：《诗与小说精神上之革新》，《新青年》第 3 卷第 5 号，1917 年。

革命家，诸如梁启超、章士钊、陈独秀等也纷纷"下海"创作小说。
可见，《甲寅》杂志小说栏目的开设，在当时"新闻杂志，无不刊
载"的状况下，确实如《本志宣言》中所说，不过是遵循了一种定
例。章士钊在《甲寅》杂志停刊后，又选录了刊登于《甲寅》杂志
中的小说（包括未续完篇），名为《名家小说》，由亚东图书馆印
行。其中不但包括了近现代意义上的小说如《双枰记》（烂柯山
人）、《西泠异简记》（寂寞程生）、《孤云传》（白虚著，未刊稿），
昙鸾的《绛纱记》《焚剑记》，老谈的《女蜮记》《白丝巾》《孝感
记》等，还包括中国传统意义上的小说：《说元室述闻》（兹）和
《啁啾漫记》（匏夫）。后者明显属于传统文学范畴内的"杂记"。这
些杂记所写多为前朝掌故，属于典型的"稗官野史"，其中既有记人
类的，也有记事类的，而且大多数是带有传奇色彩的奇闻逸事，更
接近中国旧有的笔记小说。但在当时，一个普遍的状况是小说并没
有严格的新旧之分，包括"传奇"在内，还都被统一在中国旧有的
"说部"中，《甲寅》月刊的小说观念即是当时这种新旧杂糅的小说
观念的体现。

《甲寅》月刊中的小说（译、创）作者共有五位：老谈、烂柯
山人、昙鸾、寂寞程生、胡适。《甲寅》月刊虽然在政治理念上有鲜
明的主张，但并没有完整统一的文学理念，这些小说作者也都是
"偶尔凑成"。老谈，即谈善吾（1868～1937），南社成员。曾在老
革命党人于右任办的"竖三民报"（《民呼日报》《民吁日报》《民立
报》）中担任主笔，人称"三民记者"。谈善吾善诙谐，曾创作大量
滑稽小说，还创作过少量的传奇。寂寞程生，即程演生（1888～
1955），别号天柱山人，与陈独秀既是同乡挚友，又是反清革命的同
仁，后又成为"新青年同仁"。烂柯山人即章士钊。昙鸾即苏曼殊。
这些风格不同的小说出现于《甲寅》月刊，主要还是因为这些作者
（除胡适外）基本上属于革命同道，除了谈善吾和苏曼殊的创作从数
量上来说比较可观之外，章士钊和程演生创作小说基本上是偶尔为之。

　　《甲寅》杂志中的小说分为三类：一是传统的笔记小说即《说元室述闻》和《啁啾漫记》；二是翻译小说《柏林之围》《白丝巾》（《白丝巾》虽然并没有注明为翻译小说，但是从内容情节上看显然是翻译之作。在当时，翻译小说不注明原著作者和翻译者的情形大量存在）；三是创作小说——《女魃记》（第 1~2 号，作者老谈）、《双枰记》（第 4~5 号，作者烂柯山人）、《孝感记》（第 6 号，作者老谈）、《绛纱记》（第 7 号，作者昙鸾）、《焚剑记》（第 8 号，作者昙鸾）、《西泠异简记》（第 9~10 号，作者寂寞程生）。前两类可以存而不论，剩下的"六记"是典型的近代小说。在这六篇小说中，又以章士钊创作的《双枰记》和苏曼殊创作的《绛纱记》《焚剑记》以及程演生创作的《西泠异简记》最为论者所称道，从精神气质上被认定为具有了更为"现代"的特征，原因之一即是这几篇小说都强调了"男女爱情"尤其是"殉情"的纯洁和高尚，乃至于无穷的力量。独秀山民（陈独秀）在《双枰记》叙一中称："夫自杀者非必为至高无上之行，惟求之吾贪劣庸懦之民，实属难能而可贵。即麋施之死，纯为殉情，亦足以励薄俗。罢民之用情者既寡，而殉情者绝无，此实民族衰弱之征。予读《双枰记》，固不独为亡友悲也。"[1] 陈独秀把小说人物的"殉情"提到了国民性的高度。章士钊在为苏曼殊的《绛纱记》所作序言中也是把这些人物的"为情之正"与虚伪罪恶的世道相比照："方今世道虽有进，而其虚伪罪恶，尚不容真人生者存。即之而不得，处豚笠而梦游天国，非有情者所堪也，是宜死矣……吾友何麋施之死，死于是，昙鸾之友薛梦珠之坐化，化于是，罗霏玉之自裁，裁于是。昙鸾曰，为情之正，诚哉正也。吾既撰《双枰记》，宣扬此义，复喜昙鸾作《绛纱记》，于余意恰合。"[2] 寂寞程生更是在《西泠异简记》专辟第一章论述"情"

---

[1]　独秀山民：《双枰记》叙一，《甲寅》第 1 卷第 4 号，1914 年。
[2]　章士钊：《〈绛纱记〉序》，《甲寅》第 1 卷第 7 号，1915 年。

的伟大意义，他在引证了陈独秀在《双枰记》叙一中对于情的定义
之后，进一步阐述"情"的重要性，使之上升到了民族国家的高度：
"班固白虎通德论曰：'情所以辅性。'是故情用之于父母也则曰孝。
于昆弟也则曰悌。于朋友之交也，则曰忠信。于男女之悦也则曰爱
情。推而大之，至于人群，加乎庶物，则曰仁曰义。由此观之，情
之所被，其不贞大，惟兹罢民，德不足以弱其性，情亦无以守其真，
但嗜夫财，贪夫淫，沉溺乎官爵，桀者乃复欲逞其专制之毒，横戾
之政，贼夫共和，范围社会，挟持人心，聚意复其帝王独夫之仪式。
弱者既无克自振，劫去贪鄙，则又只有逢桀者之恶，服盗贼之服，
行妾妇之行，窃其残食，假其余威，虽遭屈辱，犹力作其一官夸人
之态，恬不为耻。于是一国之内，贵贱分焉，一家之内，势利存焉，
诡诈奸险，虚伪巧媚，习为恒俗，罔不登极，而欲求所谓天赋本然
之性，性发至善之情，情钟如实之地，纯而不驳，诚而不诬，寯不
可得矣……故中国今日之民族，即男女之爱悦，亦难有钟情者，况
殉情者乎！"① 由这几位作者对于情感模式的相互印证、彼此认同上
看，这三篇以"殉情"为旨归的小说几乎可以做互文式的理解。实
际上，这几篇小说出现于《甲寅》杂志并非偶然，乃是辛亥革命前
后兴起的言情小说浪潮的产物。在这一热潮中，备受新文学诟病的
"鸳鸯蝴蝶派"小说都涌现于此一时期。同时，日趋泛滥且格调上日
渐低下的言情小说也引起了社会界的广泛批评。曾经发动小说界革
命的梁启超对此也痛心疾首："而还观今之所谓小说文学者何如？呜
呼！吾安忍言！吾安忍言！其什九则海盗与海淫而已，或则尖酸轻
薄毫无取义之游戏文也。"② 《甲寅》月刊中的这几篇小说虽然都意
在通过"用情之真""殉情之纯"提升"情"的高度，以区别于那
些肤浅浮薄之作，但说到底，也并未跳脱时代浪潮的裹挟，至于其

① 寂寞程生：《西泠异简记》，《甲寅》第 1 卷第 9 号，1915 年。
② 梁启超：《告小说家》，《中华小说界》第 2 卷第 1 期，1915 年。

所言之"情"是否如作者所说的那样"超凡脱俗""与众不同"，新文学界还有着一番争论，稍后论及。

二　"说书人"与"倾诉者"

中国小说从古典向现代转型，为学界所公认的是叙事模式的转变，其中较为突出的一点是在叙事视角上有意识地突破中国传统的全知叙事而转向限制叙事，尤其是对第一人称限制叙事的大量采用；其二是在叙事结构上由故事情节为中心转向心理情绪为中心。但是正如陈美兰所指出的那样，中国小说和西方小说在叙事方式和艺术结构方面都有属于自己的创造，在探讨小说的现代演进时，也不应该在表面层次上拿叙事学中的叙事视角、叙事时间、叙事结构等概念，笼统地作为现代艺术方式，把它们简单地套用于小说现代转型研究，而是要寻出其背后所蕴含的现代意义①。因此，我们也需要在这样的一个标准下来衡量"甲寅六记"的转型痕迹。在这六篇现代小说中，老谈创作的《女蜮记》和《孝感记》是比较典型的中国传统小说，这两篇小说完全采用传统的全知叙事视角，叙事者作为"说书人"的功能也比较鲜明，经常跳出来进行外在于文本的道德评判，而且是明显对女性有所诋毁的旧式道德评判。如《女蜮记》在情节中便夹杂着这样的评价："尤物祸人，大抵如此，古今中外几许英雄遭此挫折者多矣，老吴他日之获免于祸亦幸矣。"② 另外，在小说结尾处还设置了传统式的"老谈曰"，进行教训、评议式的总结，如《女蜮记》结尾："甚矣，女子之可畏也。以女蜮之姿态，虽未必如西洋白女鬼之美，而其狠戾之心足与相并，几令人疑凡至美之女子，均有此致人于死之手腕，至其毒饵强食其夫，尤不能不令人

---

① 陈美兰：《晚清小说的"现代"辨析》，《长江学术》2013 年第 3 期。
② 老谈：《女蜮记》，《甲寅》第 1 卷第 1 号，1914 年。

凛凛。设老吴少欠灵警，未有不遭其害者。尤物害人竟如是耶。女娀信非虚誉也。世遇美人而轻于倾慕者，曷引为鉴。"① 昙鸾（苏曼殊）的《焚剑记》，也采用一种全知视角，起笔即为"广东有书生，其先累室巨富，少失覆荫，家渐贫，为宗亲所侮。生专心笃学，三年不窥园……"说书人的姿态虽然不明显，但从头至尾讲述一位名为"独孤粲"的破落公子与阿兰之间带有传奇色彩的爱情故事，是受到五四新文学批判的一个典型的"某生体"小说，难怪胡适对此篇评价颇低。

在叙事手法上表现出明显的"转变痕迹"的是《双枰记》、《绛纱记》和《西泠异简记》三篇。《双枰记》是作者"烂柯山人"以第一人称（予）的方式叙写友人何靡施的爱情人生经历，但"予"并非"我的故事"的实际讲述者，小说的主体情节经过两次视点的转换，由两个人的叙述得以完成。第一部分是由何靡施的挚友伍天竺以旁观者的姿态讲述何靡施与沈棋卿的奇遇，其后再由何靡施以当事者"我"的身份自述爱情故事，最后由烂柯山人——"予"做结，交代故事主人公的生死去向。小说所采用的第一人称的叙事模式虽然并非现代小说意义上的"我讲述我的故事"，但也并非传统意义上的由我来讲述他人的故事。具体说来，"予"始终是以一个故事的探寻者和聆听者的身份出现的，同样是故事中的人物。这种以"聆听—诉说"结构故事的方式固然显得简单，但也提供了一个便利，这里的"聆听—诉说"显然已经不是传统的面对听众（或者读者）的"见闻式"讲述，尤其当故事主人公何靡施以"予"的身份讲述自己的情感经历时，是在临别前夜单独面对知己好友烂柯山人讲述的，这种"讲述"便带有"倾诉"的性质，而当叙述者何靡施把自己的爱情故事连同自己的内心感受倾诉给对面的友人——烂柯山人和独秀时，这种倾诉便具有了心灵独白的意味，从这一点看，

---

① 老谈：《女娀记》，《甲寅》第 1 卷第 2 号，1914 年。

这篇小说显然已经具备了现代小说的一些质素。但是新质虽生,旧痕未泯,小说让何靡施作为自己故事及情感的叙事者,虽然具备了心灵剖白的意味,但也并没有使其彻底摆脱传统讲述者的姿态,而是在自叙过程中时时有意识地向听者(实际是向潜在的读者)做故事结构的说明和交代。例如:"靡施曰:吾言至此,当略序棋卿身世,使子想见其为人。然后吾言较为周澈。凡此皆吾于晤棋卿后得知。今颠倒叙述如此,此吾立言自由,想为吾子所许也。"又如"予言至此,在予事中又有一致命之伤害,不得不珍重叙及。凡予所言,皆先后得之于人,亦或闻于棋卿。今吾为之穿插联缀,以便言有片段,想为吾子所许。盖母氏商量棋卿姻事时,又颇闻语及桂儿者,予虽屡举其名,而迄未详其身世,其何以与予事有关,子亦未知,今为补述"[1]。诸如这些穿插,显然仍带有"传统说书人"的痕迹。相比较《双枰记》中以第一人称出现的叙者是以"旁观者—聆听者"的姿态出现,苏曼殊著《绛纱记》中的第一人称"余"则附带了更多的功能,"余"除了"讲述我自己的爱情故事",还同时讲述"余友"的爱情故事,交错使用第一人称的限制叙事和全知叙事。《西泠异简记》中的主体情节虽然也是通过主人公琴香公子向挚友秋影居士讲述故事的方式来结构,同样带有现代意义上的倾诉和独白的意味,但在此之外,小说还设置了一个外在的全知叙事者——"余",附带随时向读者做提示和交代。如:"余造此记,于琴香公子之获简,竟辟空而置之于开章,要非故予读者以射覆探钩之笔,特以此记文势之结构,有不得不如是耳。此记之主人之为琴香公子,谅读者已能揣测之。是则琴香公子之生平家世,余今当先此一一述之,然琴香公子之获简,若非得秋影居士为之推索,竭力以翼其稽察,则此简之所致或终莫能白,而此记亦固无幽曲之趣,奇丽之情可述矣。然则秋影居士虽为此记之宾,而实主中之主也。故秋影居士之生平家世,余亦当先此一一敷说之。"又如"秋影居士于

---

[1] 烂柯山人:《双枰记》,《甲寅》第1卷第5号,1914年。

昨夕去时与琴香公子约，逾午当来聆其演述哀艳之情事，想读者犹能忆之"①。显然，这个第一人称的叙事者"余"拥有明显的"说书人"的功能，由此也可见出《西泠异简记》从技法上显然要比上述两篇小说更接近传统小说。概而言之，《甲寅》月刊中的小说虽然已经有诸多情节是故事主人公以第一人称——"我"讲述自己的故事，从而具有了情感倾诉和心灵独白的意味，但同时，小说又经常把事件交由"知情者"来完成，"这种转移性的'第一人称叙述'仍然带有'全知全能叙述'的浓重阴影"②，小说也未能摆脱传统"话本"的窠臼。

此外，《甲寅》月刊中的这些小说基本还是以故事情节为中心，而不是以人物的情绪或者心理为中心，只要将这些小说和五四时期全新的独白体小说如鲁迅的《狂人日记》《伤逝》以及郁达夫的自叙传体小说比较一下，就能辨出新旧的差异。《甲寅》月刊中的小说还致力于讲述一个完整的且带有传奇色彩的故事，虽然有时讲故事的方式已经不再是"从头道来""某地某生"，如《双桴记》和《西泠异简记》更是有意识地采用了近代小说中最为流行的"开局之突兀"的布局手法，都是以一封奇异的陌生女性的来信造成一种悬念与趣味，但是在这"开局之突兀"之后，很快又转回到有头有尾的故事讲述格局中。如《双桴记》在叙述完烂柯山人和独秀山民替友人何麾施收到一封神秘的"艳简"之后，随即便转入对于主人公何麾施的生平家世、性情、行止的详细交代，故事由此真正展开。同样，《西泠异简记》开头交代完琴香公子收到一封令其大惊失色的"艳简"后，作者特辟一章专门介绍琴香公子和秋影居士的生平家世，而后才进入故事正题。因此，这些突兀的开局实际更类似传统小说中的"楔子"。更为关键的是，《甲寅》中的小说，无论是译作

① 寂寞程生：《西泠异简记》，《甲寅》第 1 卷第 9 号，1915 年。
② 陈美兰：《晚清小说的"现代"辨析》，《长江学术》2013 年第 3 期。

还是创作，一律使用文言文。对于中国小说而言，文字形式是"白话"还是"文言"，几乎不成为一个问题，中国的传统小说始终存在着白话和文言两种传统，也正因如此，当胡适提倡白话文并从中国传统中寻求资源的时候，得以顺利地以《三国演义》《水浒传》《红楼梦》等为典范，并得到新派的一致认同。但是涉及五四文学革命，尤其是甲寅派与新青年的论争，其中一个关键的交锋即是"文白"问题。因此，《甲寅》月刊中所刊载的小说一律采用"文言"形式，正是其"守旧"文学观的一种投射。

三　五四人对苏曼殊小说的褒贬

五四文学革命初期，主张文学革命的几个中坚人物曾就中国的小说有过一番讨论和辨析，对于以何种价值尺度评判小说的优劣，新青年同仁基本认同胡适所提出的"情感"与"思想"之说。胡适在《文学改良刍议》第一条即提出"言之有物"，但是他所提出的"物"并非古人所谓的"文以载道"，而是借古文之语翻转出现代意义上的"情感"和"思想"："（一）情感　《诗序》曰：'情动于中而形诸言。言之不足，故嗟叹之。嗟叹之不足，故永歌之。永歌之不足，不知手之舞之，足之蹈之也。'此吾所谓情感也。情感者，文学之灵魂。文学而无情感，如人之无魂，木偶而已，行尸走肉而已。（今人所谓'美感'者，亦情感之一也。）（二）思想　吾所谓'思想'，盖兼见地、识力、理想三者而言之。思想不必皆赖文学而传，而文学以有思想而益贵。思想亦以有文学的价值而益贵也。此庄周之文，渊明、老杜之诗，稼轩之词，施耐庵之小说，所以复绝千古也。思想之在文学，犹脑筋之在人身。人不能思想，则虽面目姣好，虽能笑啼感觉，亦何足取哉？文学亦犹是耳。"① 在胡适看来，缺乏"情感"和"思

---

① 胡适：《文学改良刍议》，《新青年》第 2 卷第 5 号，1917 年。

想"正是近世文坛衰微的根源:"文学无此二物,便如无灵魂、无脑筋之美人,虽有秾丽富厚之外观,抑亦末矣。近世文人沾沾于声调字句之间,既无高远之思想,又无真挚之情感,文学之衰微,此其大因矣。此文胜之害,所谓言之无物者是也。欲救此弊,宜以质救之。质者何,情与思二者而已。"① 认同胡适提出的这两大价值标准的五四文学革命同仁,却对《甲寅》杂志中的小说,尤其是苏曼殊的作品,做出了截然相反的评判。钱玄同认为:"若论词曲小说诸著,在文学上之价值,窃谓仍当以胡君'情感''思想'两事为标准。""曼殊上人思想高洁,所为小说描写人生真处,足为新文学之始基乎。此外作者,皆所谓公等碌碌。"② "《金瓶梅》自是十六世纪中叶有价值之文学,《品花宝鉴》自是十九世纪初年有价值之文学,《碎簪记》、《双枰记》、《绛纱记》自是二十世纪初年有价值之文学。"③ 至于陈独秀对于苏曼殊所著小说的赞赏态度,从其为这些小说所写的热情洋溢的序言中即可见出。陈独秀称苏曼殊小说中所描写的"死"与"爱",令他"读之不禁泫然",他甚至把苏曼殊和王尔德相提并论,认为他们对于爱与死的描写"可谓淋漓尽致"④。与钱玄同、陈独秀这两位五四文学革命健将的观点正好相反,胡适提出了反对意见:"又先生屡称苏曼殊所著小说。吾在上海时,特取而细读之,实不能知其好处。《绛纱记》所记,全是兽性的肉欲,其中又硬拉入几段绝无关系的材料,以凑篇幅,盖受今日几块钱一千字之恶俗之影响者也。《焚剑记》直是一篇胡说,其书尚不可比《聊斋志异》之百一,有何价值可言耶?"⑤ 陈独秀、钱玄同对于苏曼殊的小说做出的高度评价实际上是把苏曼殊的才情、学问、品格以及

---

① 胡适:《文学改良刍议》,《新青年》第 2 卷第 5 号,1917 年。
② 钱玄同:《通信·致陈独秀》,《新青年》第 3 卷第 1 号,1917 年。
③ 钱玄同:《通信·致胡适》,《新青年》第 3 卷第 6 号,1917 年。
④ 陈独秀:《〈绛纱记〉序》,《甲寅》第 1 卷第 7 号,1915 年。
⑤ 胡适:《通信·致钱玄同》,《新青年》第 4 卷第 1 号,1918 年。

革命情怀做了一体式评判，而钱玄同、陈独秀、苏曼殊以及章太炎和章士钊既为思想文学趣味相投的友人又曾是同一战阵中的革命同志，他们对苏曼殊的评价显然是一种"台内喝彩"，带着强烈的喜爱、激赏之情，他们当然难以像胡适那样以局外人的身份做出一种不带感情的评判。

尽管与胡适同属五四新文化阵营，而且钱玄同、陈独秀表现出更为激进而决绝的与"旧物"断裂的革命情绪，但实际上他们却远没有真正从观念上、趣味上与他们所批判的旧思想文化以及旧式文人趣味相脱离，倒是显得并不激进的胡适因为更深、更系统地接受了西方现代思想文化以及文学的洗礼，从而能更理性地厘清新与旧的分界。但是就苏曼殊的小说而言，既非如钱玄同评价得那样高到可以做新文学的始基，也并非如胡适说得那样一无是处、毫无价值。确切地说，苏曼殊的小说处于新旧交接的光影之中，对于五四新文学的先导意义自不待言，但是终究还没有完全脱离旧的格套。对于苏曼殊小说持赞佩之情的钱玄同在讨论小说的通信中曾指出小说中的"最下者，所谓'小姐后花园赠衣物''落难公子中状元'之类，千篇一律，不胜缕指"①。而实际上，钱玄同所批判的这种"落难公子与富家小姐"的旧式才子佳人的故事格套，正是苏曼殊小说的一种模式，如《绛纱记》中的薛梦珠即为一落魄公子，同乡醇儒谢翁之女秋云爱恋薛梦珠（瑛），曾"私送出院，解所配琼琚，于怀中探绛纱，裹以授瑛"，结果被落魄中的梦珠拿去卖掉，其后梦珠自己也出家做了和尚，但秋云小姐却对梦珠不离不弃、誓死相随。小说的另一主人公"余"同样是世家子，跟随舅父在星洲经营糖厂，并与麦家五姑许下婚姻，旋即舅父破产，麦家悔婚，"余"虽落难，但五姑却忠贞不渝；《焚剑记》中，广东书生独孤粲同样是一个典型的落难公子，"其先累世巨富，少失覆荫"，但获得了居家避乱于深山的

---

①　钱玄同：《通信·致陈独秀》，《新青年》第 3 卷第 1 号，1917 年。

刘家小姐至死不渝的爱恋。只不过这些故事的结局并非"落难公子中状元,金榜题名、奉旨完婚"式的大团圆的模式,而是有情人无法终成眷属的悲剧结局。这些小说中的男女爱情,虽然已经从闺阁、后花园进一步扩大到学校、公园、演讲会场甚至是海外,但终究未出"才子佳人"的旧格套,这与五四以来所提倡的"人的文学"和"平民的文学"显然有着本质性的差异。正如张定璜在《鲁迅先生》一文中所作的比较性评述那样:"《双枰记》等载在《甲寅》上是一九一四年的事情,《新青年》发表《狂人日记》在一九一八年,中间不过四年的光阴,然而它们彼此相去多么远。两种的语言,两样的感情,两个不同的世界!在《双枰记》、《绛纱记》和《焚剑记》里面,我们保存着我们最后的旧体的作风,最后的文言小说,最后的才子佳人的幻影,最后的浪漫的情波,最后的中国人祖先传来的人生观。读了他们再读《狂人日记》时,我们就譬如从薄暗的古庙的灯明底下骤然间走到夏日的炎光里来,我们由中世纪跨进了现代。"①

　　《甲寅》月刊中的小说固然属于近代小说界革命以后的"新小说",但是相比较五四文学革命以后的"新文学"而言,前者的"新"显然又是"旧"的。无疑,在中国文学从古代向现代的转型过程中,近代小说起着重要的过渡作用,学界尤其从苏曼殊的小说中找到了诸多的现代精神气质。历史确实是一条无法中断的河流,但是如果说把传统小说作为"此岸",五四文学革命之后的新文学作为"彼岸",那么《甲寅》中的小说处在已脱离此岸却未抵达彼岸的状态,处于新质虽生、旧痕未泯的杂糅状态。

---

① 张定璜:《鲁迅先生》(上),《现代评论》第1卷第7期,1925年。

针锋相对与错位失衡：
学衡派的批评

　　学衡派，作为与五四新文化运动/文学革命相对立的文化保守主义，较之五四时期其他持有保守主义思想的个人或者派别，诸如林纾以及章士钊及其甲寅派等，受到了后来学界更为广泛而持久的关注，"学衡热"几乎成为时代思想流转的一种表征。究其原因，大致有三。原因之一是相比较五四时期比较单纯的持保守或者守旧主张的派别而言，学衡派有着更为复杂的人员构成和更为丰富的思想文化"谱系"。从人员构成上看，不仅仅包括学衡派的核心成员——集结于东南大学《学衡》杂志的梅光迪、吴宓、胡先骕、刘伯明、李思纯、汤用彤、柳诒徵等人，还包括吴宓在清华大学的师友同仁如刘永济、吴芳吉、王国维、陈寅恪等，另外还有一些赞同《学衡》杂志理念和主张的学人，诸如黄节、汪国恒等。据学衡派研究专家沈卫威统计，《学衡》杂志在其存续期间的 12 年 79 期中，共有一百多位作者。从时间脉络上，学衡派经历了从新文化运动酝酿的初期到与新文化阵营论战的二三十年代，一直延续到 20 世纪 40 年代末，随后学衡派的活动由大陆转到了台湾；从空间上更是联络起了美国的哈佛大学到民国时期的东南大学再到清华大学、中央大学，一直到台湾（1949 年以后）的广大地域。关于学衡派谱系的构成，沈卫威先生在其相关文章和著作中已做了详尽的梳理。① 学衡派受到后来学界关注的原因之二，在于学衡派与五四新文化运动/文学革命的对峙所显示出的一种"世界性意义"。与五四新文化运动的其他反对派有所不同，学衡派的核心成员大多留学于美国的哈佛大学，基本上是白璧德的门生，是新人文主义的信奉者。20世纪初兴起于美国的新人文主义是在世界范围内产生了广泛影响的现代文化保守主义思潮，而由学衡派高举着"新人文主义"的大旗所发动的对五四新文化运动/文学革命的批判，也可以看作这一世界范围内的现代文化保守主义思潮在中国的反响，乐黛云比较早地论述了这一问题。② 由此也连带起造成"学衡热"的第三个原因，学衡派这批具有比较严谨而系统的西方学术背景的现代知识分子，以充分的理论准备所发动的对五四新文化/文学革命的批判，显然已经不是胡适的"不值一驳"可以轻松了结的。学衡派在批评五四新文化/文学革命时所提出的诸多命题，如如何建设新文化、建设什么样的新文化，尤其是在建设新文化中如何对待中国的乃至世界的传统文化等问题，始终是学界争论不休、迄未终结的"元问题"。

　　20世纪90年代以来，随着社会思想风潮的转向，中国历史上的"文化保守主义"受到了前所未有的关注，其价值也获得了大幅度的挖掘和提升。学衡派最先进入学术视野。乐黛云即较早地从世界文化语境中阐释学衡派的价值，随后又有孙尚扬、郭兰芳编的《国故新知论——学衡派文化论著辑要》。在序言中，编者把五四新文化阵营与学衡派的对立定位为"启蒙与学术"之间的"剑拔弩张，扞格不入"。尤其针对鲁迅对学衡派的批判发出了质疑："鲁迅犀利的讥斥似乎是从学术立言的，而实质上则是因为这位新文化运动健将与其同仁一样不能容忍异于启蒙的其它声音。此后，在相当长的时间

① 沈卫威：《"学衡派"谱系——历史与叙事》，江西教育出版社2007年版。
② 乐黛云：《世界文化语境中的学衡派》，《中国现代文学研究丛刊》2005年第3期。

内，鲁迅之是非几为天下之是非。《学衡》杂志也因此走向文化、学术的边缘。"① 编者重估《学衡》的目的是要重新调试启蒙与学术的准星，从正面认定学衡派的价值并对五四文化激进主义进行反思。对于这种论调和说法，一些学者从维护五四（包括鲁迅）的角度发出了反对的声音。谭桂林认为"重新将学术与启蒙放到历史的天平上估衡，衡来衡去，结果衡出了学术之重与启蒙之轻，'学衡派'之重与新文学家之轻，从而使得一个本来应该更加清楚了的文学史问题变得更其复杂起来"。"在激进与保守、革命与改良、实践与空谈之间，历史选择了前者，这是历史之幸，也是民族之幸。过去，学衡诸公的非难与攻击没有阻挠住历史的重大抉择，今天包括重估论者在内的种种保守主义思潮总想到这一历史选择中寻找瑕疵。瑕疵无疑总是有的，但点点瑕疵终究不能遮掩住五四新文化运动的永恒光辉。"② 针对上述两种对于学衡派的评判，李怡则给出了相对客观而公允的评价。指出无论是粗暴的批评——追随新文化运动主流（"五四新文化派"）人物的批评，把学衡视为阻挡现代文化进程的封建复古主义集团，还是理想化的提升——把学衡派诸人的努力作为救治五四新文化派之偏激的更全面更深刻的文化追求，都不一定符合学衡派的实际。李怡主张在一个新的历史层面确立学衡派与五四新文学运动的关系："学衡派是中国现代知识分子中的一个思想派别，它与形形色色的所谓新文学的'逆流'具有本质的不同。""在'学衡派'与'五四新文化派'之间，真正的差异是对文学创作实践中文学传统修养作用和地位的不同理解。""学衡派竭力强调文学观的全面、宏观与公正，这确是有意义的；但我们也不应该简单认同当下文化保守主义思潮的皇皇高论，而应充分认识到'学衡派'思想体系的若干

① 孙尚扬、郭兰芳编《国故新知论——学衡派文化论著辑要》，中国广播电视出版社1995年版，第2页。
② 谭桂林：《评近年来对学衡派的重估倾向》，《鲁迅研究月刊》1997年第2期。

不完善性。"①

　　学衡派价值重新得到认证显然受惠于 20 世纪 90 年代以来中国社会思潮的转变，但是时代思潮也容易变成一种认识的装置，使得各种"重估"都或显或隐地与这一思潮构成对话关系，20 世纪 90 年代关于学衡派的价值重估和价值认定所形成的论争即是如此。而后来者也只有远离了那个时代语境才能重识庐山真面目。学衡派与五四新文化派论争的焦点究竟何在，其在当时的原始历史语境中所产生的现实效用和在后来的历史文化流程中所体现的历史价值究竟几何，学衡派的文学批评究竟对中国思想、文化和文学的现代转型起到了怎样的作用，这些问题都需要研究者既要立足当下，又要穿越回历史现场，在学衡派与新青年派的论争中，在后来激进与保守的论争中，进行重新检视。

一　针锋相对又错位不接的文学批评

　　学衡派与五四新文化派的对垒与论争主要体现为学衡派成员对胡适所提出的文学主张和创作理念的集中批判，这一方面说明胡适的观念已经成为新青年同仁共同认可的主张，另一方面也标明梅光迪等学衡派发起人与胡适的宿怨。胡适一开始也意识到了这一点，并在日记中有所记载：

　　　　东南大学梅迪生等出的《学衡》，几乎专是攻击我的。出版之后，《中华新报》（上海）有赞成的论调，《时事新报》有谩骂的批评，多无价值……我在南京时，曾戏作一首打油诗题《学衡》：

　　　　老梅说，

---

　　①　李怡：《论学衡派与五四新文学运动》，《中国社会科学》1998 年第 6 期。

> "《学衡》出来了，老胡怕不怕？"（迪生问叔永如此）
>
> 老胡没有看见什么《学衡》，
>
> 只看见了一本《学骂》!①

《学衡》杂志出版伊始，即集中针对胡适开火，自然是接续了以往的论争。众所周知，早在新文化运动发生之前，同为留学生的胡适与梅光迪、任鸿隽等，便就文、白问题展开了探讨和争论，梅光迪与胡适的书信辩难更引发了胡适对于相关问题的深入思考，并最终把胡适"逼上梁山"，与陈独秀、钱玄同等联手，共同拉开了新文化运动和文学革命的大幕。革命由幕后转向台前，梅光迪也由胡适的"论友"成为"论敌"，并开始着手联络集结吴宓、胡先骕等志同道合者，准备回国与以胡适为首的新文化派展开正式论战。因此，《学衡》杂志以及由此得名的学衡派虽然出现的时间晚，但实际上学衡派的活动却与新文化运动／文学革命的酝酿、发动相始终。一方面，梅光迪等人的反对和争论对新文化运动／文学革命的发生起到了反向促进作用。正如研究者所说："梅光迪的信，的确刺激启发了胡适的思想。胡适的文学革命主张的孕育和爆发，在一定程度上是梅光迪催逼的结果。有这么一个反对派朋友，也真是胡适的大幸。"②另一方面，新文化运动／文学革命发动后，梅光迪、胡先骕、吴宓等后来的学衡派主将始终没有停止批判，他们借助《留美学生季报》《东方杂志》《民心周报》《公正周报》等刊物对新文化运动／文学革命进行了持续的批评。尤其是1921年，以郑振铎、沈雁冰等文学研究会成员与薛鸿猷、缪凤林等南高师学生就南高师出版的《诗学研究专号》所发生的激烈论争，同样可以看作新青年派与学衡派论争的重要组成部分。1922年1月《学衡》杂志的出现不过为学衡派提

---

① 胡适：《胡适日记》，《胡适全集》第29卷，安徽教育出版社2003年版，第506～509页。

② 沈卫威：《回眸"学衡派"——文化保守主义的现代命运》，人民文学出版社1999年版，第119页。

供了"自己的园地"而已，实际上，双方的论争从没有停息过。《学衡》杂志第一期的批评虽然主要是针对胡适，但是新文化运动以及文学革命既已轰轰烈烈地展开，胡适的主张已经为广大新青年派所认同，因此，学衡派的批评受到包括沈雁冰、郑振铎、鲁迅、周作人、罗家伦等新文学界代表的集体回击，也就理所当然了。

　　学衡派批判以胡适为代表的新文学派的主张和观念，主要集中在"文白死活"之辩、模仿还是创造、文学的新与旧等几个互相连带的问题上。胡适在五四新文化/文学革命中所提出的"死文言决不能产出活文学，中国若想有活文学，必须用白话"的主张①，是首先招致守旧派和保守派强烈反对的一个论断，致使"文白死活"之辩也成为双方论战的焦点问题。胡先骕于 1919 年便在《东方杂志》上发表了《中国文学改良论（上）》，以古今中外的文学为例证，阐述白话不能全部代替文言的道理。其后他又在《学衡》杂志第一期发表《评尝试集》，直接针对胡适的观念进行驳斥并判定了《尝试集》的"必死无疑"："且文学之死活，以其自身之价值而定，而不以其所用之文字之今古为死活。故荷马之诗，活文学也，以其不死 immortal 不朽也。乔塞之诗，活文学也，以其不死不朽也。梭和科（Sophocle）之戏剧，活文学也，以其不死不朽也。席西罗（Cicero）之演说，活文学也，以其不死不朽也。蒲鲁大（Plutarch）之传记，活文学也，以其不死不朽也。反而论之，Edgar Lee Masters 之诗，死文学也，以其必死必朽也，不以其用活文之故而遂得不死不朽也。陀司妥夫士忌、戈尔忌之小说，死文学也，不以其轰动一时遂得不死不朽也。胡君之《尝试集》，死文学也，以其必死必朽也，不以其用活文字之故，而遂得不死不朽也。物之将死，必精神失其常度，言动出于常轨，胡君辈之诗之鲁莽灭裂趋于极端，正其必死之征耳。"涉及胡先骕最为关心的诗歌问题，他更认为："诗之功用，在

---

① 胡适：《建设的文学革命论》，《新青年》第 4 卷第 4 号，1918 年。

能表现美感与情韵，初不在文言、白话之别，白话之能表现美感与情韵。固可用之作诗，苟文言亦有此功用，则亦万无屏弃之理。"①胡先骕指出文学以文白论死活乃为谬说。同样，针对胡适提出一切文学创造都应该用白话的主张，吴宓则在《论今日文学创造之正法》中针锋相对地提出了完全相反也是近乎复古的主张："作诗之法，须以新材料入旧格律。即仍存古近各体，而旧有之平仄音韵之律，以及他种艺术规矩，悉宜保守之，遵依之，不可更张废弃。旧日诗格律绝稍嫌板滞，然亦视才人之运用如何，诗格不能困人也。至古诗及歌行等，变化随意，本无限制，镣铐枷锁之说，乃今之污蔑者之所为，不可信也。至新体白话诗之自由诗，其实并非诗，决不可作。"对于"文"的创作，吴宓提出"作文之法，宜借径于古文，无论己所作之文为何类、何题、何事、何意，均须熟读古文而摹仿之。盖凡文以简洁、明显、精妙为尚，而古文者固吾国文章之最简洁、最明显、最精妙者。能熟读古文而摹仿之，则其所作，自亦能简洁、明显、精妙也。故惟精于古文者，始能作佳美之时文与清通之白话。"关于小说的创作，吴宓认为西洋近期盛行的短篇小说和独幕剧是文学衰败的表象之一，是人们趋重物质生活，以文学为消遣品的社会不良风气所致。因此，他认定："小说中究以长篇章回体为正宗。"而创作小说的方式同诗歌一样，"亦宜以新材料入旧格律。吾国旧有之稗史，其中各体均备。（稗史分为四种，其中惟短篇小说，欧洲十九世纪中叶以来所发明者，似为吾国所无，其余均有。至稗史之四种，小说与稗史之别，均详拙撰小说法程，下期登出）而章回体之长篇小说，艺术尤精。其中之规矩法程及词藻，均宜保存之、遵依之。（其故与前节诗同）同时更须研究西洋长篇小说之艺术法程以增广之补助之，而进于至美至善。此所谓旧格律也"。关于戏剧，吴宓不同意新文学提倡者对于旧剧一棍子打死的做法，而主

---

① 胡先骕：《评尝试集》，《学衡》第 1 期，1922 年。

张中西新旧并存，因为欣赏者各不相同，应该听由观众自主选择："虽术有精粗，道有高下，然因人性之不同，地位嗜好之各异，故以上每种戏剧，各有其光顾之座客，而无废绝衰歇之忧。由此数证观之，则吾国之新旧各种戏剧，悉可听其存在，并宜自求发达精工。观者随其所好而往，固不必斩斩争辩，绝此废彼也。要之，每种艺术，必自有其价值，自有其格律规程，决不可以此例彼。强以一端概全体，而有入主出奴之见。吾国旧戏以京剧为主，再则昆曲。此二者之一切艺术规矩，其著作、排演、布景、衣饰之各种格律法程，悉应遵仍旧贯，不可妄事更张，强以新戏之布景等入之，致成非牛非马之观。所谓改良旧戏之法，只宜添著脚本而止，即所著者虽用新思想新事实，然亦必恪守旧剧之规矩，方为合用。"对于翻译，吴宓说出了他对当下白话翻译的不良感受："近年吾国人译西洋文学书籍、诗文、小说、戏曲等不少，然多用恶劣之白话及英文标点等，读之者殊觉茫然而生厌恶之心。"因此，他主张："今欲改良翻译，固在培养学识，尤须革去新兴之恶习惯。除戏剧小说等其相当之文体为白话外，均须改用文言。"① 吴宓自己也正是在文学创作和翻译实践中践行了自己的这些主张，他曾用中国章回体小说的样式翻译了英国沙克雷（今译萨克雷）的《名利场》，刊载于《学衡》杂志。而学衡派其他成员也是始终坚持旧体诗词的创作，保持了他们一贯的立场。

其次是"模仿与创造"问题。胡适在《文学改良刍议》中提出"不摹仿古人，语语须有个我在"。② 而当下文坛的弊病正在于模仿古文，失去了自我。学衡派则针锋相对地提出不模仿则无以创造，创造即出于模仿的主张。对文学问题探讨较多较深的胡先骕在1919年发表的《中国文学改良论（上）》中即谈到这一问题："某亦非不

① 吴宓：《论今日文学创造之正法》，《学衡》第15期，1923年。
② 胡适：《文学改良刍议》，《新青年》第2卷第5号，1917年。

知文学须有创造之能力，而非陈陈相因，即尽其能事者，然亦非既能创造，则昔人之所创造便可唾弃之也……吾人所称为模仿而非脱胎，陈陈相因，是谓模仿，去陈出新，是谓脱胎。故《史》《汉》创造而非模仿者也，然必脱胎于周秦之文。俪文创造而非模仿者也，亦必脱胎于周秦之文。韩柳创造而革俪文之弊者也，亦必脱胎于周秦之文。他若五言七言古诗，五律七律乐府，歌谣词曲，何者非创造，亦何者非脱胎者乎？故欲创造新文学，必浸淫于古籍，尽得其精华，而遗其糟粕，乃能应时势之所趋，而创造一时之新文学，如斯始可望其成功。"① 其后，胡先骕在其著名的《评尝试集》中再度对这一问题进行了深度阐释，认定模仿为创造的始基："夫人之技能智力，自语言以至于哲学，凡为后天之所得，皆须经若干时之模仿，始能逐渐而有所创造。"针对作诗原则，胡先骕认为模仿更是创造必不可少的前提：

古人生于今人之前，自较吾人先有表示天然景物与人情之美点之机会，今人之性情既多少与古人之性情相似，则今人所表示天然景物与人情之方法态度，自不能不有类似于彼之性情所相近之古人之处。且古人之作，非尽可垂范于后世也，万千古人为诗，仅有十一古人可为后人之所取法，彼能垂范于后世之古人，必在彼之一类之性情与表现事物之方法态度中，有过人之处，故与彼之性情及表现事物之态度相类似之今人。欲为高格之作，必勉求与彼之心理嗜好韵味符合，斯能得其一类性情之高深处。又彼名家表现事物之方法态度，亦必有为后人所难及处，必模仿研几其所以然，始可望己所发语，表物之方法态度可与古人媲美也。然此又非谓无须乎创造也。盖人之性情虽大约相似，然绝不能相同，故同一学杜，韩昌黎即异乎白居

① 胡先骕：《中国文学改良论（上）》，《东方杂志》第 16 卷第 3 期，1919 年。

易，杜樊川复异乎李义山，欧阳文忠、王半山、黄山谷、陈后山、陈简斋、陆放翁皆学杜而各各不同，虽各各不同，然细究之则仍知其皆出于杜，斯之谓脱胎即创造，创造即脱胎，斯之谓创造必出于模仿也。①

与胡先骕的主张相一致，吴宓也反复申说"摹仿"的重要性。在《论新文化运动》中，吴宓指出中西方文章的道理和规律是相同的："今即以文学言之，文学家之根本道理，以及法术规律，中西均同。细究详考，当知其然。文章成于摹仿（Imitation）。古今之大作者，其幼时率皆力效前人，节节规抚，初仅形似，继则神似，其后逐渐变化，始能自出心裁，未有不由摹仿而出者也。"② 在《论今日文学创造之正法》中，吴宓提出九条创作文学的方法，其中第四条专论作文"宜从摹仿入手"："作文者多必历之三阶段：一曰摹仿，二曰融化，三曰创造。由一至二，由二至三，无能逾越者也。一人练习著作之经历如此，一国文章进化之陈迹亦如此，创造之必出于摹仿，此凡稍研文学者之所共信所稔知，而不需辩说征引者也。"③但是摹仿并不是亦步亦趋地抄袭，而是"或师其意，或师其法，或师其词，或并为之"，无论如何"摹仿"，"终有我在"。

与"摹仿与创造"紧密相关的是"文学的新旧与进化"问题。学衡派对于"新旧"问题有着与新文化阵营近乎相反的理念。吴宓在《论新文化运动》中指出"物质科学"与"人事之学"的发展有不同的轨辙，应区别对待，不应一概而论。论学应辨是非精粗，论人应辨善恶短长，论事应辨利害得失，而不应该拘泥于新旧，新旧与是非之间也没有必然的对应关系："旧者不必是，新者未必非。然反是则尤不可。且夫新旧乃对待之称，昨以为新，今日则旧。旧有

① 胡先骕：《评尝试集（续）》，《学衡》第 2 期，1922 年。
② 吴宓：《论新文化运动》，《学衡》第 4 期，1922 年。
③ 吴宓：《论今日文学创造之正法》，《学衡》第 15 期，1923 年。

之物，增之损之，修之琢之，改之补之，乃成新器。举凡典章文物、理论学术，均就已有者，层层改变递嬗而为新。未有无因而至者，故若不知旧物则决不能言新。凡论学论事，当究其终始，明其沿革……更以学问言之，物质科学以积累而成，故其发达也，循直线以进，愈久愈详，愈晚出愈精妙。然人事之学如历史、政治、文章、美术等，则或系于社会之实境，或由于个人之天才。其发达也，无一定之轨辙。故后来者不必居上，晚出者不必胜前。因之，若论人事之学，则尤当分别研究，不能以新夺理也。"① 吴宓也认为"文学惟有是与不是，而无所谓新与不新"②。除了针对胡适提出的"八事"进行逐条批驳，吴芳吉还专门就胡适提出的"文学的历史进化论"提出反驳。胡适在五四新文学运动中的著名论断即认为"一时代有一时代之文学……乃文明进化之公理也……吾辈以历史进化之眼光观之，决不可谓古人之文学皆胜于今人也"③。吴芳吉则认为新派文学最大的陷溺不是胡适提出的"八事"，而正是这种"历史的观念"。同吴宓的上述观点相一致，吴芳吉也认为文学的演变与物质科学的进化历程是不同的，新派以历史的进化观念应用于文学原理，乃是一种"科学的误解"："文学固非进化，亦非退化。文学乃由古今相孳乳而成也。古今相孳乳而成者，古今作家相生以成之谓也……后世文章虽繁，而于古代佳作，不稍减其价值。岂如物质进化之程，后者当时，则前者无用；后者文明，则前者为野蛮耶？"④ 吴芳吉抛弃了新文学派的线性历史进化论，转而以"文心"的多寡来作为衡量文章优劣的准星，并以"温柔敦厚"为"文心"的灵魂，认定"作品虽多，则文心则一，时代虽迁，文心不改"，同样显示出一种固化和偏执。

---

① 吴宓：《论新文化运动》，《学衡》第 4 期，1922 年。
② 吴芳吉：《再论吾人眼中之新旧文学观》，《学衡》第 21 期，1923 年。
③ 胡适：《文学改良刍议》，《新青年》第 2 卷第 5 号，1917 年。
④ 吴芳吉：《三论吾人眼中之新旧文学观》，《学衡》第 31 期，1924 年。

　　如果单纯从学衡派所提出的上述这些批评和理论主张来看，他们对于"文白死活"、"模仿与创造"以及"文学新旧、进化"等相关问题的辨析不无道理，甚至比五四新文学阵营的观念来得更为稳妥和合理，这也正是后来研究者从"学理"角度认定学衡派的观念比五四文化激进派的二元批判模式更为"全面"和"完善"的理由。但回到当时的历史语境中，具体到学衡派对于五四新文化/新文学阵营的批判，这些看似针锋相对的批评就显示出了一种错位。当以胡适为代表的五四新文学提倡者们以一种备受后人诟病的二元模式提出这些问题时，都是确有所指的，其批判与革命的目标主要指向近代以来文学的衰落与滥调，而并非针对全部的文学传统。早在胡适提倡文学革命之前，在他与陈独秀有关文学的通信中即指出当时的文学现状："尝谓今日文学之腐败极矣：其下焉者，能押韵而已矣。稍进，如南社诸人，夸而无实，滥而不精，浮夸淫琐，几无足称者（南社中间亦有佳作。此所讥评，就其大概言之耳）。更进，如樊樊山、陈伯严、郑苏庵之流，视南社为高矣，然其诗皆规摹古人，以能神似某人某人为至高目的，极其所至，亦不过为文学界添几件赝鼎耳，文学云乎哉！"① 同样，在五四新文学纲领式的论著《文学改良刍议》中，胡适实际上并没有否定中国既有的文学传统，而且是在肯定优秀文学传统的同时，更加有意识地比照古今文学，明确地针对"近世文学""近世文人""今日之文学""今之作文作诗者"等的衰微现状提出自己的改良主张。在论及"须言之有物"时，胡适讲："吾国近世文学之大病，在于言之无物。今人徒知'言之无文，行之不远'，而不知言之无物，又何用文为乎？""思想不必皆赖文学而传，而文学以有思想而益贵，思想亦以有文学的价值而益贵也。此庄周之文，渊明、老杜之诗，稼轩之词，施耐庵之小说，所以复绝千古也。……近世文人沾沾于声调字句之间，既无高远之

① 胡适：《寄陈独秀》，《新青年》第 2 卷第 2 号，1916 年。

思想，又无真挚之情感，文学之衰微，此其大因矣。"在谈到"不摹
仿古人"一条时，更是指出"今之'文学大家'，文则下规姚、曾，
上师韩、欧，更上则取法秦汉魏晋，以为六朝以下无文学可言，此
皆百步与五十步之别而已，而皆为文学下乘。即令神似古人，亦不
过为博物院中添几许'逼真赝鼎'而已，文学云乎哉！"① 胡适在
《文学改良刍议》中用以佐证"摹仿古人心理""处处是陈词滥调"
的文学现状的例子正是号称"代表今日第一流诗人"的陈伯严等。
对于新青年阵营同仁把古文家——唐宋八大家、明之前后七子及归、
方、刘、姚——"一网打尽"的做法，胡适则提出要区别对待，主
张分清攻击对象："吾故谓古文家亦未可一概抹煞。分别言之，则马
班自作汉人之文，韩柳自作唐代之文。其作文之时，言文之分尚不
成一问题……惟元以后之古文家，则居心在于复古；居心在于过抑
通俗文学而以汉魏唐宋代之，此种人乃可谓真正'古文家'！吾辈所
攻击者，亦仅限于此一种'生于今之世，反古之道'之真正'古文
家'耳！"② 可见，胡适所提出的文学改良主张都是针对"时弊"而
发的。而学衡派则把胡适等文学批判中"确有所指"的"旧"扩大
为"整个文学传统"，并以此指责新文化阵营的"鲁莽灭裂"，由此
而来的批评看似针锋相对，言之凿凿，实际却是错位不接的。

二　错位的移植：学衡派的文化批评

　　学衡派代表胡先骕批评五四新文化运动提倡者介绍给国人
的西方文化都是文化糟粕，而非文化的精髓，所引进的文学也
都是西方文学的末流而非正道。胡先骕这里显然涉及一个"是
非优劣"判断标准问题。而就学衡派而言，其判断西方文化是

---

① 胡适：《文学改良刍议》，《新青年》第 2 卷第 5 号，1917 年。
② 胡适：《历史的文学观念》，《新青年》第 3 卷第 3 号，1917 年。

"精髓"还是"糟粕"的尺度则是他们所服膺的"白璧德新人
文主义"。

白璧德新人文主义是在第一次世界大战后兴起于美国并产生了
世界性影响的文化保守主义思潮。以白璧德为代表的新人文主义者
把第一次世界大战给人类带来的灾难归罪为培根以来的科学主义和
卢梭以降的浪漫主义:"十八世纪中,第二次个人主义之发动。此种
自十六世纪以来之西方运动,其性质为极端之扩张。首先扩张人类
之知识与管理自然界之能力,以增加安适与利用。此近代运动,一
方则注重功利,以培根为其先觉,其信徒之主旨,在注重组织与效
率,而崇信机械之功用;一方则注重感情之扩张,对人则尚博爱,
对己则尚个性之表现,此感情扩张运动之先觉,则十八世纪之卢骚
是也。""此两运动合而论之,可称为人道主义。在其人道主义之人
生哲学之中心,复有一进步之概念。盖进步主义,实吾西方主扩张
者之一种宗教也。十九世纪之人,每以为科学发明,且同情心扩张,
人类将日进于丁尼孙所言之圣神光明之域,然实则向大战场而行,
结果乃渐有厌恶之者。今日西方思想中最有趣之发展,即为对于前
二百年来所谓进步思想之形质渐有怀疑之倾向。"因此,白璧德认为
"物质之律"对于"人事之律"的压迫,是造成社会混乱、人心失
序的罪魁祸首,拯救之道是要反本溯源,求之于中西方古代哲人的
文化精华,以节制克制人欲:"若人诚欲为人,则不能顺其天性,自
由胡乱扩张,必于此天性加以制裁,使为有节制之平均发展。"① 西
方的柏拉图讲的"一多兼备"、亚里士多德的以中庸为道德、东方的
释迦牟尼的"偏则失当"及孔子的"中庸之道""克己复礼"等都
是"为人之正道"。白璧德彼时以"反动派"自居,对于培根以来
的科学的人道派和卢梭以降的感情的人道派痛下针砭。对于中国的
文化建设,白璧德比照西方,也提出了自己的建议和忠告:"今日在

① 白璧德:《白璧德中西人文教育谈》,胡先骕译,《学衡》第 3 期,1922 年。

中国已开始之新旧之争，乃正循吾人在西方所习见之故辙。相对抗者，一方为迂腐陈旧之故习，一方为努力于建设进步、有组织、有能力之中国之青年。但闻其中有主张完全抛弃中国古昔之经籍，而趋向欧西极端卢骚派之作者，如易卜生、士敦堡、萧伯讷之流。吾固表同情于今日中国进步派之目的，中国必须有组织，有能力，中国必须具欧西之机械，庶免为日本与列强所侵略。中国或将有与欧洲同样之工业革命，中国亦须脱去昔日盲从之故俗及伪古学派形式主义之牵锁。然须知中国在力求进步时，万不宜效欧西之将盆中小儿随浴水而倾弃之。简言之，虽可力攻形式主义之非，同时必须审慎保存其伟大之旧文明之精魂也。苟一察此伟大之旧文明，则立见其与欧西古代之旧文明为功利感情派所遗弃者，每深契合焉。"① 无疑，白璧德出于西方经验以"过来者"的眼光给"正在弃旧图新征途中"的中国新文化运动提出了警示，警示中国文人的复兴运动不可盲从今日欧西流行之说，不能过于信奉功利主义，而抛弃了本国固有思想文化中的精髓。应该说，白璧德的这种提示对思想文化转型中的中国思想界是有重要的借鉴意义和预警作用的。但是，白璧德对于中国文化包括中国古代典籍文化的认识，尤其对于中国新文化运动现状的认识，主要来自他门下的中国留学生，以学衡派为主，这难免受"新人文主义"自身的理论蔽障，以及来自中国的这些带有保守文化取向的"中介者"的偏见的影响，而不可避免地产生了误解。

学衡派诸子可以看作白璧德新人文主义在中国的传人，他们在《学衡》杂志上大力推介新人文主义，尤其在文化和文学批评上几乎取与老师相同的论调。胡先骕在评价胡适的《五十年来中国之文学》时即认为"文化史中最有价值者，厥为欧洲之文艺复兴运动。至若卢梭以还之浪漫运动，则虽左右欧洲之思想几二百年，直至今日尚

① 白璧德：《白璧德中西人文教育谈》，胡先骕译，《学衡》第 3 期，1922 年。

未有艾，然卓识之士咸知其非，以为不但于文学上发生不良之影响，即欧洲文化近年来种种罪恶，咸由此运动而生焉。"① 他在《评尝试集（续）》中正是以白璧德的新人文主义为标尺，以古学（Classicism）（今译古典派）自居，把胡适一派主张的新文学定位为浪漫主义和写实主义，并进行了批判："胡君之诗所代表与胡君论诗之学说所主张者，为绝对自由主义，而所反对者为制裁主义、规律主义。以世界文学之潮流观之，则浪漫主义、卢骚主义之流亚，而所反对者古学主义（Classicism）也。""曰浪漫主义多门，而其共同之性质，则为主张绝对之自由，而反对任何之规律。尚情感而轻智慧，主偏激背中庸，且富于妄自尊大之习气也。在欧洲首先提倡者为卢骚，及其末流则其人生观有绝不相容之尼采、托尔斯泰两派，其艺术观亦有绝对矛盾之自然主义、神秘主义两派。要之，偏激而不中庸而已。胡君与其同派之诗人之著作，皆不能脱浪漫派之范围，而与之绝对不相容者，斯为古学主义。"② 同时，胡先骕也按照新人文主义为五四新文化/新文学运动开出了同样的药方："纠正之道若何？曰笃守中庸之道而已。希腊哲学家言中庸，孔子言中庸，佛言中道，非仅立身处事则然，即于美术亦莫不然也。白璧德教授云：'凡真正人文主义（Humanistic）方法之要素，必为执中于两极端。其执中也，不但须有有力之思维，且须有有力之自制。此所以真正之人文主义家从来稀见也。'""若欲重振人文主义，必对于十九世纪所特有之浪漫主义、科学、印象主义与独断主义，皆有几分之反动也。"③

　　由上述分析可知，学衡派对于五四新文化/新文学运动的批判可以看作白璧德新人文主义在中国的实践，也可以视为以白璧德为代表的世界文化保守主义在中国的一个反响，也正是从这个意义上讲，学衡派才具有了一种"世界性意义"。"他山之石，可以攻玉"，学

---

①　胡先骕：《评胡适五十年来中国之文学》，《学衡》第 18 期，1923 年。

②　胡先骕：《评尝试集（续）》，《学衡》第 2 期，1922 年。

③　胡先骕：《评尝试集（续）》，《学衡》第 2 期，1922 年。

衡派借用"新人文主义"这块他山之石来针砭中国五四新文化运动/新文学运动，实际上并没有达到预期效果，毋宁说，这种批判本身就有错位的性质。从时间维度上看，中国的历史发展自然也与战后的欧美同处于一个时代界面上，并与西方世界同时分享、分担着一战后的物质及思想后果，尤其是西方世界对于自身的反思所产生的"西方文明破产"的论调，也曾为中国思想界带来一丝惊喜，并出现了以梁启超等人为代表的"东方文化派"主张以东方思想拯救西方、拯救世界的冲动和幻觉。因此，如果不加区分地把中国看作世界格局中的一部分，那么白璧德等新人文主义对于一战后欧洲的批判，尤其对于科学主义和浪漫主义的反思无疑也适用于中国，但实际上，此时的中国却在思想文化的发展进程上与欧美有着巨大的差异。白璧德的新人文主义正是为了纠正这种文艺复兴以来由个性解放和科学发展所造成的"解放过度"，尤其是科学的横行最终导致了世界大战这样的人类灾难："谓昔日者人文主义受神道宗教之凌逼，有须卫护。则今日人文主义受物质科学之凌逼，尤亟须卫护。彼科学本有其范围，乃妄自尊大，攘夺地位，灭绝人道者，吾知其为伪科学矣。此十九世纪铸成之大错也，以崇信科学至极，牺牲一切，而又不以真正人文或宗教之规矩，补其缺陷，其结果遂致科学与道德分离，而此种不顾道德之科学，乃人间最大之恶魔，横行无忌，而为人患者也。"① 应该说，白璧德的新人文主义在西方世界的语境中有着现实针对性，针对西方世界的病症也有一定的效力，但具体到中国，则显然是药不对症。中国五四时期的新文化运动和文学革命所提倡的个性解放、浪漫主义针对的乃是中国以往历史中类似西方中世纪时期所造成的人性束缚和思想黑暗，所提倡的"科学"，更对破除迷信和愚昧起到了巨大的效用，在中国的现实语境中，"科学"不是

---

① 《白璧德之人文主义》，法国《星期》杂志马西尔原作，吴宓译，《学衡》第19期，1923年。

"过度"，而是严重不足。因此，那些被新人文主义者认定已经在西方世界显示出负面效应的思想文化，在中国却正当其时地起到了巨大的历史推动作用。学衡派所信奉的白璧德新人文主义，尽管体系完备，在西方世界也正发挥着强劲的批判作用，但由于思想文化语境的差别和异质，原封不动地照搬到中国五四时期，显出极大的不适切性，近乎一种错位的移植。

三　"学骂"：批评态度的失衡

在西方思想文化界中，以白璧德和穆尔为代表的新人文主义思想家主要是以"文学批评为业"："穆尔先生亦许批评精神之代表者，如安诺德辈，为古今思想界巨子。先生之言曰，'彼等，所以多从事于文学批评者，亦以人生无穷之动机与究竟，表于文学中者，较在他处更为显然。而彼等职务之实行，可常使文学本体更能自觉其为一种之人生批评也。'"① 新人文主义者把"批评"既看作自己的一份"职业"，同时看作自己人生的"志业"，视为一种人生职责。这同样是学衡派的宗旨。在首卷的"学衡杂志简章"中，学衡派即在"宗旨"中声称："论究学术，阐求真理，昌明国粹，融化新知。以中正之眼光，行批评之职事，无偏无党，不激不随。"随后又在《弁言》中再次强调批评的态度："平心而言，不事嫚骂，以培俗。"② 胡先骕还在《学衡》杂志第 3 期专门撰写长文阐释"批评家之责任"。他认为批评家的责任有六种：（一）批评之道德；（二）博学；（三）以中正之态度为平情之议论；（四）具历史之眼光；（五）取上达之宗旨；（六）勿谩骂。对于中国的批评界，胡先骕指出中国批评家不幸正有此缺点，随后矛头直指新青年阵营，尤其不

---

① 梅光迪：《现今西洋人文主义》，《学衡》第 8 期，1922 年。
② 《弁言》，《学衡》第 1 期，1922 年。

满于新青年同仁对林纾所采取的谩骂态度，为林纾鸣不平："故如林
琴南者，海内称其文名，已数十年，其翻译之说部，胡君适之亦称
为可为中学古文之范本矣。庸有文理不通之人，能享文名如是之盛
者乎？即偶有一二处有违文法，安知非笔误乎？安知非疏于检点乎？
乃谩称之为不通，不已甚乎？尤可笑者，陈君独秀，非彼所谓新思
潮之领袖，而新潮社诸青年所师事者乎？即不论其人品学问究竟何
若，以渊源论，以年事论，固近日所谓新青年者之宗师也。乃易君
家钺以其言略损及其令誉，便痛詈之如雠仇，至比之于狗彘不若。
此老妪骂街之习，士大夫羞为之，不谓曾受高等教育者，乃如此也。
然此种风气，陈君独秀辈，实躬倡之，彼答王敬轩书，亦岂士君子
所宜作耶？甚有人谓世无王敬轩其人，彼新文学家特伪拟此书，以
为谩骂旧学之具。诚如此，则尤悖一切批评之原则矣。流风所被，
绝无批评，但有谩骂。"① 胡先骕所列举的新青年阵营的谩骂式批
评，固然属实，但与其说这仅仅属于新青年派，毋宁说这种激烈愤
激的情绪，属于那个时代。标榜"平心而言，不事嫚骂，以培俗"
的学衡派自己也并未避免这一"可悲之缺点"，"谩骂"也是学衡派
中人的批评方式之一。梅光迪在《评提倡新文化运动者》中称提倡
新文化运动者非思想家乃诡辩家也、非创造家乃模仿家也、非学问
家乃功名之士也、非教育家乃政客也，"故语彼等以学问之标准与良
知，犹语商贾以道德，娼妓以贞操也。夫以功利名誉之熏心，乃不
惜牺牲学问如此，非变相之科举梦而何"②。在《评今人提倡学术之
方法》一文中，梅光迪严厉批评新青年阵营"以骂人特著于时"：
"彼等不容纳他人，故有上下古今，惟我独尊之概。其论学也，未尝
平心静气，使反对者毕其词，又不问反对者所持之理由，即肆行谩
骂，令人难堪。凡与彼等反对者，则加以'旧''死''贵族''不

① 胡先骕：《论批评家之责任》，《学衡》第 3 期，1922 年。
② 梅光迪：《评提倡新文化运动者》，《学衡》第 1 期，1922 年。

合世界潮流'等头衔，欲不待解析辩驳，而使反对者立于失败地位。近年以来，此等名词，已成为普通陷人之利器，如帝王时代之'大不敬''谋为不轨'，可任用以入人于罪也。往者《新青年》杂志以骂人特著于时，其骂人也，或取生吞活剥之法，如非洲南洋群岛土人之待其囚虏，或出龊龊不堪入耳之言，如村姬之角口。此风一昌，言论家务取暴厉粗俗，而温厚慈祥之气尽矣。"但对新青年阵营下如此评语的批评者自己也正陷入"谩骂"一道："今之吾国学者，于己之交游琐事，性情好恶，每喜津津道之，时或登其照像，表其年龄，如政客倡优之所为。"① 《学衡》杂志的灵魂人物吴宓更在《论新文化运动》中指斥新文化运动为非驴非马，提倡者则为市侩流氓："西洋文化中究以何者为上材，此当以西洋古今博学名高者之定论为准，不当依据一二市侩流氓之说，偏浅卑俗之论，尽反成例，自我做古也。"② 难怪胡适揶揄《学衡》只是一本《学骂》而已，并断言："《学衡》的议论，大概是反对文学革命的尾声了。我可以大胆说，文学革命已过了讨论的时期，反对党已破产了。从此以后，完全是新文学的创造时期。"③ 学衡派有些成员在批评中所显示的这种"失衡"的态度，既有个人性格、心理等方面的因素④，也有时代氛围的影响。五四时期是思想、文化和文学大转关、大蜕变的时代，"新与旧"无时不处于一种交战当中，因此，"论争"成为当时的一种话语言说方式，也是新文化和新文学的一种有效而积极的生成方式。五四新文化运动初期，新青年阵营就曾因为自己的主张得不到反对而深感寂寞，进而设计寻找"对手"，以便挑起论争，引起社会的注意。在论争的情势下，论争双方很难心平气和。争意气，走极

---

① 梅光迪：《评今人提倡学术之方法》，《学衡》第 2 期，1922 年。
② 吴宓：《论新文化运动》，《学衡》第 4 期，1923 年。
③ 胡适：《五十年来中国之文学》，《胡适全集》第 2 卷，安徽教育出版社 2003 年版，第 342 页。
④ 有关梅光迪和吴宓的一些心态和心理因素，可参见沈卫威《回眸"学衡派"——文化保守主义的现代命运》（人民文学出版社 1999 年版）中的相关论述。

端，语词激烈，是论争的一种常态。五四新文化阵营和学衡派虽然属于对立面，但是二者所分享的则是同一个无所顾忌、生气勃勃的时代氛围，他们的批评实际呈现出一种话语方式和态度上的"共性"，或者说，二者共同构成了五四时期的论争氛围和论争方式。

四　对峙的意义：学衡派的价值

学衡派与新文化阵营的论争虽然是在 1922 年《学衡》杂志出现之后表现出激烈的对峙局面，但有研究者指出《学衡》杂志的文化理念一直可以追溯到 1915 年成立于清华大学的"天人学会"，吴宓和汤用彤即身在其中，当时大会的宗旨即有"融合新旧，撷精立极，造成一种学说，以影响社会，改良群治"之说。① 而在此之后，同为留学生的胡适与梅光迪有关白话的论争最终把胡适"逼上梁山"，为日后两派展开激烈论争埋下了伏笔。与新文化运动/文学革命的思维不同，学衡派是一直伴随着整个新文化运动的发轫、高潮以至落潮的，只不过这种对峙有时是以潜在对话的方式存在着，有时是以一种鲜明对垒的方式进行着。

1. 有意制衡

学衡派作为公开的反对派展开对新文化运动和文学革命的批判，主要集中于《学衡》杂志创刊后的两年，即胡适所说的文学革命的讨论期过去之后。可见，学衡派的出现实际包含着文化守成主义者对于文化激进主义思维的一种有意识的纠偏和互补意识，因此，不能把学衡派对于五四新文化/新文学运动的批判仅仅看作一种简单的意气之争。学衡派所提出的问题和理论也并非像新青年阵营所说的那样毫无价值、不值一驳。吴宓在《论新文化运动》中即称："吾

① 乐黛云：《世界文化语境中的学衡派》，《中国现代文学研究丛刊》2005 年第 3 期。

今欲指驳新文化运动之缺失谬误，以求改良补救之方。孟子曰：予岂好辩哉？予不得已也。"① 吴宓后来又在《马勒尔白逝世三百年纪念》中，借马勒尔白对于"七星社"运动的对抗来比照学衡派对新文化运动的批判："孟子曰，天下之生久矣，一治一乱。斯宾塞谓世事如钟摆。古语云，物极必反。而西国史家谓一部西洋史，只是自由与权威（或解放与规律）二者相互循环替代之过程。按文学史上之实迹亦正如此。一国之文学，枯燥平淡寂无生气，久之必来解放发扬之运动。其弊则流为粗犷散漫紊乱无归，于此而整理收束之运动又不得不起。此二种运动方向相反，如寒来与暑往，形迹上虽似此推彼倒，相互破坏，实则相资相成，去其瑕垢而存其精华。读史者放眼千古，统计其全盘之因果，则谓二者同为深宏之建树，其事业与成绩皆长赫然存立而不磨。"借助以马勒尔白为代表的古典派对于浪漫派的反对，吴宓也为"反动派"正名，并给予积极肯定的评价："夫按之历史实迹，所名为反动者，率皆由于起伏循环之理，相反而实相成，何推翻之足云，何破坏之可言。惟独生乎并世，重视当前功利，个人恩怨，党派纠纷者，乃指异己者为仇敌，谓规我者非益友，此实蔽于狭隘之私见。"② 吴宓所论虽是法国文学史上马勒尔白对于"七星社"的反对，也是借他人酒杯浇自己的块垒，以此作为中国思想文化语境中学衡派与新文化运动关系的参照，处处牵扯着对于新文化发展中"破与立"辩证关系的认识。学衡派的中坚人物胡先骕也坦言："某不佞，亦曾留学外国，寝馈于英国文学，略知世界文学之源流，素怀文学改良之志。且与胡适之君之意见，多所符合，独不敢为鲁莽灭裂之举，而以白话推倒文言耳。"③ 学衡派另一元老级人物梅光迪也认定《学衡》创建的目的之一，就是要以"整理收束之运动"为激进主义的新文化运动纠偏和提供一种

---

① 吴宓：《论新文化运动》，《学衡》第 4 期，1922 年。
② 吴宓：《马勒尔白逝世三百年纪念》，《学衡》第 65 期，1928 年。
③ 胡先骕：《中国文学改良论（上）》，《东方杂志》第 16 卷第 3 期，1919 年。

补偿，而致力于新文化的建设也是其终极目标：

> 夫建设新文化之必要，孰不知之？吾国数千年来，以地理关系，凡其邻近，皆文化程度远逊于我，故孤行创造，不求外助。以成此灿烂伟大之文化。先民之才智魄力，与其惨淡经营之功，盖有足使吾人自豪者。今则东西邮通，较量观摩，凡人之长，皆足用以补我之短，乃吾文化史上千载一时之遭遇。国人所当欢舞庆幸者也。然吾之文化既如此，必有可发扬光大，久远不可磨灭者在。非如菲律宾夏威夷之岛民，美国之黑人，本无文化之可言，遂取他人文化以代之，其事至简也。而欧西文化，亦源远流长，自希腊以迄今日，各国各时，皆有足备吾人采择者，二十世纪之文化，又乌足包括欧西文化之全乎。故改造固有文化与吸取他人文化，皆须先有彻底研究，加以至明确之评判，副以至精当之手续，合千百年融贯中西之通儒大师，宣导国人，蔚为风气，则四五十年后，成效必有可睹也。①

2. 以"新"驳"新"

与五四时期的其他反对派不同，学衡派是站在新文化建设的层面反对五四新文化运动和文学革命的，他们所不满的是：新文化派提倡新文化运动的方式以及所输入的思想并非西方思想文化、文学的精髓，不仅于国人无益，反倒有害。吴宓在《论新文化运动》中即讲："近年国内有所谓新文化运动者焉，其持论则务为诡激，专图破坏，然粗浅谬误，与古今东西圣贤之所教导，通人哲士之所述作，历史之实迹，典章制度之精神，以及凡人之良知与常识，悉悖逆抵触而不相合。其取材，则惟选西洋晚近一家之思想，一派之文章，在西洋已视为糟粕，为毒鸩者，举以代表西洋文化之全体。""吾之所以不慊于新文化运动者，非以其新也，实以其所主张之道理，所

---

① 梅光迪：《评提倡新文化者》，《学衡》第 1 期，1922 年。

输入之材料，多属一偏，而有害于中国之人。如言政治经济则必马克斯，言文学则必莫泊桑、易卜生，言美术则必 Rodin 之类是也。其流弊之所在，他日当另详言之。总之，吾之不慊于新文化运动者，以其实，非以其名也，吾前文已言'今诚欲大兴新学，今诚欲输入欧美之真文化，则彼新文化运动之所主张，不可不审查，不可不辩证也'，故或驳吾为但知旧而不知有新者，实诬矣。"① 因此，梅光迪、胡先骕、吴宓等诸多学衡派核心成员身为对西方文化、文学有着深刻了解的"新一代知识分子"，对于中国固有思想、文化、道德、文学的卫护已经不同于此前的复古守旧派，他们是与五四新文化派一样的现代知识分子，有研究者称："新人文主义是现代人的价值观念，体现的是现代人的情怀，它对古代经典的热衷与对于古代圣贤的尊崇，仍应属于现代人的热衷与尊崇，与历史上各个阶段必有的复古潮流不可同日而语。"②

实际上，学衡派与新文化倡导者有着共同的新文化发展变革的愿望与热情，只不过学衡派对新文化有着自己的设计和追求而已。就在学衡派与新文化阵营的论争时期，周作人站出来批驳针对新文学的"反动运动"时，就把学衡派排除在外："这所谓反动并不是'学衡'派的行动，'学衡'派崇奉卢梭以前的思想，在最初的几期报上虽然也讲过一点笑话，但是比现在的反动思想要稍新，态度也稍正经，我相信等到火气一过之后，这派的信徒也要蜕化，由十八世纪而十九世纪，可以与现代思想接近，他只是新文学的旁枝，决不是敌人，我们不必去太歧视他的。"③ 当代研究者也纷纷为学衡派正名，有研究者认为："学衡派与新文化派的分歧，不在于要不要新文化，而在于如何建设新文化；不在于革新还是守旧，而在于如何革新；不在于拒绝还是引进西方文化，而在于

---

① 吴宓：《论新文化运动》，《学衡》第 4 期，1922 年。
② 朱寿桐：《新人文主义的中国影迹》，中国社会科学出版社 2009 年版，第 189 页。
③ 子严（周作人）：《杂感·恶趣味的毒害》，《晨报副刊》1922 年 10 月 2 日。

应在什么原则下进行。"① 也正是从这个意义上讲，后来的研究者给予了学衡派更多肯定的历史价值定位。乐黛云即把学衡派与五四新文化阵营并列，同称为"启蒙派"："中国启蒙运动发生在第一次世界大战引起的西方衰敝时期，西方文明的矛盾和弱点已有所暴露，中国的激进派、自由派和保守派都向西方寻求真理，但都想绕开这些矛盾和弱点。激进派反对资本主义，自由派提倡'整理国故'，保守派倡导'昌明国粹，融化新知'都与这一意向有关。实际上三派共同构成了20世纪初期的中国文化启蒙。过去我们对以《学衡》杂志为代表的中国现代保守主义研究得很不够，往往因他们和激进派与自由派的一些争论，把他们置于文化启蒙运动之外，甚至把他们作为对立面而加以抹煞，这是不符合历史事实的。"② 后世研究者对于学衡派思想文化和文学理念的重新评价和定位显示出了一种超越"五四论争思维"的冷静。由于历史的发展，西方在一百多年前所面临的某些思想文化的弊端和难题也在中国的社会中显露出来，这也使得学衡派的一些文化理念有了更强的针对性和合理性，而在这种种历史和现实的比照下，五四新青年阵营以激进的革命性思维所提出的文学和文化变革主张似乎也愈发呈现出一种偏激性。

无可否认，五四新青年阵营在提倡新文化运动和文学革命的时候，或者是基于对现实的激愤，或者是出于学识视野的限制（客观来说，学衡派成员很多人所学的专业即西洋文学，因此他们对于西方文化尤其是西方文学的了解远比新文化阵营的成员要更专业、更系统），所提出的主张也确实有很多偏激之处，学衡派的批判在某些地方也确实触及新文化运动的一些要害。尽管如此，学衡派也并非就比新文学派更为合理、更为全面、更为高明。学衡派不满于新文

---

① 郑大华：《重评学衡派对五四新文化运动的批评》，《广州大学学报》（社会科学版）2005 年第 1 期。

② 乐黛云：《世界文化语境中的学衡派》，《中国现代文学研究丛刊》2005 年第 3 期。

化运动提倡的西方文化"多属一偏",而实际上他们所提倡的白璧德的新人文主义才真正具有这种"一偏"的性质,也就是鲁迅所讥讽的"一是之说"。相比较而言,倒是新文化阵营倡导的人道主义、浪漫主义、写实主义等在西方有着广泛的、源远流长的影响,更在中国五四时代的语境中起到了巨大的历史作用。另外,学衡派提倡的"昌明国粹,融化新知"的文化理念也最容易赢得后世的掌声和支持。吴宓的观点最能代表学衡派的这种理念:"吾国言新学者,于西洋文明之精要,鲜有贯通而彻悟者,苟虚心多读书籍,深入幽探,则知西洋真正之文化与吾国之国粹,实多互相发明、互相裨益之处,甚可兼蓄并收,相得益彰。诚能保存国粹,而又昌明欧化,融会贯通,则学艺文章,必多奇光异彩。""今欲造成中国之新文化,自当兼取中西文明之精华而熔铸之、贯通之。吾国古今之学术、德教、文艺、典章,皆当研究之、保存之、昌明之,发挥而光大之。而西洋古今之学术、德教、文艺、典章,亦当研究之、吸取之、述译之,了解而受用之。若谓材料广博,时力人才有限,则当分别本末轻重,小大精粗,择其优者而先为之。中国之文化,以孔教为中枢,以佛教为辅翼。西洋之文化,以希腊罗马之文章哲理与耶教融合孕育而成。今欲造成新文化,则当先通知旧有之文化,盖以文化乃源远流长,逐渐酝酿,孳乳煦育而成,非无因而遽至者,亦非摇旗呐喊、揠苗助长而可致者也。今既须通知旧有之文化矣,则当于以上所言之四者,孔教、佛教、希腊、罗马之文章哲学及耶教之真义,首当着重研究,方为正道。"① 学衡派这种汇通中西、兼顾新旧的文化观念显然比陈独秀提出的"要拥护德先生又要拥护赛先生,便不得不反对国粹和旧文学"和胡适提出的"文白死活"等非此即彼的二元思维,看似更公允、更合理、更完美,但同时更不具备实践品格。正是五四新青年阵营以激烈的舍弃和大胆拿来的方式,在当时的历

---

　　① 吴宓:《论新文化运动》,《学衡》第 4 期,1922 年。

史语境中更有着实施的可行性和有效性。历史最终按照五四新文化阵营提供的文化和文学改革方案而进行，并非如学衡派所指责的那样——新文化阵营迎合了一种社会病态心理。新文化思想和文学革命成为社会风潮，恰恰说明了历史发展的一种需要和必要。

3. 肯定"五四"

作为学衡派的主力人物之一，也是这一保守主义文人群体的最大支持者刘伯明，就曾以更为包容、更为公正的眼光对待五四新文化运动，并对五四新文化运动及其引发的浪漫思潮做出过积极肯定的评价："盖共和精神非他，即自动的对于政治及社会生活，负责任之谓也。数年以来，国人怵于外患之频仍，及内政之日趋腐败，一方激于世界之民治新潮，精神为之舒展。自古相传之习惯，缘之根本动摇。所谓五四运动，及其爆发之表现。自是以还，新潮漫溢，解放自由之声，日益喧豗。此项运动，无论其缺点如何，其在历史上必为可纪念之事，则可断言：盖积习过深之古国，必经激烈之震荡，而后始能焕然一新。此为必经之阶级，而不可超越者也。在昔法德两国，亦经同类之变动。今日吾国主新文化者，即法之百科全书派也。今之浪漫思潮，即德之理想主义运动也。其要求自由，而致意于文化之普及。籍促国民之自觉，而推翻压迫自由之制度，则三者之所共同。惟今日之世界，民治潮流，较为发达，其影响之及于吾国者，亦较深且巨，斯则同中之不同也。由是观之，新文化之运动，确有不可磨灭之价值。"[①] 相比较学衡派其他成员，刘伯明对于新文化运动的现实意义和历史价值有着更为准确明晰的认识。应该说，五四新文化运动和学衡派对峙而生的价值意义，是在稍后的历史中得到了更为准确的评价的。1946 年，贺昌群于梅光迪逝后曾发表纪念文章《哭梅迪生先生》，在文中，他回忆自己初次与梅光迪认识是在"八一三"之前，自己虽然治中国中古史，但"心里对于

---

① 刘伯明：《共和国民之精神》，《学衡》第 10 期，1922 年。

中国文化却蕴着一种不妥协态度，对于'五四'运动的意义，我怀着充分的同情"。而时至 40 年代，他却对于新文化运动和学衡派更有了一番新的认识："我以为一种影响于后世几千百年的思想或学说，其本身必含有两个成分：一是属于时代的，一时代有一时代的问题，一种思想或学说的产生，必是针对那个时代的问题而发，问题愈大，那学说在当时的影响也愈大。另一个成分是超时代的，那是总集一种文化之大成而带有承先启后的作用，才能继续影响于后世，息息与整个历史文化相关。'五四'运动所攻击的，是儒家思想的时代的部分，这是曾经历代帝王政治利用、墨守、假借，成了一种虚伪的古典形式主义，演成了中国政治社会、文化思想的种种腐败与停滞，百害而无一利，我们应当绝对排斥的，我们有我们的问题。'五四'运动所做的是这个破坏工作，我们现在还需要继续做这个工作，要紧的是我们须具备超高的贯通古今的鉴别能力，才能认得清应当攻击、应当破坏的目标，再不能做玉石俱焚的勾当了。'学衡社'所欲发扬的，是那超时代的部分，那是一个民族文化的基石，终古常新，虽打而不能倒，因为我们自身与古代即在这个同样的时间空间内，怎能跳得出这个文化圈外去？孙行者仗他的筋斗矫健，目空一切，然而，毕竟无法打出佛的掌心。不过'五四'运动的攻击得其时，'学衡社'的发扬非其时，须知在一个深厚的文化基业上，没有破坏，如何能先言建设？于是一般遂加'学衡社'以'顽固'之名，是极不清楚的看法。当时双方恐怕都不会互相了解这些意思。"① 贺昌群的这篇文章先是在 1946 年发表于《国文月刊》，后又在 1947 年发表于《思想与时代》。《思想与时代》被视为《学衡》杂志的后续刊物，二者有着共同的宗旨和文化理念，但是贺昌群对于学衡派和五四新文化运动的认知却并没有刻意偏袒学衡派的意味，他对于新文化运动和学衡派历史作用的认知是基于一种深刻的"了

---

① 贺昌群：《哭梅迪生先生》，《国文月刊》第 49 期，1946 年。

解之同情"。这种认识对于后人重估学衡，尤其是通过重评文化保守主义来反思五四文化激进主义的做法都是一种非常有益的借鉴。

白璧德与他的新人文主义作为"一股不合潮流的保守主义思潮"，在当时的美国始终处于受冷落的边缘位置，但"也因为他在那种情势下保持着自身的特性，越发显得引人注目，甚至赢得了包括其反对者在内的人们的广泛尊敬。进入20世纪以后一直居住在哈佛大学的白璧德被人们尊称为'新英格兰圣人'"。①白璧德的新人文主义在西方世界重新得到注意是在20世纪末期，现代化弊端的日益严重，也激起了人们对于这位曾受时代冷落的保守主义者的怀念。白璧德的新人文主义在美国的情形与其中国传人学衡派在中国身处边缘的地位和后来的历史命运何其相似！而且几乎可以预见，只要现代化的弊端一日得不到化解，对于现代性的反思就一日不会消歇，那么白璧德的新人文主义就会继续得到关注。具体到中国，只要我们还在迄未终止的追趋世界现代化的潮流中面临着古今东西文化的选择问题，那么学衡派提出的"昌明国粹，融化新知"的文化理念就一直会发挥它的启示性作用。

---

① 朱寿桐：《新人文主义的中国影迹》，中国社会科学出版社2009年版，第17页。

附录一　"宽容"与"不容"：
鲁迅、周作人与林纾

　　五四新文化运动及文学革命以"破旧立新"的强悍姿态，获得了历史突围的巨大动力。而在这一弃旧向新的过程中，"旧"不仅仅作为一种惰性、一种阻力而存在，还有其能动性的一面。由新旧论争所构成的思想张力，正是五四的精神特质之一。如果从"大五四"的文化视野来理解五四的丰富性和多元性，就需要从单一的"新文化""新文学"的立场和情绪中跳脱出来，理性看待反对派的作用和价值。回眸五四以降近百年来的思想文化史，东方与西方、传统与现代、本土与域外的文化纠结和论争始终不绝如缕，当年的论争仍在以不同的方式继续，看似胜负已分的新旧文化之争实际上并没有尘埃落定。说到底，文化的转型并非仅凭一次论争就能彻底解决，正是从这个意义上讲，五四时期的守旧派、文化保守主义者不应被简单地视为失败者甚至被当作"不值一驳"的小丑，对其价值需要予以重新考量。而重新审视五四文化保守主义的价值，并非要抹杀五四的精神光芒和历史作用，这也是最基本的历史限度。

　　五四新文化运动/文学革命的反对派，既有在历史现场被指认的一面，也有被历史建构、重塑的一面。尤其在意识形态的历史规约中发生了从反对派到"反动派"的性质转变，而后者往往才是反对派被固化的"当代"面相。因此，分析和厘清"反对派/反动派"

的历史再造过程，也是重估五四新文化运动／文学革命反对派价值的重要内容之一。在这一历史过程中，鲁迅的态度和言论（包括五四时期周作人的态度和言论）成了绕不过去的关口。尽管在五四新旧论战中，鲁迅和周作人并没有居于中心和前沿位置。相比较陈独秀、胡适、钱玄同、刘半农等人而言，他们只是参与了零星的论战，对五四反对派时时旁敲侧击，但基于鲁迅在中国现代文学和思想史上的重要贡献，以及特定历史时期所确立起来的"旗手"和"方向"地位，使其在后来的现代文学史编纂过程中，尤其是新中国的现代文学阐释史中，被放大为主力与先锋。鲁迅有关反对派的言论，即便是只言片语，也往往被重点引证，作为打击反对派最有力、最犀利的武器和最终定论。在当代时期编纂的现代文学史中，反对派被塑造得更加反动，更加面目可憎。在这一过程中，鲁迅则成为打击反动派最有力的主将，这体现在诸多现代文学史描述的五四新青年派与反对派的论战中，林纾参与的论争则是其中最鲜明的一个例证。因此，对于林纾的价值重评，除了正面评判其文学的贡献得失及其传统文人的精神人格特质以外，更应破解他被后世不断形塑的"反动派""小丑"的面相。

一　周作人：出尔反尔与绝不宽容

五四新文化运动和文学革命初期，五四新青年以"双簧信"的方式把林纾引入战阵，打破了无人理睬的寂寞局面，如期展开了第一轮新旧论争。论争的最终结果是"林琴南写信给各报馆，承认他自己骂人的错误"[①]。至此，林纾高悬免战牌，五四新青年初战告捷。尽管这种"请君入瓮"式的论战方式并不为全体新青年同仁所认同，但终究为新思想、新文化和新文学的历史性出场打开了局面，

[①]　只眼：《林琴南很可佩服》，《每周评论》第 17 期，1919 年。

而五四新青年对林纾的不尊不敬、揶揄谩骂，自然也获得了历史的正义性。直到 1924 年林纾逝世前后，新青年派才重新评价林纾。1922 年胡适在《五十年来中国之文学》中即对林纾有过两次"平心而论"，以史家眼光承认林纾用古文翻译西方小说的贡献。① 林纾逝后，胡适又撰文评价其白话诗："五六年前的反动领袖在三十年前也曾做过社会改革的事业。我们这一辈的少年人只认得守旧的林琴南，而不知道当日的维新党林琴南；只听得林琴南老年反对白话文学，而不知道林琴南壮年时曾做很通俗的白话诗，——这算不得公平的舆论。"② 郑振铎 1924 年发表纪念性长文《林琴南先生》，对林纾的性情人品、白话诗、小说、传奇、古文创作做了全面评价，尤其肯定了林纾在小说翻译方面的卓越贡献。郑振铎称赞林纾是一个"非常热烈的爱国者"，"一个很清介的人"，"一个最劳苦的自食其力的人，他的朋友及后辈，显贵者极多，但他却绝不去做什么不劳而获的事或去取什么不必做事而可得的金钱，在这一点上，他实可算是一个最可令人佩服的清介之学者，这种人现在是极不易见到的"③。胡适和郑振铎的评价，对林纾的贡献具有盖棺论定性质，代表"五四人"给予了林纾较为全面公允的评判，但是，这并不代表五四新青年派所有人的态度。

同样是在 1924 年到 1925 年间，《语丝》上的几位新青年同仁便因林纾的评价问题发生了一些龃龉，其中以周作人态度的转变最值得玩味。周作人先是对林纾进行了正面评价："林琴南先生死了。五六年前，他卫道，卫古文，与《新青年》里的朋友大斗其法，后来他老先生生气极了，做了一篇有名的《荆生》，把'金心异'的眼镜打破，于是这场战事告终，林先生的名誉也一时扫地了。林先生

---

① 胡适：《五十年来中国之文学》，《胡适全集》第 2 卷，安徽教育出版社 2003 年版，第 279 ~ 280 页。
② 胡适：《林琴南先生的白话诗》，《晨报周年纪念增刊》第 6 期，1925 年。
③ 郑振铎：《林琴南先生》，《小说月报》第 15 卷第 11 期，1924 年。

确是清室孝廉，那篇小说也不免做的有点卑劣，但他在中国文学上的功绩是不可泯没的……老实说我们几乎都因了林译才知道外国有小说，引起一点对于外国文学的兴味，我个人还曾经很模仿过他的译文。"随即，周作人又从当下青年们趾高气扬而懒散的风气论及林纾的优长："'文学革命'以后，人人都有了骂林先生的权利，但有没有人像他那样的尽力于介绍外国文学，译过几本世界的名著？中国现在连人力车夫都说英文，专门的英语家也是车载斗量，在社会上出尽风头，——但是英国文学的杰作呢？除了林先生的几本古文译本以外可有些什么！……回头一看我们趾高气扬而懒惰的青年，真正惭愧煞人。林先生不懂什么文学和主义，只是他这种忠于他的工作的精神，终是我们的师，这个我不惜承认，虽然有时也有爱真理过于爱吾师的时候。"① 周作人的这番言论立即引起了连锁反应，"双簧信"主谋之一刘半农随后致信周作人，对自己当年的唐突表示悔意："你批评林琴南很对。经你一说，真叫我们后悔当初之过于唐突前辈。我们做后辈的被前辈教训两声，原是不足为奇，无论他教训的对不对。不过他若止于发卫道之牢骚而已，也就罢了；他要借重荆生，却是无论如何不能饶恕的。"② 周作人和刘半农尊林纾为"师"或"前辈"，乃是一种历史实情。五四一代新青年确实是读着林译小说成长的一代人，这个名单几乎囊括了五四文学革命的全部中坚人物，诸如胡适、鲁迅、周作人、郭沫若、沈雁冰等人都曾公开表白过自己所受林译小说的影响，甚至可以说，林译小说和林纾古文哺育了五四一代新青年。但周作人、刘半农的信一经刊出，立即引起了钱玄同的不满，在《写在半农给启明的信底后面》，钱玄同直接表明了自己的态度："据我看来，凡遗老都是恶性的。罗振玉说'盗起湖北'；林纾说'禽兽真自由，要这伦常何用！'（见《蠡叟丛

---

① 启明：《林琴南与罗振玉》，《语丝》第 3 期，1924 年。
② 刘复：《巴黎通信》，《语丝》第 20 期，1925 年。

谈》中之《妖梦》）：这两句同样'都是最卑劣的话'。"他对周作人、刘半农尊林纾为"师"和"前辈"尤其不满："这话我不仅不同意，竟要反对了。反对之点有二。一，何以要认林纾为前辈？若说年纪大些的人叫做前辈，那么，年纪大的人多得很哪，都应该称为前辈吗？……二，何以后辈不可唐突前辈，而前辈可以教训后辈？……我以为前辈底话说得合理，自然应该听从他；要是不合理，便应该纠正他，反对他；他如果有荒谬无理的态度，一样应该斥责他，教训他，讥讽他，嘲笑他，乃至于痛骂他；决不可因他是前辈而对他退让。……一九一九年林纾发表的文章，其唐突我辈可谓至矣。我记得那时和他略开玩笑的只有一个和我辈关系较浅的程演生。我辈当时大家都持'作揖主义'底态度。半农亦其一也。有谁'过于唐突'他呢？至于他那种议论，若说唐突我辈，倒还罢了；若说教训我辈，哼！他也配！！！"① 钱玄同依旧是五四新旧论争时的强悍态度，在他眼里，林纾是"恶性"的，不配做"前辈"。有意味的是，在受到钱玄同的一番批评之后，周作人的态度急转直下，紧随钱文发表了《再说林琴南》，不但收回了先前对林纾的正面评价，更进一步做了全盘否定："林琴南的作品我总以为没有价值，无论他如何的风行一时，在现今尊重国粹的青年心目中有如何要紧的位置。……林琴南的确要比我们大几十岁，但年老不能勒索我们的尊敬，倘若别无可以尊敬的地方，所以我不能因为他是先辈而特别客气。"② 在这番说辞里，林纾的翻译、卫道与年长，都已毫无价值可言了。

一向以温和面目示人的周作人，这次出尔反尔的意气式评判值得深究。周作人与钱玄同皆为章门弟子，二人交谊颇深，周作人称钱玄同为"畏友"③。周作人对林纾态度的翻转与钱玄同的批评有直接关系，从更深层的历史扭结上看，钱玄同的批评激发了周作人的

① 钱玄同：《写在半农给启明的信底后面》，《语丝》第 20 期，1925 年。
② 周作人：《再说林琴南》，《语丝》第 20 期，1925 年。
③ 周作人：《药味集·玄同纪念》，河北教育出版社 2002 年版，第 29 页。

门派意识。清末民初，以章太炎和林纾分别为代表的唐宋、魏晋文之争，不但夹杂着清末文风的流转兴替，更连带着时代嬗变所带来的北京大学的人事去留和起落："当清之季，士大夫言文章者，必以纾为师法，遂以高名入北京大学主文科。"① 林纾入主北京大学文科，增强了桐城派既有的声势："初纾论文持唐宋，故亦未尝薄魏晋。及入大学，桐城马其昶、姚永概继之，其昶尤吴汝纶高第弟子，号为能绍述桐城家言者，咸与纾欢好。而纾亦以得桐城学者之盼睐为幸，遂为桐城张目，而持韩、柳、欧、苏之说益力。"② 民国的到来直接导致林纾文坛盟主地位的失落及桐城派的去势："既而民国兴，章炳麟实为革命先觉，又能识别古书真伪，不如桐城派学者之以空文号天下。于是章氏之学兴，而林纾之说熸。纾、其昶、永概咸去大学，而章氏之徒代之。"③ 基于这样的历史前因，可知，五四时期"新青年同人"与林纾的论战虽是"新旧"之争，但其中也夹杂着清末以来文坛"旧怨"和门户之见。身为"章氏门徒"，周作人竟称林纾为"我们的师"，显然大为不妥，招致钱玄同的强烈不满也在情理之中。钱玄同的激烈情绪点醒了周作人，他的《再说林琴南》看起来其实更像表白书和悔过书："林琴南死后大家对于他渐有恕词，我在语丝第三期上也做有一篇小文，说他介绍外国文学的功绩。不过他的功绩止此而已，再要说出什么好处来，我绝对不能赞成。"④ 众所周知，1926 年周作人因不满章太炎的复古倒退而发表了著名的《谢本师》，公开声称与太炎师脱离，但同时，他也坦承能有资格成为其老师的只有章太炎一人："虽然有些先哲做过我思想的导师，但真是授过业，启发过我的思想，可以称作我的师者，实在只

---

① 钱基博：《现代中国文学史》，上海书店出版社 2007 年版，第 129 页。
② 钱基博：《现代中国文学史》，上海书店出版社 2007 年版，第 130 页。
③ 钱基博：《现代中国文学史》，上海书店出版社 2007 年版，第 130 页。
④ 开明：《再说林琴南》，《语丝》第 20 期，1925 年。

有先生一人。"① 钱理群认为，周作人实际上并没有因此和章太炎真
正脱离师生之谊，1932 年章太炎再度北游之际，周作人仍执弟子礼
甚恭，师生关系并未受到影响，章太炎审定的《同门录》中周作人
"大名赫然在焉"。周作人晚年著《知堂回忆录》谈及当年的这一事
件，也"似乎有几分'悔其少作'"的意思，可见，"周作人最终仍
是以章太炎为师的"②。这种师生门户观念，影响了周作人对林纾的
态度。

　　身为章门弟子的周作人也是站在新文化和新青年的立场上去评
判林纾的。与刘半农的论调相同，他认定林纾想借助"荆生"、武力
打击异己思想的企图，是无论如何不能饶恕的，这也是当时陈独秀、
李大钊等对林纾的共同指责。时至 20 世纪 30 年代，周作人对林纾
才逐渐恢复理性评判，在《中国新文学的源流》中肯定了桐城派的
历史功绩，承认新文学革命运动源自严复、林纾等晚期桐城派中坚：
"到吴汝纶、严复、林纾诸人起来，一方面介绍西洋文学，一方面介
绍科学思想，于是经曾国藩放大范围后的桐城派，慢慢便与新要兴
起的文学接近起来了。后来参加新文学运动的，如胡适之、陈独秀、
梁任公诸人，都受过他们的影响很大，所以我们可以说，今次文学
运动的开端，实际还是被桐城派中的人物引起来的。"③ 他也肯定了
林纾翻译的功绩和自己所受影响："当时林译的小说由最早的《茶花
女》到后来的《十字军英雄记》和《黑太子南征录》，我就没有不
读过的。"④ 1935 年前后，文坛上兴起纪念林琴南的风潮，周作人又写
了《关于林琴南》一文，大段抄录了十年前所写的《林琴南与罗振玉》
作为自己的意见和态度，却只字未提态度决绝的《再说林琴南》一文。
针对《人间世》第 14、16 期发表的两篇一味赞扬林琴南翻译和卫道的

---

① 周作人：《谢本师》，《语丝》第 94 期，1926 年。
② 钱理群：《周作人研究二十一讲》，中华书局 2004 年版，第 170～171 页。
③ 周作人：《中国新文学的源流》，河北教育出版社 2002 年版，第 44 页。
④ 周作人：《中国新文学的源流》，河北教育出版社 2002 年版，第 53 页。

文章，周作人也提出了反对意见：一是林琴南的翻译与原文有出入的地方并不见得传达出原文的精神或比原文更精彩；二是林琴南所维护的并不是中国旧文化，而只是拥护"三纲"而已。周作人反对持"全取"态度："说他一切都是好的，卫道，卫古文，以至想凭借武力来剪除思想文艺上的异端。无论是在什么时代，这种办法总不见得可以称赞吧，特别是在智识阶级的绅士淑女看去。"①

"想凭借武力来剪除思想文艺上的异端"是周作人认定林纾最不可饶恕的地方，这也是五四新旧论战中击败林纾的最后一掌。五四新旧论战时期，林纾的小说《荆生》一出现，新文化阵营便对"荆生是谁"产生了种种猜测，从最初认定"荆生"乃"林纾自况"到认定所指乃北洋军阀徐树铮，于是，妄图以武力镇压新思想，便成为林纾的一大罪名，也成为批判林纾的关键一击。但是，连新青年派也承认，这一推测最终并未成为现实，新旧论争终究以笔战告终。以虚构的小说人物生发联想进而给林纾定罪终究欠妥，悬揣这也是胡适、郑振铎等人给林纾盖棺定论时并未涉及这一点的原因。但这却是周作人始终牢抓不放的关键性把柄。晚年周作人谈林纾时再提"武力镇压思想"，表明他对林纾更为决绝的批判态度。周作人在回忆"鲁迅的青年时代"时，虽然已经能从容谈及兄弟二人尤其是鲁迅对林译小说的喜爱，但对林纾的批判同时升级："到了'五四'那年，反动派文人对于《新青年》的言论十分痛恨，由林琴南为首的一群想运动徐树铮来用武力镇压，在《大公报》上发表致蔡子民书外，又写小说曰《荆生》（隐徐姓），又曰《妖梦》，暴露了丑恶的面目，这之后才真为鲁迅所不齿了。"② 《知堂回忆录》谈及"林蔡斗争"，虽称自己不由得做了一次"文抄公"，但在抄录《公言

---

① 周作人：《苦茶随笔·关于十九篇·关于林琴南》，河北教育出版社 2002 年版，第 153 ~ 154 页。

② 周作人：《鲁迅的青年时代·鲁迅与清末文坛》，河北教育出版社 2002 年版，第 75 页。

报》言论及林、蔡往来辩驳的书信之前，还是对林纾做了态度鲜明的批判："林琴南的小说并不只是谩骂，还包含着恶意的恐吓，想假借外来的力量，摧毁异己的思想，而且文人笔下辄含杀机，动不动便云宜正两观之诛，或曰寝皮食肉，这些小说也不是例外，前面说作者失德，实在是客气话，失之于过轻了。虽然这只是推测的话，但是不久渐见诸事实，即是报章上正式的发表干涉，成为林蔡斗争的公案，幸而军阀还比较文人高明，他们忙于自己的政治的争夺，不想就来干涉文化，所以幸得苟安无事，而这场风波终于成为一场笔墨官司而完结了。"① 在晚年周作人眼中，林纾成了比军阀还不如的恶劣文人。总体上看，在对林纾的历史评价问题上，周作人显露出他"绝不宽容"的一面。

周作人所认定的林纾不可饶恕之处，也是长期以来中国现代文学史批判林纾并把他最终定性为"反动派"的一个重要依据。对于这一固化为"常识"的问题，后来学者在重评林纾方面做了大量细致的辨析工作，指出认定"荆生"为徐树铮并无真凭实据。张俊才的《林纾评传》认为"荆生"并非指徐树铮，乃是"理想化的卫道英雄的化身"②。陆建德通过对林纾作品、习性、为人以及相关军阀统治的时代背景资料综合考证，认为"荆生"更接近林纾虚构的另一个自我，而新文化阵营故意把荆生附会为徐树铮，乃是一种运动之术。③ 陈思和一方面从当权者（军阀）彼时的客观处境分析出发，指出当时政治斗争过于紧张，军阀间的自相残杀也过于激烈，致使徐树铮在五四时期并没有充当"荆生将军"，也没有干涉新文化运动的企图；另一方面则从林纾性情人格的角度来考量："但我觉得林纾是否真向徐树铮建议干涉新文化，恐怕也是一个疑问。因为以两人的亲密关系，林纾若真有所谋，只需直接向徐建议，也用不着费力

---

① 周作人：《知堂回忆录（下）·蔡孑民三》，河北教育出版社 2002 年版，第 387 页。
② 张俊才：《林纾评传》，中华书局 2007 年版，第 226 页。
③ 陆建德：《再说"荆生"，兼及运动之术》，《中国图书评论》2009 年第 2 期。

写了小说来暗示。据当年在徐树铮办的正志中学的学生回忆，林纾在正志中学上课讲授《史论》，每周二小时，那时他虽然与新文化运动公开论战，打笔墨官司，但在课堂上从未批评过新文化运动和陈胡诸人，也可见君子风度一斑。"① 这与郑振铎当年评价林纾的见解是一致的，林纾是一位从不依赖富贵权势之"清介之学者"。但是，中国新文学史几乎不加分辨、口径一致地采用了"荆生即徐树铮"这一说法，因此有学者慨叹："林纾为《荆生》蒙冤已近 90 年了，各种新文学史的作者是否愿意还他清白，还是未知之数。"②

二　鲁迅：顺手一击的委婉与深刻

钱理群在比较周氏兄弟的论战和批评方式时认为，"和周作人温和敦厚的批评比较起来，鲁迅的笔确实是尖刻的"。当然，鲁迅"比周作人的温和判断，要深刻得多"，"鲁迅仅还以匕首般的短文，三言两语而击中要害，致使对手再无招架、还手的余地"。钱理群在认同鲁迅对论敌不留情面的同时，指出鲁迅有时"确有过苛之病"，比如在论争中将施蛰存斥为"洋场恶少"，在"两个口号"论争中称周扬为"奴隶总管"等。③ 实际上，鲁迅绝不仅仅是"嫉恶如仇"这一副尖锐的面相，还有一副被忽略的面相，正如周作人所说：

> 鲁迅去世已满二十年了，一直受到人民的景仰，为他发表的文章不可计算，绘画雕像就照相所见，也已不少。这些固然是极好的纪念，但是据个人的感想来说，还有一个角落，似乎表现得不够充分，这便不能显出鲁迅的全部貌来。这好比是个盾，它有着两面，虽然很有点不同，可是互相为用，不可偏废的。鲁迅是一个敌我分

① 陈思和：《徐树铮与新文化运动》，《中国现代文学研究丛刊》1996 年第 3 期。
② 陆建德：《再说"荆生"，兼及运动之术》，《中国图书评论》2009 年第 2 期。
③ 钱理群：《与周氏兄弟相遇》，复旦大学出版社 2010 年版，第 16～17 页。

明的人，他对于敌人丝毫不留情，如果是要咬人的叭儿狗，就是落了水，他也还是不客气的要打。他的文学工作差不多一直是战斗，自小说以至一切杂文，所以他在这些上面表现出来的，全是他的战斗的愤怒相，有如佛教上所显示的降魔的佛像，形象是严厉可畏的。但是他对于友人有一副和善的面貌，正如盾的向里的一面，这与向外的蒙着犀兕皮的不相同，可能是为了便于使用，贴上一层古代天鹅绒的里子的。他的战斗是有目的的，这并非单纯的为杀敌而杀敌，实在乃是为了要救护亲人，援助友人，所以那么的奋斗，变相降魔的佛头回过头来对众生的时候，原是一副十分和气的金面。鲁迅为了摧毁反革命势力——降魔——而战斗，这伟大的工作，和相随而来的愤怒相，我们应该尊重，但是同时也不可忘记他的别的一面，对于友人特别是青年和儿童那和善的笑容。①

周作人的这一意见值得研究者重视，我们对待鲁迅，确实过多地强调了他的斗士和战士的身份，以及与这一身份相匹配的冷峻、尖刻、不留情面的品质特征，而忽略了鲁迅温和、温情的一面，两种面相加在一起，才构成了鲁迅之"全"。我们同样可以从这样一个"全面的鲁迅"出发来分析他对待"林纾"的问题，或者反过来说，通过他对林纾的态度，我们可以见到一个更丰富的鲁迅。对待五四新青年"共同的敌人"，鲁迅所表现出来的态度不但与他平素的犀利尖刻不大相同，也与周作人对林纾指名道姓、态度坚决、牢抓一个虚构罪状不放的态度形成反差，鲁迅以他自己的方式显露出幽默宽容而又不失深刻的一面。

1. 以"爱"驳"恩"

对于以"卫道"自认的林纾而言，五四新青年在新文化运动中提出的一系列抨击旧道德、提倡新道德、倡言家庭革命的主张，最

---

① 周作人：《鲁迅的青年时代 · 鲁迅的笑》，河北教育出版社 2002 年版，第 99～100 页。

让他痛心疾首，因此，林纾此时发表的诗、文、小说尤其强化了对"孝"的卫护和对"非孝"的抨击。林纾在小说《荆生》《妖梦》及致蔡元培的信中一再指责"斥父母为自感情欲，于己无恩"乃是"禽兽之言""禽兽行"，又借白话新乐府《母送儿》等讽劝世人感念父母生养之恩，认为与其提倡父母无恩的新学堂还不如退学在家读《孝经》。林纾在其翻译的小说中也灌注了"孝道"的理念，借他人之酒杯浇自己之块垒，用外国小说阐明"孝"乃是"普天下"的道理，无论中西。在《腐解》一文中，林纾表达了身为圣人之徒要誓死捍卫伦常的决心："苟能俯而听之，存此一线之伦纪于宇宙之间，吾甘断吾头，而付诸樊於期之函，裂吾胸，为安金藏之，剖其心肝。"①

在五四新青年与林纾的醋战中，鲁迅对林纾的言论直接批判的情况并不多，往往是旁敲侧击。鲁迅先是在《新青年》第 6 卷第 2 号"什么话？"专栏中辑录了林纾《孝友镜·译余小识》中的一段话："此书为西人辩诬也。中人之习西学者，恒曰男子二十而外必自立，父母之力，不能管约而拘挛之，兄弟各立门户，不相恤也。是名社会主义，国因以强。然近年所见，家庭革命，逆子叛弟，接踵而起，国胡不强？是果真奉西人之圭臬？亦凶顽之气中于腑焦，用以自便其所为，与西俗胡涉！此书……父以友传，女以孝传，足为人伦之鉴矣，命曰《孝友镜》，亦以醒吾中国人，勿诬人而打妄语也。"② 胡适在"什么话？"专栏开设之初，解释说："我们每天看报，觉得有许多材料或可使人肉麻，或可使人叹气，或可使人冷笑，或可使人大笑。此项材料很有转载的价值，故特辟此栏，每期约以一页为限。"③ 鲁迅把林纾这段话放在这一栏目中，虽并未有只字评判，但实际也起到了"示众"的效果。鲁迅集中批判林纾的文章是《我们现在怎样做父亲》，针对"孝道"问题进行批驳，正是

① 林纾：《腐解》，《畏庐三集》，商务印书馆 1927 年版，第 1 页。
② 鲁迅：《什么话？》，《新青年》第 6 卷第 2 号，1919 年。
③ 胡适：《什么话？》，《新青年》第 5 卷第 4 号，1918 年。

抓住了林纾的"痛处",这较其他新青年的挪揄、嘲讽,甚至谩骂更具深度和力度。鲁迅以生物界的进化论作为生命起点的科学依据,提倡"幼者本位"和以"爱"为基础的现代家庭亲子关系,批驳中国传统以"人伦"为起点的"长者本位"观念和以"恩"为基础的家庭父子伦常关系:"'父子间没有什么恩'这一个断语,实是招致'圣人之徒'面红耳赤的一大原因。他们的误点,便在长者本位与利己思想,权利思想很重,义务思想和责任心却很轻。""爱"本是自然赋予动物界的:"不但绝无利益心情,甚或至于牺牲了自己,让他的将来的生命,去上那发展的长途。人类也不外此,欧美家庭,大抵以幼者弱者为本位,便是最合于这生物学的真理的办法。便在中国,只要心思纯白,未曾经过'圣人之徒'作践的人,也都自然而然的能发现一种天性。"随后,鲁迅直接引用林纾的劝孝白话新乐府,借以批判一味以"恩"抹杀"爱",而又责望儿女报偿的迂腐思想和旧道德:"有人做了乐府,说是'劝孝',大意是什么'儿子上学堂,母亲在家磨杏仁,预备回来给他喝,你还不孝么'之类,自以为'拼命卫道'。殊不知富翁的杏酪和穷人的豆浆,在爱情上价值同等,而其价值却正在父母当时并无求报的心思;否则变成买卖行为,虽然喝了杏酪,也不异'人乳喂猪',无非要猪肉肥美,在人伦道德上,丝毫没有价值了。所以我现在心以为然的,便只是'爱'。"① 鲁迅在文中虽然没有明确提及"林纾"的名字,但笔下所引诸如"圣人之徒""有人""'卫道'的圣徒"之类,都是"新旧论战"中林纾广为人知的言论。当然,就鲁迅对于旧道德"吃人"本质的认知和揭示而言,与其说鲁迅把林纾作为批判的靶子,不如说他所针对的乃是以"孝"为核心的旧礼教、旧道德的全部,呼唤中国觉醒的父母和觉醒的人的出现,这才是鲁迅的深刻之处和过人之处,由此可以看出鲁迅的

---

① 鲁迅:《我们现在怎样做父亲》,《新青年》第 6 卷第 6 号,1919 年。

批判境界要远远高于周作人。

2. 借林纾而言他

鲁迅在后来的文章中不时提及林纾的名字或"名言"，也往往是借这些人所共知的"当代典故"来讽刺当时的社会。例如在与创造社的论战中，潘梓年署名"弱水"批评鲁迅言辞的尖酸刻薄，并拿林纾和鲁迅做比照："他那种态度，虽然在他自己亦许觉得骂得痛快，但那种口吻，适足表出'老头子'的确不行罢了。好吧，这事本该是没有勉强的必要和可能，让各人走各人的路去好了。我们不禁想起了五四时的林琴南先生了！"① 对于这种讥讽，鲁迅也反唇相讥，同样接着有关林纾的话题说下去："林琴南先生是确乎应该想起来的，他后来真是暮年景象，因为反对白话，不能论战，便从横道儿来做一篇影射小说，使一个武人痛打改革者，——说得'美丽'一点，就是神往于'武器的文艺'了。……至于所以不行之故，其关键就全在他生得更早，不知道这一阶级将被'奥服赫变'，及早变计，于是归根结蒂，分明现出 Fascist 本相了。但我以为'老头子'如此，是不足虑的，他总比青年先死。林琴南先生就早已死去了。可怕的是将为将来柱石的青年，还象他的东拉西扯。"② 又比如，有些人针对文坛所发出的悲观哀叹，鲁迅也以林琴南为例来说明文坛终究要淘汰那些失去了价值的存在："无论中外古今，文坛上是总归有些混乱，使文雅书生看得要'悲观'的。但也总归有许多所谓文人和文章也者一定灭亡，只有配存在者终于存在，以证明文坛也总归还是干净的处所。……我们试想一想，林琴南攻击文学革命的小说，为时并不久，现在那里去了？"③ 再如，由照相馆挂在门口的梅

---

① 鲁迅：《三闲集·我的态度气量和年纪》，《鲁迅全集》第 4 卷，人民文学出版社 2005 年版，第 109～110 页。

② 鲁迅：《三闲集·我的态度气量和年纪》，《鲁迅全集》第 4 卷，人民文学出版社 2005 年版，第 112～113 页。

③ 鲁迅：《准风月谈·"中国文坛的悲观"》，《鲁迅全集》第 5 卷，人民文学出版社 2005 年版，第 263～264 页。

兰芳照相，鲁迅论及中国人的审美观问题也顺便提及林纾："林琴南翁负了那么大的文名，而天下也似乎不甚有热心于'识荆'的人，我虽然曾在一个药房的仿单上见过他的玉照，但那是代表了他的'如夫人'函谢丸药的功效，所以印上的，并不因为他的文章。更就用了'引车卖浆者流'的文字来做文章的诸君而言，南亭亭长我佛山人往矣，且从略；近来虽则是奋战忿斗，做了这许多作品的如创造社诸君子，也不过印过很小的一张三人的合照，而且是铜板而已。"林纾、创造社诸君在这里不过是随手一击的陪衬，鲁迅真正要讽刺的是男扮女装的梅兰芳以及国人的"审美的眼睛"："我们中国的最伟大最永久，而且最普遍的艺术也就是男人扮女人。"① 上述几处，都是鲁迅借林纾作为反击论敌、讽喻当下的由头或比照，虽然意不在林纾，但也起到了旁敲侧击的作用。

　　鲁迅还有几处提及林纾，但并非讽刺批判，而是在中性甚至偏于正面肯定的意义上谈论林纾。他谈及中国文坛翻译的不足与期望时说："《Hamlet》中国已有译文，无须多说；《Don Quichotte》则只有林纾的文言译，名《魔侠传》，仅上半部，又是删节过的。近两年来，梅川君正在大发《Don Quixote》翻译热，但愿不远的将来，中国能够得到一部可看的译本，即使不得不略去其中的闲文也好。"② 鲁迅由自身感受到的翻译之难，进而驳斥了林语堂对中国译界的批评："但'已经闻名的英美法德文人'，在中国却确是不遇的。中国的立学校来学这四国话，为时已久……学英语最早，一为了商务，二为了海军，而学英语的人数也最多，为学英语而作的教科书和参考书也最多，由英语起家的学士文人也不少。然而海军不过将军舰送人，绍介'已经闻名'的司各德，迭更斯，狄福，斯惠夫德……

---

① 鲁迅：《坟·论照相之类》，《鲁迅全集》第 1 卷，人民文学出版社 2005 年版，第 196 页。

② 鲁迅：《集外集·〈奔流〉编校后记》，《鲁迅全集》第 7 卷，人民文学出版社 2005 年版，第 165 页。

的，竟是只知汉文的林纾，连绍介最大的'已经闻名'的莎士比亚的几篇剧本的，也有待于并不专攻英文的田汉。这缘故，可真是非'在于思'则不可了。"① 显然，鲁迅是在肯定意义上谈及林纾的翻译并借以讥讽那些"倚徙华洋之间，往来主奴之界"而不务正业的"西崽"了。

纵观鲁迅对林纾的批判，始终没有像钱玄同、刘半农、陈独秀等五四新青年那样指名道姓地抨击和嘲骂，也和周作人出尔反尔的态度有所不同。鲁迅往往是在适当的时候顺手一击，不失其批判立场，同时潜隐着他的幽默与宽容，这与鲁迅对待章士钊和学衡派等复古派的冷嘲热讽不同，更与鲁迅在诸多论战中的峻急、犀利、不留情面的风格是两样的。

3. 青年"林迷"

青年鲁迅对林译小说颇为着迷。周作人谈及清末文坛对鲁迅影响很大的三个人时，指出严复、梁启超之外便是林纾："对于鲁迅有很大影响的第三个人，不得不举出林琴南来了。鲁迅还在南京学堂的时候，林琴南已经用了冷红生的笔名，译出了小仲马的《茶花女遗事》，很是有名。鲁迅买了这书……《埃及金塔剖尸记》的内容古怪，《鬼山狼侠传》则是新奇，也都很有趣味。前者引导我们去译哈葛得，挑了一本《世界的欲望》，是把古希腊埃及的传说杂拌而成的，改名为《红星佚史》，里面十多篇长短诗歌，都是由鲁迅笔述下来，用《楚辞》句调写成的。……我们对于林译小说有那么的热心，只要他印出一部，来到东京，便一定跑到神田的中国书林，去把它买来，看过之后鲁迅还拿到订书店去，改装硬纸板书面，背脊用的是青灰洋布。"鲁迅对林译小说的痴迷随着后期林译小说的随便与粗糙渐渐消退，他甚至产生了厌倦："到了民国以后，对于林琴南的译

---

① 鲁迅：《且界亭杂文二集·"题未定"草》，《鲁迅全集》第 6 卷，人民文学出版社 2005 年版，第 369 页。

本鲁迅是完全断绝关系了，但对于他的国画还多少有点期望。……
到了'五四'那年，反动派文人对于《新青年》的言论十分痛恨，
由林琴南为首的一群想运动徐树铮来用武力镇压，在《大公报》上
发表致蔡孑民书外，又写小说曰《荆生》（隐姓徐），又曰《妖梦》，
暴露了丑恶的面目，这之后才真为鲁迅所不齿了。"① 周作人讲述了
鲁迅对林译小说从"热心"到模仿林译再到"厌倦"，直至完全断
绝关系的过程，至于鲁迅对林纾"丑恶面目"的"不齿"，则基本
是周作人而非鲁迅的态度和立场了。

　　对于用小说施行人身攻击、泼污水的行为，鲁迅确实不赞同，
他在初刊于《新青年》的《孔乙己》"后记"中曾说，用了小说施
行人身攻击的时候："大抵著者走入暗路，每每能引读者的思想跟他
堕落：以为小说是一种泼秽水的器具，里面糟蹋的是谁。这实在是
一件极可叹可怜的事。"② 但是，有学者在谈及鲁迅与林纾的学术关
系时，却恰恰在这一点上找到了二者的关联处，认为鲁迅之于林译
小说确实经历了从痴迷到背离的过程，但并非就此断绝关系，毫无
瓜葛，如果从以小说创作来影射现实社会的人和事的角度看，"鲁迅
之于林纾的接受链又在断裂中得以修复"，"用小说笔法来影射现实
社会的人或事，顺手一击而不露斧凿之痕，鲁迅之于林纾，可谓一
脉相传。他们的区别，并不在于运用方式的差异，而在于各自所处
情势和文化语境的变化"。③ 另一位研究者在谈到中国现代文学中的
影射现象时也把林纾和鲁迅相提并论："在 20 世纪以来中国现代文
学发展过程中，影射作为一种文学现象依然存在。最早林纾的文言
小说《荆生》、《妖梦》即用影射笔法攻击胡适、蔡元培、钱玄同等
新文化运动的先驱们。在后来的白话文学中，鲁迅则可谓是这种笔

---

① 周作人：《鲁迅的青年时代·鲁迅与清末文坛》，河北教育出版社 2002 年版，第
73~75 页。
② 鲁迅：《孔乙己·后记》，《新青年》第 6 卷第 4 号，1919 年。
③ 贺根民：《鲁迅接受林纾——痴迷与背离》，《粤海风》2009 年第 4 期。

法的开先例者，他的《药》即影射了许多晚清名人。《故事新编》中许多历史小说更以影射叙事来体现其杂文精神。《奔月》中的逢蒙暗指的就是高长虹，《理水》中的'鸟头先生'、'一个拿挂杖的学者'分别影射的是考据学家顾颉刚、优生学家潘光旦。《补天》顺带影射了胡梦华，甚至《起死》写庄子死时还不忘以'上流的文章'来暗讽一下林语堂。"① 诚然，"影射"在中国文学传统中由来已久，但不同时代、不同作家笔下的影射用意也大为不同，应细加区分，似不应一概而论。

就鲁迅而言，无论是从早年迷恋林译并在林译引导下进行翻译，还是其后因林译的粗糙而失望从而断绝关系，都说明林纾是鲁迅文学道路上的重要引路者，即便是到了做影射小说骂人的"可悲可叹"的暮年景象，鲁迅也对林纾保留了一份宽容与敬意，这从鲁迅对林纾的称呼上也可见一斑。鲁迅对林纾的称呼有以下几种：中国的"圣人之徒"、"有人"、"卫道"的圣徒、近世名人、林琴南、林琴南翁、林琴南先生、林纾。这与钱玄同、刘半农、陈独秀等人对林纾带有戏谑侮蔑的各种称呼如"桐城谬种""某大文豪""清室举人"等相比，再与鲁迅对其他论战对手的嬉笑怒骂相比，确实显出了对林纾较为宽容与厚道的一面。至于鲁迅在与周作人的一封信中戏称林纾为"禽男"②，属于兄弟二人私人间的偶尔笑谈而已，也是对林琴南骂新青年"禽兽行"的一种反掷，但始终没有在公开的场合使用过。

鲁迅谈及尊师之道，曾说："古之师道，实在也太尊，我对此颇有反感。我以为师如荒谬，不妨叛之，但师如非罪而遭冤，却不可乘机下石，以图快敌人之意而自救。太炎先生曾教我小学，后来因为我主张白话，不敢再去见他了，后来他主张投壶，心窃非之，但

① 金宏宇：《中国现代文学中的影射现象》，《贵州社会科学》2013年第9期。
② 鲁迅：《书信·190419致周作人》，《鲁迅全集》第11卷，人民文学出版社2005年版，第373页。

当国民党要没收他的几间破屋，我实不能向当局作媚笑。以后如相见，仍当执礼甚恭（而太炎先生对于弟子，向来也绝无傲态，和蔼若朋友然），自以为师弟之道，如此已可矣。"① 鲁迅虽然并没有因章太炎复古开倒车而公开断绝师生关系，但也并未失去自己的批判立场。在鲁迅这里，林纾固然无法和章太炎相比，但由鲁迅的话也足以见出他的尊师之道和为人之道，他从未对林纾出言不逊，这与他对师者的"敬"、对母亲的"孝"可归为一处，这是受旧式教养成长起来的新知识分子的一种自然而然的伦理道德观念。在这方面，鲁迅确实不是决绝的战士姿态，也不是全新的践行家庭革命的"新青年"，但这也正显示了鲁迅作为真实的"人"的品格，显示着他的复杂丰富，以及他的温柔敦厚之风。

三　《现在的屠杀者》及其他：新（现代）文学史上的"鲁迅批判林纾"考辨

　　鲁迅 1919 年发表于《新青年》第 6 卷第 5 号上的《现在的屠杀者》，长期被认定为针对林纾的批判，这一看似确凿的指认背后，却有一番复杂的历史演变过程。

　　1935 年出版的"中国新文学大系（1917～1927 年）"丛书（以下简称"大系"）是新文学的首次造史，文学革命及新旧派论争是被作为新文学发生的关键问题和主要问题来讲述的。大系专辟《中国新文学大系·文学论争集》和《中国新文学大系·建设理论集》来记述新旧文学论争的来龙去脉。其中《中国新文学大系·文学论争集》第二编"从王敬轩到林琴南"和《中国新文学大系·建设理论集》中"发难时期的理论"主要涉及五四新青年派和以林纾为主

---

① 鲁迅：《书信·330618 致曹聚仁》，《鲁迅全集》第 12 卷，人民文学出版社 2005 年版，第 405 页。

的守旧派的论争，囊括了较全面的论争文献：首先是引发论争的"双簧信"，即王敬轩《文学革命之反响》和刘半农《复王敬轩书》，"双簧信"的反响，即崇拜王敬轩者的《讨论学理之自由权》和戴主一的《驳王敬轩君信之反动》；其次是蔡元培的《答林琴南书》并附林琴南原书、林纾的《论古文白话之相消长》、严复的《书札六十四》、陈独秀的《本志罪案之答辩书》。此外，还附录了林纾小说《荆生》《妖梦》。郑振铎在《中国新文学大系·文学论争集》导言中谈及这次论争时勾勒出如下的事件流程：先是钱玄同、刘半农用"双簧信"方式演出"苦肉计"以便给旧文人"痛痛快快的致命的一击"；而后林纾放了反对的第一炮，并与蔡元培书信辩驳；再是林纾"谩骂之不已，且继之以诅咒"，发表《荆生》《妖梦》以希望有"外力"来制裁、压服；最后随着五四学生爱国运动的发生与安福系的倒台，自然没有力量来对新文学运动实施压迫了。1930 年代前后的新文学史论涉及五四新青年与林纾的论争，基本没有超出大系的阐释方式及资料范畴，而在这些最接近历史现场的脉络梳理中，鲁迅并没有出场。

援引鲁迅的言论支援五四文学革命派，使鲁迅参与新旧论争的讲述方式，比较早地出现在李何林《近二十年中国文艺思潮论》中。第三章"与反对者的论争"论及林纾时，大段引述了林琴南攻击五四新青年的影射小说，并由林、蔡书信中"非读破万卷，不能为古文"的辩论联想到当下："现在虽然也还有不少人主张'要想白话文作好，须文言文有根底或先读一些古文'，抱着和林琴南一样的见解；然而古文的章句词汇的不足表现现代生活的一切，已是众人周知的事实，除了使白话文部分的文言化以外，我们在文言文里能学些什么呢？"李何林随即举出鲁迅《写在"坟"后面》一文作为反证："有些人却道白话文要做得好，仍须看古书。……新近看见一种上海出版的期刊，也说起要作好白话须读好古文，而举例为证的人名中，其一却是我。这实在使我打了一个寒噤。……以文字论，就不必更在旧书里讨生活，却将活人的唇舌作为源泉，使文章更加接近语言，更加有生气。"① 在这里，无论是李何林引证鲁迅的话还是鲁迅原文所指，都不是针对五四时期的旧派，而是有着各自批驳的具体对象，鲁迅批驳的是 1926 年《一般》月刊中朱光潜的言论，李何林针对的则是 20 世纪 30 年代的文坛复古的乱象。

鲁迅正式出现在新旧思想文化论战前沿并成为打击反对派的主力，是在新文学的性质及鲁迅的文学史地位重新得到确认以后。王瑶的《中国新文学史稿》作为第一部以毛泽东《新民主主义论》和《在延安文艺座谈会上的讲话》为指导思想编纂的新文学史，在述及五四新文化运动和文学革命时，适当增加了鲁迅的言论比重，引用了《呐喊·自序》和《趋时和复古》中对刘半农的评价，但也并没有把鲁迅带入五四的新旧论争现场。论及五四新文化运动初期的新旧之争，还是以林纾的影射小说《荆生》《妖梦》和《论古文白话之相消长》及林纾和蔡元培的书信驳难、严复的书札等为核心内容，但去除了刘半农和钱玄同的"双簧信"，替换为刘半农《初期白话诗稿》"编者序引"中的一段话，以佐证"前驱者们战斗的艰辛"。另外，还增加了陈独秀的《关于北京大学的谣言》一文，展示五四新文化运动所面临的校内外反动声音的猛烈。从总体上看，依旧是"中国新文学大系（1917～1927 年）"的阐述方式和史料征引范畴，显示了对基本史识的尊重。

因王瑶的《中国新文学史稿》受到批评，其后的文学史一方面极力强化政治意识，另一方面对鲁迅作为文学革命运动的领导作用进行拔高。在这样的时代氛围中，鲁迅站到了五四新旧论战的前沿并成为打击反对派的主力和领导。丁易的《中国现代文学史略》即把五四文学革命时期的新旧思想论战直接定义为"以鲁迅为首的文

---

① 李何林：《近二十年中国文艺思潮论》，南开大学出版社 2016 年版，第 45～46 页。

学革命阵营和封建文学及右翼资产阶级文学的斗争"："当时攻击封建文学最彻底、最有力、最能制敌死命的是鲁迅。一九一八年，他在《新青年》上发表的后来收进《热风》里面的那些'随感录'，全都是攻击封建文化和封建文学的文字。"

> 他攻击那时反对白话文的人这样说："做了人类想成仙；生在地上要上天；明明是现代人，吸着现在的空气，却偏要勒派朽腐的名教，僵死的语言，侮蔑尽现在，这都是'现在的屠杀者'。杀了'现在'，也便杀了'将来'。——将来是子孙的时代。"此外，对于当时的"鸳鸯蝴蝶派"文人以及各种各样的守旧派和一切封建文化代表，鲁迅在那些随感录中都曾给予猛烈无情的攻击，辛辣刻骨的讽刺，并具有绝大的说服力量。①

丁易虽然把鲁迅放在五四文学革命领导者和论战主力的位置，但论及五四新青年与林纾的论战，诸如钱玄同和刘半农的"双簧信"，林、蔡书信，严复书札这些基本历史线索依然清晰可辨。张毕来的《新文学史纲》以鲜明的阶级立场划分来重释五四新旧论争。针对林纾致蔡元培信中的"若尽废古书，行用土语为文字，则都下引车卖浆之徒……京津之稗贩，均可用为教授矣"等言论，张毕来指出：在对封建势力的反攻的迎战中，新文学阵营分化出两种不同的态度，一是以蔡元培为代表的"改良主义者的妥协投降的态度"，一是以鲁迅和陈独秀为代表的"革命民主主义者的战斗的态度"。"人民大众的口语能不能用以创作呢？蔡元培回避了这个问题，鲁迅则肯定地、坚决地、正面地答复。"② 这个答复即《现在的屠杀者》一文。在这部文学史中，鲁迅的《现在的屠杀者》变成针对林纾的批判，已经成为文学史讲述五四新旧论战的方式，并逐渐延续到后

---

① 丁易：《中国现代文学史略》，作家出版社 1955 年版，第 50~51 页。
② 张毕来：《新文学史纲》，人民文学出版社 1955 年版，第 24~25 页。

来的诸多文学史著中。

新时期以来的文学史大多采用并强化了上述阐释方式。黄修己在《中国现代文学简史》中说："《荆生》发表不久，李大钊即在《每周评论》上发表《新旧思想之激战》一文……鲁迅也在自己的杂文中批驳林纾等，指出'四万万中国人嘴里发出来的声音，竟至总共'不知一晒，真是可怜煞人'。揭露守旧派活在现代却要'勒派朽腐的名教，僵死的语言'，实是'现在的屠杀者'。"① 刘中树、金训敏主编的《中国现代文学简明教程》（修订版）指出："李大钊、陈独秀、鲁迅等，都对林纾言论的反动本质作了深刻的揭露和批判。李大钊指出，林纾之流只能'隐在人家背后，想抱着那位伟丈夫的大腿，拿强暴的势力压倒你们所反对的人，替你们出出气；或者作篇鬼哭妄想的小说快快口，造段谣宽宽心。'鲁迅更深刻地揭露了复古主义者的罪恶是'做了人类想成仙；生在地上要上天；明明是现代人，吸着现代的空气，却偏要勒派朽腐的名教，僵死的语言，侮蔑尽现在，这都是"现在的屠杀者"。经过新文学倡导者的严正驳斥，林纾等的反动本质暴露无遗。"② 把李大钊视为文学革命的先导，把鲁迅视为打击敌人最有力的斗士，这显然是带有特定时代痕迹的文学史阐释方式。在这种思路中，《现在的屠杀者》成为针对林纾的批判文章并被后来有关林纾的专门研究所采用。张俊才编林纾研究资料目录索引即把鲁迅《现在的屠杀者》与其他批判林琴南的文章并列在一处。③ 张旭、车树昇编著《林纾年谱长编》在二者之间更建立了直接对应联系："5 月，针对林纾《致蔡鹤卿太史书》斥白话文为'白话鄙俚浅陋，不值识者一晒之者也'的说法，鲁迅托名'唐俟'在《新青年》第 6 卷第 5 号'随感录'栏发表了《现

---

① 黄修己：《中国现代文学简史》，中国青年出版社 1984 年版，第 31 页。

② 刘中树、金训敏主编《中国现代文学简明教程》，吉林大学出版社 1985 年版，第 43~44 页。

③ 薛绥之、张俊才编《林纾研究资料》，知识产权出版社 2010 年版，第 476 页。

在的屠杀者》，以讽刺的文字反驳道……是文其实是对林纾等人进行
了批驳。"① 需要指出的是，《林纾年谱长编》的一处重要错误，即
鲁迅《现在的屠杀者》开头所引高雅人所说的话"白话鄙俚浅陋，
不值识者一哂之者也"，并非出自林琴南致蔡元培的书信，林纾写于
五四时期的文章也没有这句话。林纾反对的是"尽废古书，行用土
语为文字"及"尽弃古文行以白话"这种极端做法，至于林纾自
己，则在 1897 年就用通俗白话作过几十首"闽中新乐府"诗，当时
曾印行一千部，风行一时。后来又在 1919 年作了通俗白话诗《劝孝
白话道情》发表于《公言报》。正如胡适所说："只听得林琴南老年
反对白话文学，而不知道林琴南壮年时曾作很通俗的白话诗——这
算不得公平的舆论。"②

鲁迅在《新青年》第 6 卷第 1 号至第 6 卷第 5 号上发表系列
"随感录"，正是新旧论争最激烈之时。新旧论战日趋白热化，1919
年 2 月 17 日至 18 日《荆生》在《新申报》刊出，3 月 18 日《公言
报》发表林纾《致蔡鹤卿太史书》，3 月 19 日至 20 日《妖梦》在
《新申报》刊出，3 月 21 日《北京大学日刊》发表《蔡校长致公言
报函并附答林琴南君函》。在北京大学校内，代表新思想的新潮社于
1918 年 11 月成立，《新潮》杂志第一期于 1919 年 1 月 1 日出版；与
之相对立的国故月刊社 1919 年 1 月 26 日在刘师培住宅召开成立大
会，《国故》第 1 卷第 1 期于 1919 年 3 月 20 日出版。新旧思潮的冲
突越来越受到社会各界关注，鲁迅"随感录"确系有感而发。相比
较而言，鲁迅对同期以刘师培、黄侃等为首的国粹派有更激烈的批
评。他在 1918 年致钱玄同的信中曾毫不客气地斥骂："中国国粹、
虽然等于放屁、而一群坏种、要刊丛编、却也毫不足怪。该坏种等、
不过还想吃人、而竟奉卖过人肉的侦心探龙做祭酒、大有自觉之意。

① 张旭、车树昇编著《林纾年谱长编》，福建教育出版社 2014 年版，第 334 页。
② 胡适：《林琴南先生的白话诗》，《晨报周年纪念增刊》第 6 期，1925 年。

即此一层、已足令敝人刮目相看、而猗欤羞哉、尚在其次也。敝人当袁朝时、曾戴了冕帽（出无名氏语录）、献爵于至圣先师的老太爷之前、阅历已多、无论如何复古、如何国粹、都已不怕。但该坏种等之创刊屁志、系专对《新青年》而发、则略以为异、初不料《新青年》之于他们、竟如此其难过也。然既将刊之、则听其刊之、且看其刊之、看其如何国法、如何粹法、如何发昏、如何放屁、如何做梦、如何探龙、亦一大快事也。国粹丛编万岁！老小昏虫万岁！！"① 鲁迅痛骂的矛头所向、显然是以刘师培为首的国粹派。客观地讲、就鲁迅《现在的屠杀者》而言、所针对的却是五四新旧论争时期的守旧派、复古派、国粹派、林纾自然可以算在其中、但这篇文章并非专门针对林纾而作。

剖析新文学史上"鲁迅对林纾的批判"及《现在的屠杀者》如何变成针对林纾的批判文字、并不是要为林纾开脱。作为滚滚时代大潮中的"逆流"、林纾及守旧者、保守派早就注定了失败结局。但"旧"并未因此而丧失其全部价值、"新""旧"竞争共存是五四新文化运动的基本面相、认识"旧物"、重估反对派是全面理解五四新文化运动的题中应有之义。从某种意义上说、反对派也经历了被历史不断塑造、改写的过程、梳理这种嬗变、重塑、探寻材料的取舍、增删和阐释的走向、也能认识到时代思想的流变。而当下的现代文学史著、已经不再像 20 世纪 30 年代的新文学史那样、为确立新文学的合法性和文学革命者的筚路蓝缕之功而详述新旧派的论争、也不会再像 20 世纪 50 年代至 70 年代的现代文学史那样、因强化政治而深描新旧双方的阶级对立。更多的新文学史著是对"论争"做了淡化和简化处理、如严家炎主编《二十世纪中国文学史》便采取了一语带过的方式："1919 年 3 月、当林纾在北京《公言报》上发表

---

① 鲁迅：《书信·180705 致钱玄同》，《鲁迅全集》第 11 卷，人民文学出版社 2005 年版，第 363～364 页。

《致蔡鹤卿太史书》，攻击《新青年》'覆孔孟'、'铲伦常'，'尽废古书，行用土语为文字'时，《新青年》、《每周评论》、《新潮》便以各种方式，刊出多篇文章，对林纾的言论作出有力的反驳和批评，形成'新旧思潮之激战'。"① 有些文学史著则是调整了阐释方式，如《中国现代文学三十年》在"二次修订"本中论及五四新旧思想论争时，一改以往的激烈态度："几次论争双方都难免有意气用事之时，措辞激烈，甚至以怒骂代替说理，但拂去历史灰尘，仍可看到论争的价值，包括守旧派的某些观点对于新文化运动的针砭价值。"② 以此为表征，可以看出史论家们在某种程度上已经走出了五四式的二元对立思维模式，既坚守五四的正面历史价值，又能以理性的心态看待反对派的存在价值，这正是拥有百年历史的新文学史应有的姿态。

---

① 严家炎主编《二十世纪中国文学史》，高等教育出版社 2010 年版，第 157 页。
② 钱理群、温儒敏、吴福辉：《中国现代文学三十年》，北京大学出版社 2017 年版，第 11 页。

附录二　从"闲话"到"正说"：
辜鸿铭百年辨识史

—— 兼论刘中树先生的辜鸿铭研究

　　辜鸿铭是建立了世界声誉的文化保守主义者。国内和国外关于辜鸿铭的评说，无论是其生前还是逝后，都有着很大的差异。直白地讲，辜鸿铭在国外所受到的赞誉和推崇远高于在国内的评价。与他交往密切的卫礼贤称他为"袁世凯的死对头"："辜鸿铭是袁世凯最伤脑筋的对手。他用汉语和英语公开同他斗，毫不隐晦和留情。他属于那种或多或少具有豪放不羁艺术家特点的学者。"① 庄士敦称辜鸿铭是"坚定的老忠臣"，"是一位充满激情的儒家思想的信徒"，"他在许多方面是一个可钦可佩的人"。② 与辜鸿铭交往深厚的萨摩雄次在《追忆辜鸿铭先生》中称："与其说他是位学者，毋宁说他是位热情的哲人、忧国的志士。""尽管先生具有上述这些奇行和热情，但他始终都是个孤寂的人。"③ 勃兰兑斯称赞辜鸿铭是"卓越的中国学者""自立脚跟，坚确求道，及文字极有清

---

① 〔德〕卫礼贤：《袁世凯的死对头》，黄兴涛编《旷世怪杰》，东方出版中心 1998 年版，第 315 页。
② 〔英〕庄士敦：《废帝溥仪召见辜鸿铭》，黄兴涛编《旷世怪杰》，东方出版中心 1998 年版，第 317～318 页。
③ 〔日〕萨摩雄次：《追忆辜鸿铭先生》，黄兴涛编《旷世怪杰》，东方出版中心 1998 年版，第 312 页。

新力量的人"①，毛姆称辜鸿铭为"声高望重的哲学家"："从一切我所听到的关于他的话，我结论说他是一个有骨气的人。""他并没有圣人的闲适态度。他是一个辩论者，也是一个斗争者。他嫌恶现代个人主义的呼声。"② 清水安三曾经对世人称辜鸿铭为保守学者进行辩护："有人认为辜鸿铭是个保守学者的典型，这恰恰说明他们不了解他。"③ "辜鸿铭的国学功底在于具有高瞻远瞩地批判、理解中国思想的眼光，他探究其精髓、特征及伟大功绩之所在，并指陈它的缺失，是相当充分的。在比较衡量西方文化及其思想的领域中，他是不可缺少的人物。他并非纯粹的国学家，但他只要具备理解、批判中国文化并与西方文化进行比较的能力，就足够了，因为除此之外的研究，对他来说都是多余的。"④

晚年定居于北京的辜鸿铭，已经凝铸为一道深刻迷人的风景，吸引着外国人纷纷前来"朝圣"："在外国人中，英国人和美国人最甘心放弃社交活动的良机，来到辜氏简陋的住所，以求耳目一新，聆听严酷而尖锐的真理。"⑤ 日本著名作家芥川龙之介在《中国游记》中详细描述了他在北京拜访辜鸿铭的情形："当我离开上海时，约翰斯握了我的手说：'不去看紫禁城也不要紧，但不可不去一见辜鸿铭啊！'约翰斯真不我欺。"⑥ 外国人热衷于拜访辜鸿铭并非单纯的"寻奇探异"，更多的是怀着仰慕的心情来聆听教诲。在外国人心

---

① 〔丹麦〕勃兰兑斯：《辜鸿铭论》，黄兴涛编《旷世怪杰》，东方出版中心 1998 年版，第 264～265 页。
② 〔英〕毛姆：《辜鸿铭访问记》，黄兴涛编《旷世怪杰》，东方出版中心 1998 年版，第 279～282 页。
③ 〔日〕清水安三：《辜鸿铭》，黄兴涛编《旷世怪杰》，东方出版中心 1998 年版，第 295 页。
④ 〔日〕清水安三：《辜鸿铭》，黄兴涛编《旷世怪杰》，东方出版中心 1998 年版，第 301 页。
⑤ 〔法〕弗兰西斯·波里：《中国圣人辜鸿铭（节译）》，黄兴涛编《旷世怪杰》，东方出版中心 1998 年版，第 326 页。
⑥ 〔日〕芥川龙之介：《辜鸿铭先生》，黄兴涛编《旷世怪杰》，东方出版中心 1998 年版，第 288 页。

中，辜鸿铭已经成了"中国圣人"。一直到 20 世纪末端，当美国学者艾恺论及世界范围内的反现代思潮和文化守成主义的时候，依旧把辜鸿铭当作"中国的批评"最重要的代言人："在战时与战后欧洲悲观与幻灭的氛围中，与泰戈尔、冈仓等成为东方著名的圣哲者的，是辜鸿铭，不是梁漱溟或梁启超。在那时代，辜氏极受欢迎，他的书是欧洲大学哲学课程所必读，译成了多种欧洲文字。西方多位哲学家引用其书为重要权威；西方客人竞相走访，敬聆教诲，英国作家毛姆（Somerset Maugham，1874 – 1965）就曾写书志之。"①同时，艾恺也道出了另一个事实，辜鸿铭尽管为西方世界所推崇，却始终得不到中国人自己的认可："具有讽刺意味的是，辜氏西方的名望为他在其他亚洲人中也带来声威，泰戈尔 1924 年中国之旅特别向他请教，甘地称他'尊贵的中国人之一'。然对中国知识分子，辜氏，诚如他所害怕的，依旧是一个'外人'。"②艾凯说出了辜鸿铭内心的隐痛。

一　"怪说"与"正说"：评说辜鸿铭的两种方式

在中国本土世界，辜鸿铭始终是以"怪"为大家所关注，人们对辜鸿铭奇行怪癖的兴趣远大于他的思想和学说。

1. "怪"的两层含义

"怪"是时人识别辜鸿铭的最初方式，也是后世认知辜鸿铭的一种惯性方式。当然，这种"怪"也并不是同一意义上的认同，而是有着高下褒贬之分。以五四新青年派为代表的新文化运动和文学革命的发动者、支持者及继承者，往往以讥嘲、批评的态度抨击辜鸿

---

① 〔美〕艾恺：《世界范围内的反现代化思潮——论文化守成主义》，贵州人民出版社 1991 年版，第 153 页。
② 〔美〕艾恺：《世界范围内的反现代化思潮——论文化守成主义》，贵州人民出版社 1991 年版，第 154 页。

铭的奇谈怪论、奇言怪行。当年与辜鸿铭同为北大同事的胡适即讥讽辜鸿铭留辫子不过是故意耍怪玩酷，只为出风头："现在的人看见辜鸿铭拖着辫子、谈着'尊王大义'，一定以为他是向来顽固的。却不知道辜鸿铭当初是最先剪辫子的人；当他壮年时，衙门里拜万寿，他坐着不动。后来人家谈革命了，他才把辫子留起来。辛亥革命时，他的辫子还不曾养全，他带着假发接的辫子，坐着车子乱跑，很出风头。这种心理很可研究。当初他是'立异以为高'，如今竟是'久假而不归了'。"① 周作人则直接说："北大顶古怪的人物，恐怕众口一词的要推辜鸿铭了吧。"② 一度与辜鸿铭共同执教北大英文系的温源宁则戏称辜鸿铭为精神的花花公子，是一个"有思想的俗人"，一个"天生的叛逆人物"，他无论是留辫还是剪辫，或是他的君主主义，都不是原则问题，而是一心想特殊：

> 他留着辫子，有意卖弄，这就把他整个的为人标志出来了。他脾气拗，以跟别人对立过日子。大家都接受的，他反对。大家都崇拜的，他蔑视。他所以得意洋洋，就是因为与众不同。因为时兴剪辫子，他才留辫子。要是谁都有辫子，我敢保辜鸿铭会首先剪掉。他的君主主义也是这样。对于他，这不是原则问题，而是一心想特殊。共和主义大流行，所以，他恨它，他夸耀君主主义，跟一个花花公子夸耀自己的领带一样。真的，称他为才智方面和精神方面的花花公子，决不是不合适的：正如一个花花公子日日夜夜注意自己的服装一样，辜鸿铭也是煞费苦心以求自己的思想和生活方式与别人判若鸿沟。③

---

① 天风（胡适）：《随感录·辜鸿铭》，《每周评论》第 33 期，1919 年。
② 周作人：《知堂回忆录（上）·一五五北大感旧录》，河北教育出版社 2002 年版，第 542 页。
③ 温源宁：《一个有思想的俗人》，黄兴涛编《旷世怪杰》，东方出版中心 1998 年版，第 44 页。

　　时为北大学生的"五四新青年"罗家伦谈及辜鸿铭的恃才傲物、嬉笑怒骂、愤世嫉俗时同样认为："辜先生是一个有天才的文学家，常常自己觉得怀才不遇，所以搞到恃才傲物。他因为生长在华侨社会之中，而华侨常饱受着外国人的歧视，所以他对外国人不免取嬉笑怒骂的态度以发泄此种不平之气。他又生在中国混乱的社会里，更不免愤世嫉俗。他走到旧复辟派这条路上去，亦是不免故意好奇立异，表示与众不同。"① 许德珩回忆在北大听辜鸿铭讲授世界史的情形，也认为他所讲都是"奇谈怪论"，"不知所云"。② 五四新文化运动以来的新派人物对于辜鸿铭是从"可笑"的意义上去看待辜鸿铭的"怪"的。

　　辜鸿铭的钦敬者、同道以及学生弟子，则是在正面的、褒扬的意义上对他称奇赞怪。最为典型的莫过于林语堂，他从反向角度上承认辜鸿铭的"怪"，并非怪得可厌可笑，而是怪得可爱、可敬："他是一个怪物，但不令人讨厌，因为他是具备一流才智的人，而且最重要的是他有见识和深度，不是这时代中的人能有的。在中国的人没有一个能像他这样用英文写作，他挑战性的观念、目空一切的风格，那种令人想起马太·安诺德的泰然自若，及有条有理地展示他的观念，和重复申说某些句话的风格，再加上汤玛斯·喀莱尔的戏剧性的大言，及海涅的隽妙。这个人就是辜鸿铭。"③ 林语堂以"八十老翁"的身份谈及他心中的辜鸿铭，毫不吝啬自己的溢美之词。以林语堂对英国文学的深谙，他的这份崇敬之情带着略有夸张的"可信度"："英文文字超越出众，二百年来，未见其右。造词、用字，皆属上乘。总而言之，有辜先生之超越思想，始有其异人之

① 罗家伦：《回忆辜鸿铭先生》，黄兴涛编《旷世怪杰》，东方出版中心1998年版，第35页。
② 许德珩：《听辜鸿铭讲世界史课》，黄兴涛编《旷世怪杰》，东方出版中心1998年版，第41页。
③ 林语堂：《八十老翁心中的辜鸿铭》，黄兴涛编《旷世怪杰》，东方出版中心1998年版，第56页。

文彩。鸿铭亦可谓出类拔萃、人中铮铮之怪杰。"① 王森然则在《辜鸿铭先生评传》中大段引用林语堂对辜鸿铭的赞美之辞,钦敬之情溢于言表:"目睹异状极多,不胜枚举,诚中国近代文坛一怪杰也。"不仅如此,王森然更进一步对于辜鸿铭那些被时人讥讽嘲笑的"怪癖"倾情辩护,认为此乃历来文人奇癖,是某些特出文人的标志,正不必大惊小怪:

> 相传辜氏有嗜臭奇癖,每夜将寝时,照例必捧其夫人双翘大嗅一阵,方始就寝,否则不能安眠。宋杨铁厓曾置酒于妓屦中狂饮,亦辜氏之意乎?先生且喜嫖,每夕必御女,女非小脚不乐,谓缠足妇人,为中国女性特有之美,又谓中国妇人小脚之臭味,较诸巴黎香水,其味尤醇,且谈时眉宇间含有莫大愉快之色。世人皆以此訾先生,不知此乃文人奇癖,与唐鲜于叔明嗜嗅臭虫,宋孙何好以爪搔发垢嗅之者,无独有偶也,正是其不平凡处。②

见怪不怪,以怪为美,足见崇拜者对辜鸿铭的喜爱之情。但更为重要的不是这些以资谈助的奇闻逸事,而是辜鸿铭身为"狂人"的精神内核:"呜呼!辜做洋文,尚讲儒道,耸动一世,较之儒道子孙,动打孔家店者,为何如耶?可发一叹!若先生者,诚近代一怪杰也。其旷达自喜,睥睨中外,实近于狂。然能言顾其行,潦倒以终其世,较之奴颜婢膝以事权贵者,有天壤之别。"③ 更为重要的是,辜鸿铭为中国文明做出了不朽贡献:"用终身思维工夫,评判东西文化,著成《春秋大义》(原文为《中国民族之精神》),替吾辈

---

① 林语堂:《〈论语译英文〉序(节录)》,黄兴涛编《旷世怪杰》,东方出版中心1998年版,第78页。
② 王森然:《辜鸿铭先生评传》,黄兴涛编《旷世怪杰》,东方出版中心1998年版,第89页。
③ 王森然:《辜鸿铭先生评传》,黄兴涛编《旷世怪杰》,东方出版中心1998年版,第93页。

揭要发凡，点出要着，亦世之难能可贵者。"①

　　同代人对辜鸿铭的观感也影响了后世研究者对于辜鸿铭的再认知，当然，后来者的评价，无论是肯定还是否定，都因为代际的间隔而少了一分同辈人的嬉笑怒骂，多了一分晚辈后生对于前辈学者的敬重与同情。张中行即以同情之心来评说辜鸿铭之"怪"，乃是世间稀缺的一种真性情："辜鸿铭的特点是'怪'。怪的言行，有些有佯狂成分，那是大缺点。但有些来于愤世嫉俗，就间或可取，至少是还好玩。辜氏好骂人，骂得痛快。痛快，值得听听，却不容易听到，尤其是在时兴背诵'圣代即今多雨露'的时代。痛快的骂来于怪，所以，纵使怪有可笑的一面，我们总当承认，它还有可爱的一面。这可爱还可以找到更为有力的理由，是怪经常是自然流露，也就是鲜明的个性或真挚的性情的显现。而这鲜明，这真挚，世间的任何时代，总嫌太少。有时少而至于无，那就真成为'广陵散'了。"② 张中行显然有感于当下，借辜鸿铭发思古之幽情。当代辜鸿铭研究专家黄兴涛同样以"怪"为切入点，推出了关于辜鸿铭的系列研究成果，《文化怪杰辜鸿铭》（1995 年）、《闲话辜鸿铭》（1997 年）以及《旷世怪杰——名人笔下的辜鸿铭　辜鸿铭笔下的名人》（1998 年），大致属于同一种思维模式下的成果。其中的一篇引言即以"众口一词：怪哉！"为标题，寥寥数语即道出了作者及世人对辜鸿铭的印象："辜鸿铭是近代中国学界文坛的一大怪人，尊之者誉作'怪杰'，毁之者称为'怪物'，他的古怪离奇让人诧异，逸闻佚事令人捧腹。"③ 毋庸讳言，"怪"是辜鸿铭示于人的典型特征，也是人们最感兴趣的部分。而以"怪"为着眼点的辜鸿铭研究，也使得这个淹没在历史深处的人物迅速进入人

---

① 王森然：《辜鸿铭先生评传》，黄兴涛编《旷世怪杰》，东方出版中心 1998 年版，第 91 页。

② 张中行：《辜鸿铭》，黄兴涛编《旷世怪杰》，东方出版中心 1998 年版，第 238 页。

③ 黄兴涛：《闲话辜鸿铭·引言》，《闲话辜鸿铭》，海南出版社 1997 年版。

们的视野，引发了人们的兴趣，也启动了后世学界的研究热忱。

2. "闲话"式评说

"怪"是世人对于辜鸿铭生前逝后最深刻的印象和最基本的定位。与"怪"的定位相匹配，"闲话"式评说，搜罗铺陈逸闻趣事，也成为言说辜鸿铭的主要方式。从 1919 年胡适以"随感录"的形式发表有关辜鸿铭的观感伊始，至 1934 年林语堂在《人间世》杂志推出"辜鸿铭特辑"，形成一个小高峰。时人对于辜鸿铭的评说，尤其是对辜鸿铭逝后的回忆性、追述性文字，基本都是以亲见或耳闻的逸闻趣事形式来勾陈辜鸿铭生前的传奇形象。其中包括辜鸿铭任教北大期间很多同仁的回忆，如胡适所回忆的辜鸿铭的辫子趣闻、国会贿选时卖选票买笑的故事；梁实秋所讲的辜鸿铭以茶壶茶杯作比的多妻论、以背诵为主的英文养成论以及辜鸿铭书法中的别字、喜征逐之乐、不修边幅，患贫却好接济乞丐等；周作人则谈到辜鸿铭挽留蔡元培校长的趣事；梁漱溟追忆曾在北大教员休息室"遭遇辜鸿铭"的趣事；冯友兰回忆五四前北大开学典礼上辜鸿铭的发言；蔡元培则忆及辛亥革命那一年，所听到的辜鸿铭在南洋公学因发表反革命言论被学生围攻，愤而辞职的新闻；还包括当时北大学生如罗家伦、许德珩回忆的发生在课堂上的趣事。

与胡适、陈独秀等五四新青年派对于辜鸿铭的"讥议"式评判不同，辜鸿铭的同僚、同道、好友如罗振玉、赵凤昌等则从正面谈辜鸿铭的思想和政绩。罗振玉在《外务部左丞辜君传》中历数了辜鸿铭身为张之洞幕僚时期的业绩，尤其是在办理洋务中显示出的不凡能力。令罗振玉钦佩的更有辜鸿铭威武不屈、贫贱不移的气节和操守："生平无积蓄，国变后，贫不能自存，而救世之志不稍挫。每以欧文论时事，侃侃无所避忌。列强争传诵，虽惮其严正，未尝不心折也。"① 罗振玉

---

① 罗振玉：《外务部左丞辜君传》，黄兴涛编《旷世怪杰》，东方出版中心 1998 年版，第 10 页。

称辜鸿铭为"醇儒",对其寝馈于六经子史的治学精神、学术造诣以及以言论影响于战后世界的功绩赞佩有加,称之为"天下之至文,沉疴之药石",尤其是鸿铭由学识达到的预见性,更令罗振玉佩服:"至君论事于二十年前,而一一验于二十年后,有如蓍龟,此孔子所谓'百世可知',益以见其学其识洞明无爽。予称之为醇儒之非诬也。""乃知天之生君,将以为卫道之干城,警世之木铎,其否泰通塞固不仅系于一人一国也。"[①] 辜鸿铭的同僚赵凤昌也称赞辜鸿铭对中土文化传统的承传:"所见留学外国人才夥矣,卓然以古书传中土君子自命者,以鸿铭为尤绝特可异。"[②]

　　五四时期,与提倡新文化运动和文学革命的新青年派相对立,持文化保守主义的学者则纷纷从思想、学术、性情等方面赞誉辜鸿铭的成就,辨析辜鸿铭的成败得失。其中以新人文主义倡导者吴宓在《悼辜鸿铭先生》中的评价最为全面、客观和公允。吴宓的评价虽然带着"新人文主义"的隐形眼镜,但对于辜鸿铭的评判不溢美、不饰过,可谓"盖棺之论"。吴宓认为,对于辜鸿铭,国人只知道他行事怪癖,思想奇特,精通多国文字,这是对辜鸿铭的不重视,仅仅是事实的一部分。辜鸿铭最重要的部分,最可贵的价值乃是对中国道德文化的信仰和对西方功利主义、个人主义和帝国主义的痛斥:

　　　　平心而论,辜氏于中国之道德文化,具坚深之信仰,是其卓见;于西方之功利主义个人主义帝国主义痛斥不遗余力,且能以流畅犀利之英文文笔表达之,是其特长。对国家世界,其功自不可没。然辜氏初非渊博通达、深思明辨之学者,于中国之文化学术,及西方之思想精神,均不能深窥底蕴,故其言论多武断偏激,偶有真知灼见,亦系得之偶然,而缺乏系统之创

---

① 罗振玉:《醇儒辜鸿铭——序〈读易草堂文集〉》,黄兴涛编《旷世怪杰》,东方出版中心1998年版,第12页。
② 赵凤昌:《国学辜汤生传》,黄兴涛编《旷世怪杰》,东方出版中心1998年版,第83页。

作及深厚之修养。其人之品性及行事亦多缺失。傲睨一切,诙谐谩骂,放荡不恭,决非崇奉人文主义而苦心化世者所宜出,决不足为今日中国及未来世界精神之师表。是故吾人之于辜氏,毁之固属无当,而尊之亦不宜太过。辜氏譬如有用之兴奋剂,足以刺激,使一种麻痹之人觉醒;而非滋补培养之良药,使病者元气恢复、健康增进也。①

吴宓对于辜鸿铭思想的西学渊源有着深刻的了解,正是基于这种深刻的思想了解,才能对辜鸿铭深为国人所诟病的东西方文化观做出中肯而精准的评判。吴宓指出辜鸿铭自幼接受的是英国教育,尤其身受卡莱尔、安诺德、罗斯金及美国艾默生思想的影响,这也成为辜鸿铭接受中国文化的透镜。或者说辜鸿铭对中国思想的阐释和发明是一种由西到中的逆向性理解过程,是一种辜鸿铭式的中国文化和思想:"辜氏一生之根本主张及态度,实得之于此诸家之著作,而非得直接之中国经史旧籍。其尊崇儒家,提倡中国之礼教道德精神,亦缘一己之思想见解确立之后,返而求之中国学术文明。"② 吴宓深刻地省察到,辜鸿铭奇言怪行背后的深层痛楚和深刻动机,乃是中国近代以来知识分子共有的忧患意识和爱国情怀:"盖辜氏久居外国,深痛中国国弱民贫,见侮于外人,又鉴于东邻日本维新富强之壮迹,于是国家之观念深,爱中国之心炽,而阐明国粹,表彰中国道德礼教之责任心,乃愈发牢固不拔,行之终身,无缩无倦。此实辜氏思想学说真正之渊源。"正是这种爱国意识酿成了他在世人眼中的怪言怪行,吴宓主张不应以"顽旧"来对待他:"故辜氏生平痛恨中国人(尤以留学生为甚)之吐弃旧学,蔑视国俗。而以感情所激,趋彼极端,遂至力主忠君,长戴

① 吴宓:《悼辜鸿铭先生》,黄兴涛编《旷世怪杰》,东方出版中心 1998 年版,第 3、4 页。
② 吴宓:《悼辜鸿铭先生》,黄兴涛编《旷世怪杰》,东方出版中心 1998 年版,第 4 页。

辫发，自比遗老。而其晚年最崇拜日本，乐居彼邦，亦可借此说明。盖皆热烈之爱国主义所酿成者也（吾国今日爱国之士应洞察此层，勿徒以顽旧讥斥辜氏。）"① 吴宓的评价是一种实事求是、辩证中肯的评价。

总体而言，关于辜鸿铭，正面言说终究是少数，最有光彩、最有吸引力的文字还是逸闻趣事中的辜鸿铭及其奇行怪事。一直到20世纪90年代中期之后，在勃然兴起的辜鸿铭研究热中，黄兴涛以《闲话辜鸿铭》为代表的系列研究，基本把这种"闲话"式言说方式固定化了。

3. 刘中树"正说"辜鸿铭

学界对于辜鸿铭学术思想的正面研究虽然也不绝如缕，尤其是新时期以来的研究，"使辜鸿铭形象不断从历史遮蔽之所走向现实澄明之境"，但是相对于铺天盖地的逸事评说，正面评价还是稍显单薄了些，对于这种以"怪"为核心形成的"闲话"评说方式，刘中树先生指出了弊端："从胡适的《记辜鸿铭》（最早发表于1935年8月1日的《大公报·文艺副刊》）一文开始，都把轶事之'怪'作为辜鸿铭轶事评价的核心，几乎是一'怪'障目。如兴锺的《怪文人辜鸿铭》从辜鸿铭为人之怪起笔，由外而内，从小到大，从其写字之怪而至为文之怪，再到性格之怪、思想之怪，最后把辜鸿铭的特点，以一'怪'字概而言之。"② 因此，寻找恰切的参照系，给予辜鸿铭以文化现象和文化资源的深层透视，仍是辜鸿铭研究的深度需求，刘中树等所著《辜鸿铭与中国近现代思想文化》（生活·读书·新知三联书店2015年版）即是基于上述认知的一种正面言说和深度认知。

---

① 吴宓：《悼辜鸿铭先生》，黄兴涛编《旷世怪杰》，东方出版中心1998年版，第5页。
② 刘中树、付兰梅、吴景明：《辜鸿铭与中国近现代思想文化》，生活·读书·新知三联书店2015年版，第334、323页。

深度认知不必援引前卫、新异的理论做透视镜。新理论固然容易导致新发现,但也容易使研究对象被新式理论所化、所淹,甚至成为新式理论的注脚。刘中树先生的辜鸿铭研究一开始便立意遵循一种"常道",以"知人论世"的方式达成对历史人物真切、完整、历史的定位:"所谓'知人论世',就是要想鉴别这个人,你要想议论这个世事的得失,就必须把这个人、把他的历史行为放到这个历史时代里面,放到他所处的历史时代里面来进行分析研究,才能够了解他的文,才能够了解他这个人。"这就是"知人论世",也是为学的"常道"。① 知人论世的核心力量在于"史识"。刘中树在治学之道中一再强调史识的重要性,称"史识是史家、史著的灵魂",这里的"史识"既包括历史人物的史识,又包括研究者的史识,对历史人物的科学认知所需要的是史家卓越的史识,并由这一科学史识达到对研究对象的透视和辨析,文学研究正是这样一个不断发展的知识、识见和判断的体系,而"养成科学的富有真知灼见的史识的灵魂,则是马克思主义实践的、辩证的唯物史观"②。正是以这种科学的史观和卓越的辨识能力,在世人争说的奇谈怪论和奇闻趣事之外,刘中树以知人论世的方式全方位地、正面地、系统地考察辜鸿铭的世界观、人生体验、学识才能、学术品格、理论思想、思维方式以及由此所支配的人物的历史行为和历史影响,进而达成了对辜鸿铭自身史识的深刻认知,即以"良民宗教""良治秩序""君子之道"为核心的政治、历史、思想文化观,以及"尊王崇孔宣儒扩展"的文化认同。对辜鸿铭的社会历史文化观做出准确定位是进一步分析其内涵,评判其价值的基础。刘中树的辜鸿铭研究以深刻的认识力、洞察力、判断力达成了对对象本质的评析:辜鸿铭所强调的"良民宗教"就是"孝悌之教""忠诚之教",强调一种道德的生

---

① 刘中树:《治学之道》,长春出版社 2014 年版,第 24~25 页。
② 刘中树:《刘中树文学论集》(二),吉林出版集团有限责任公司 2008 年版,第 108 页。

活。有了"良民"就有了中国的和平、安宁与秩序，辜鸿铭认定中国的"良民宗教"也是解决第一次世界大战后世界文明难题的钥匙。"良民宗教"的理想社会是"良治秩序"的社会。一个国家，一个朝代的"良治秩序"应该表现为政治清明，社会井然有序，人民遵纪守法。而以孔子学说为核心意旨的儒学则是实现"良治秩序"的唯一途径。辜鸿铭认定孔子学说为中国人建立了真正的国家观念，给中国人创立了一个宗教——国家宗教。儒学"国教"就是以名分为主旨的君子之道，已成为中国人的信仰，它的规范为全民族所遵从，养成了真正的中国人、真正的中国精神。在厘清了辜鸿铭的政治、思想、文化、历史价值观的内涵之后，刘中树进一步对其做出了辩证的价值评判，首先是对辜鸿铭这一"保守的、虚幻的、倒退的"社会历史观给予批判："纵观辜鸿铭的人生道路，历史地审视他的著述言行，显现在那一特定历史时代思想文化大潮中的是一副执著于传统的复古主义者、忠诚于中国君主政治和以孔子学说为核心意旨的儒学的封建制度维护者和拒斥西方现代文明的守旧的文化保守主义者的形象……他虽然在他所生活的历史时代在西方产生了一定的影响，但在国内却孤家寡人，特立独行，唱独角戏，少有应和，成为逆历史潮流而动的政治上的保守派、社会思想文化上反对现代文化的守旧者的可悲的寂寞的时代落伍者。"[①]　其次刘中树也指出了辜鸿铭独特的历史价值和现实意义所在："辜鸿铭真诚的愚妄的忠君思想和民族主义爱国言论、迷茫的虚妄的社会理想蓝图、执著的不无偏激而深刻的保守的文化见解、激进的独具己见的时事现实评论，都对人们逆向思考提出问题，以认识、把握人类社会形态和社会历史真谛有启发作用，对人们反思近现代世界包括中国社会历史文化现代化进程也有深刻启发。辜鸿铭通晓多国文字，了解世界国情，

---

① 刘中树、付兰梅、吴景明：《辜鸿铭与中国近现代思想文化·导论》，生活·读书·新知三联书店 2015 年版，第 13 页。

熟悉中西文化，对中西文化交流有别人不可替代的作用……他以自己通晓外文的优势，向西方翻译介绍《论语》、《中庸》等儒学典籍，与西方中国学学者讨论儒学、中国文明的论辩文字，对向西方传播中国文化作出了开创、推动的历史贡献。"① 相对于学界辜鸿铭研究中纷纷攘攘以"怪"为定位的历史琐谈和闲话评说风潮，刘中树的辜鸿铭研究，无疑是一种深刻的、全方位的正面研究，可谓一种"正说"，是知人论世，以自身卓越的史识对辜鸿铭做出的科学而完整的历史定位和评判。

二 鲁迅与五四：显性的价值参照系

刘中树的辜鸿铭研究实现了双重的学术跃迁，一是自身学术研究视野的有效开拓，二是由这种跃迁所表征的现代文学研究界对固化思维模式的反思，在刘中树的这种反思性跃迁中，鲁迅与五四精神，始终是一种显性的价值参照系。

刘中树在现代文学学术界最突出的贡献即体现在他的鲁迅研究中。作为坚定的马克思主义信仰者，刘中树青年时代就投身革命，并在学术研究中始终追随鲁迅，他用"学习马列，心仪鲁迅"来概括自己的学术和人生道路。早在1977年，刘中树就在承担《鲁迅全集》的部分注释任务基础上出版了《鲁迅年谱简编》。新时期以来，鲁迅研究界出现了一批优秀成果，刘中树的《鲁迅的文学观》（吉林大学出版社1986年版）即是此一时期最美丽的创获之一，曾被著名学者袁良骏誉为"此类著作的第一本"②。1999年出版的《〈呐喊〉〈彷徨〉艺术论》（吉林大学出版社）是刘中树先生常年沉潜于鲁迅研究世界中的寻幽览胜之作，是从鲁迅的思想转而深入其美学

---

① 刘中树、付兰梅、吴景明：《辜鸿铭与中国近现代思想文化·导论》，生活·读书·新知三联书店2015年版，第14页。

② 袁良骏：《当代鲁迅研究史》，陕西人民教育出版社1992年版，第446~447页。

艺术的深刻体悟和精彩解读。要而言之，刘中树不但以马克思主义辩证唯物主义、历史唯物主义的历史的、逻辑的、审美的分析方法建构起了自己独到的鲁迅研究世界，更把鲁迅精神融入自己的精神人格中。"鲁迅"包括鲁迅所表征的"五四精神"，已经成为刘中树先生为人、为学的显性价值参照系。

从鲁迅研究到辜鸿铭研究，从一位伟大的思想启蒙者、五四精神的代表者，一位对中国传统思想文化持激烈批判态度的反抗者，到一位特立独行的，中国固有政治、思想、文化、行为上的坚决捍卫者以及五四的批判者，刘中树的研究实现了视野的大转换和大拓展，而正是在这样近乎两极的参照中，取得了创获性研究成果。从鲁迅研究、五四新文化和文学革命研究到辜鸿铭研究，这不仅仅是刘中树先生自身学术视野的一种跃迁，也内蕴着现代文学研究界对既有思维模式的反思与转换。长期以来，中国现代文学/新文学研究界所持守的是五四思想启蒙和文化/文学革命的价值立场，形成了激进/保守、革命/反动、进步/落后乃至于"敌/我"的二元对立思维模式。以这种"五四式"思维模式建构起来的新文学史和现代文学史固然强化了进步、革命的新文学价值，但也在一定程度上消减了历史的丰富性、多样性以及对话性。在中国政治、思想、文化及文学的现代转型过程中，思想革命派、文化激进派固然是推动历史嬗变和前进的主要动力，但是文化守旧派和保守派也并非仅仅是历史的负累，并非只有被打倒或遭漠视的价值，而是在与新派的论争中，在固有价值的持守中，同样参与了思想文化和文学的现代转型进程。因此，如何走出历史的峡谷，在继承五四精神的同时走出二元思维模式，从单一的五四价值立场走向一种更为宽容的"大五四观"，是现代文学研究界长期以来面临的一种思维模式的转换。

关于辜鸿铭研究，刘中树先生谈到了自己的思考和发现过程："我在探讨 20 世纪中国文学从古代文学向现代文学转进的现代转型过程中，思考了康有为、严复、梁启超、王国维、陈季同、韩邦庆等的理论主张和文学创作的历史意义和影响，思考了作为五四新文化与新文学运动的代表人物蔡元培、胡适、陈独秀、李大钊、鲁迅、周作人的思想和创作对五四新文化与新文学的创生和发展，对新思潮的宣传介绍的作用……在接触与此相关联的晚清与近代的思想文化问题时，感到辜鸿铭作为政治上和文化上的双重保守主义者，以其'学贯中西'却在政治和文化上极端保守而著称，如何给他在晚清和近代中国的思想文化史上定位，这对我们深入认识晚清与近代保守主义与激进主义思潮的论争，对我们深入认识中国文学从古代文学向新文学的现代转型过程，都是不能忽略的。"① 由上述论述可知，刘中树的思考已经进入一种多维视角，一方面是认证五四新文化运动和文学革命发动者的正面价值，另一方面又意识到五四反对派的理论主张对于理解现代转型的不可或缺性。正是本着对中国现代历程进程全方位深入了解的态度，刘中树以"知人论世"的治学理念对辜鸿铭的政治文化思想做出了真切的、完整的、历史的定位和辩证分析。

在刘中树的辜鸿铭研究中，"辜鸿铭与鲁迅两极文化认同比较研究"是其中最为精彩的篇章之一，具有开拓性意义。刘中树从中国和世界历史进程的大处和深处着眼，探寻鲁迅和辜鸿铭两极文化认同之成因，指出中国自鸦片战争以来面临的"数千年未有之变局"（李鸿章语）以及西方新世界的发现和中国社会政治思想文化的普遍认同危机，促使中国的知识精英们怀着忧患意识思考中国的自强之路，于是，"文化激进主义和文化守成主义成为近现代中国知识精英们在传统与现代、中国与西方思想文化选择的两极的文化认同"。"在文化激进主义者中，鲁迅常常被视为最激进的文化激进主义者；辜鸿铭在文化守成主义者中也被视为最保守的文化守成主义者。在

---

① 刘中树：《治学之道》，长春出版社 2014 年版，第 79～80 页。

中国近现代社会思想文化史上，鲁迅和辜鸿铭也是各自阵营中的独异者。鲁迅以其'立人批孔非儒拿来'的文化认同，辜鸿铭以其'尊王崇孔宣儒扩展'的文化认同，实践各自的思想文化理念，产生了深刻的历史影响。"① 这种两相比照中的定位是精准而精彩的。在此基础之上，刘中树进一步明确辨析其中各个成分的含义及逻辑关系，对于鲁迅而言，"立人"是鲁迅文化认同的思想核心；"批儒非孔"是鲁迅实现"立人"之道的思想文化建构的首选矢的、首要任务；"拿来"则是他实践文化认同的有效行径。对于辜鸿铭而言，"道德立国"和"文明扩展"是其文化认同的思想核心；辜鸿铭的"尊王"，就是期望建立一个以"良民宗教""良治秩序""君子之道"的社会历史文化观支配的统治政权，他笃信以孔子学说为核心的儒家传统文明和社会秩序是一个永远不会消亡的道德文明和真正的社会秩序。辜鸿铭的"扩展"本质是道德和心灵上的"门户开放"。在彼此的映衬参照中，鲁迅和辜鸿铭各自的思想文化理念都得到了更为鲜明的呈现。同时，拿鲁迅和辜鸿铭做这样的比照性解读，这本身就是"正说"辜鸿铭的一种有力方式。当然，作为"正说"，更为重要的还是要对其政治思想文化理念做出科学辩证的评价，而不仅仅是由鲁迅之"是"比对出辜鸿铭之"非"。刘中树深刻地指出，鲁迅和辜鸿铭尽管走向了文化认同的"两极"，但有一个共同的深层诉求——民族国家的兴亡，以及基于这一深层诉求而来的民族责任感和忧患意识："最激进和最保守的文化认同都是建立在对传统文化价值的重估之上的，鲁迅和辜鸿铭的不同在于鲁迅的重估是处于对中国走向现代化的诉求；而辜鸿铭的重估则是希望以此拯救人类文明的'现代病'。无论鲁迅的'反'传统，还是辜鸿铭的'返'传统，都是处于为中国文化转型寻找出路的思考与焦虑。"② 这可谓

① 刘中树：《治学之道》，长春出版社 2014 年版，第 80 页。
② 刘中树：《治学之道》，长春出版社 2014 年版，第 81 页。

对辜鸿铭,也是对鲁迅最为知心的评价。

把鲁迅和辜鸿铭置于文化认同的两极,固然是深刻辨识二者思想文化特质的一个有效方式,但也产生了一定的遮蔽性。这里"文化两极"说在著作中明确指出是借用了杜维明的理论:"所谓'文化两极'实在即指因为'认同'与'适应'两个范畴的不兼容性,而导致内部的分裂与矛盾。这些分裂与矛盾,使得拥有同一文化的自觉分子,采取了两条互相冲突与排斥的途径。"以此为理论基点,著作认为:"在中国近现代社会爆发全面认同危机之时,辜鸿铭和鲁迅以其独特的两极文化认同为那个时代和彼此作了最好的注脚,成为'互补的同代人'。"① 杜维明的"文化两极论"是否存在着漏洞且不说,单就辜鸿铭和鲁迅而言,把二者看作同一文化内部的分裂,从而构成了"最保守"与"最激进"的文化两极,还是值得商榷的。首先,鲁迅和辜鸿铭并不拥有同一种文化,毋宁说,二者的文化基质和文化底色是大为不同的。对于辜鸿铭而言,西方文化,具体而言,以英国、德国为主体的欧洲文化才是辜鸿铭的文化基质和思想本源;中国本土传统文化,尽管他也刻意苦读浸淫多年,有了深入的了解,并为之辩护,为之倾心,但终究还是西方文化认知底色上的彩绘,或者说是被辜鸿铭的西方文化思想不自觉染色的传统。因此,辜鸿铭猛烈批判西方文化,自己仍置身其中,而对他极力维护的母国传统文化,则始终是隔膜的。吴宓即认为辜鸿铭并不是渊博通达、深思明辨的学者:"于中国之文化学术,及西方之思想精神,均不能深窥底蕴,故其言论多武断偏激,偶有真知卓见,亦系得知偶然,而缺乏系统之创作及深厚之修养。"② 刘中树先生也有相似的认同,认为"辜鸿铭对世界历史变迁和中国社会历史的议论,往往为符合他的'良治秩序'观而具有很强的随意性,比如他说中

---

① 刘中树、付兰梅、吴景明:《辜鸿铭与中国近现代思想文化》,生活·读书·新知三联书店2015年版,第141~142页。
② 吴宓:《悼辜鸿铭先生》,黄兴涛编《旷世怪杰》,东方出版中心1998年版,第4页。

国在汉高祖时就进入了真正的民主时代，说满人统治使中国变成了一个美丽的国家，都不啻为胡言乱语，他对牛津运动与清流党的比较论述也多有牵强附会之意"①。说到底，西方文化始终是辜鸿铭的文化思想的本源。鲁迅正好相反，其自幼浸淫的传统文化是其基本底色和基质，虽然鲁迅对其做激烈的批判，但始终未能从情感和理性上超离。同时，鲁迅对他所认同并主张"拿来"的西方思想文化也不乏冷眼静观和批判。因此，从二者对于各自的本源文化和次生文化的情与理的认同和纠结看，很难说辜鸿铭和鲁迅的思想观念属于一种文化的两极认同，毋宁说，二者是由中西两种文化出发，基于各自的救世理想所达成的对中国传统文化的两种截然不同的认知。

参照系的确立，从根本上讲就是研究者立场的投射。刘中树的辜鸿铭研究始终以五四、鲁迅作为显在的参照系，坚守的是一种新文化的立场、革命的价值。作为坚定的马克思主义者，刘中树青年时代就投身革命，并在学术研究中始终追随鲁迅，对于中国的历史、政治、思想、文化和文学的历史足音有着敏锐的直觉，在中国历史现代转型进程中哪些是引领历史的主导性力量、进步性力量，刘中树的认知是明了而坚确的。正是这种坚确明了的历史认知，使得刘中树的辜鸿铭研究和 20 世纪 90 年代的辜鸿铭研究拉开了一定的距离，建立了自己的研究方式。兴起于 20 世纪 90 年代的辜鸿铭研究，因为一个特定时代的文化思想语境而别有深意。20 世纪 90 年代以来，新保守主义的兴起、当代民族主义的勃兴、国学热等，都成了发现和透视辜鸿铭的滤镜。随着《中国人的精神》中译本的畅销，"1996 年成了辜鸿铭年"，辜鸿铭甚至成了"这个时代的'文化英雄'"②。辜鸿铭热，包括很多五四时期文化保守主义研究的热潮，都深植于这种时代文化氛围中，即对于"文化激进主义"的反思，

---

① 刘中树、付兰梅、吴景明：《辜鸿铭与中国近现代思想文化·导论》，生活·读书·新知三联书店 2015 年版，第 9 页。

② 杨念群：《我们这个时代的"文化英雄"》，《读书》2000 年第 8 期。

这种反思透过现实直达不远的历史深处，构成对于五四新文化运动和文学革命的检视，甚至从五四到"文革"，形成了一个否定性的反思链条。在某种意义上，辜鸿铭成了顾左右而言他的一个问题，提升五四文化保守主义的价值，意在反思质疑五四的缺憾，恐怕才是其深层目的。过于切近、过于激切的现实意图往往又使得价值和意义层面的辜鸿铭再度变得迷离，甚至失真。因此，"闲话"中的辜鸿铭虽然热闹但终究是表象，探讨辜鸿铭及其文化保守主义的价值才是学界的深层意图和真正目的，而新兴的文化保守主义又是以反思五四、质疑鲁迅为另一副面相的。彼时学界有关"激进"和"保守"之间的思想激荡，引发了一系列的论争和省思，刘中树的"五四之思"也在此一时期得到深化和加强："在中国近现代史和中国现代文学史研究中，作为中国现代文学伟大开端的五四文学革命运动，它产生的历史渊源和现实根据是什么？怎样理解它的性质和指导思想？怎样评价它的功绩和历史局限？中国现代文学史怎样实现自身的现代化，而以崭新的面貌取代旧文学，出现在中国文学舞台上？五四文学革命的历史经验和教训是什么？"刘中树的这些思考正是学术界需要面对的问题，也是在反思五四、质疑鲁迅的世纪末的历史大潮中，必须正面回答的问题。刘中树的《五四文学革命运动史论》便是针对学界的诸多"奇谈怪论"做出的回答："只有五四文化革命和文学革命运动，才能开启中国现代新文化和新文学的历史进程。这一历史的史实和规律，是几个新名词和套用西方的人文主义杜撰的理论观点所无法改变的。"① 这是一个面对时代的坚定的、正面的回答。刘中树的辜鸿铭研究虽然是当下的成果，实际其思考的脉络仍接续着 20 世纪的这一反思大潮，而他以"正说"的方式研究辜鸿铭，也是对 20 世纪末思潮的一个远程回答。刘中树既没有立于单纯的五四立场把辜鸿铭依旧放置在反对派的位置做出完全否定的评价，

---

① 刘中树：《治学之道》，长春出版社 2014 年版，第 23 页。

也没有完全站在"同情"的立场对其做出完全肯定的评价，而是以对五四、对鲁迅以及对中国革命历史进程的深刻了解、透视这一历史进程中的独到个案，最终得出准确的、精辟的、辩证的、具有穿透力的见解和评判。

在治学道路上，刘中树由五四、鲁迅转向对辜鸿铭的价值分析评判，既不是站在前者的立场上对后者给予否定和批判，也不是立于后者的角度为其正名和辩护，而是以一种对话的姿态，在一个明确的坐标系中给予"最顽固"的反对派以"了解之同情"，历史的、客观的、辩证的分析其历史价值和局限，这，正代表着学界一种固有思维模式的转变。

三　大视野大格局中的定位

守正纳新的治学理念、知人论世的研究方法、马克思主义唯物辩证法的运用，是刘中树学术研究的一贯理路，也是其透视辜鸿铭的基本方法。刘中树对辜鸿铭所做出的精辟、科学的评判，除了上述这些朴素而有效的研究理念和研究方法外，还有赖于研究者大视野下的大格局。从研究伊始，刘中树就有意识地把辜鸿铭放置在中国所面临的"三千年未有之变局"以及风云际会的世界性大语境中，从中国与世界的政治、思想、文化的激荡、交锋、交往中去体会辜鸿铭独特思想和性情的生成。这既符合辜鸿铭"东西南北人"的人生实际，又反映了研究者的深邃史识。在《辜鸿铭与中国近现代思想文化》一书的导言中，刘中树在谈到"辜鸿铭历史行为的思想理论认识因缘"时，就是从中国近现代历史进程的大事件中缕析辜鸿铭的生平："辜鸿铭生于 1857 年（清咸丰七年），卒于 1928 年。正是 1840 第一次鸦片战争之后中国封建闭关自守大门被西方列强打开，中国社会由封建社会沦为半殖民地半封建社会的社会大变革的历史时期，中经太平天国运动（1851—1864）、第二次鸦片战争

(1856—1860,签订《天津条约》、《北京条约》)、洋务运动('同光新政',19 世纪 60 年代至 19 世纪 90 年代)、中法战争(1883—1885)、中日甲午战争(1894—1895,签订《马关条约》)、维新变法运动(1895—1898)、义和团运动(1899—1901)、八国联军进攻中国(1900—1901,签订《辛丑条约》)、日俄战争(1904—1905)、中国同盟会成立(1905)、光绪皇帝和慈禧太后死(1908)、辛亥革命(1911)、袁世凯称帝(1916)、第一次世界大战(1914—1918)、俄国十月革命(1917)、'五四'新文化运动(1917—1927)、'五四'爱国运动(1919)、中国共产党成立(1921)等社会历史事件,中国从资产阶级旧民主主义革命向新民主主义革命的历史转变。面对变革时代的历史现实,生在南洋、学在西洋、婚在东洋、仕在北洋的'东西南北人'的辜鸿铭的独有人生经历,造就了这位除了母语汉语,还熟练掌握英、法、德、拉丁语,通晓东西方社会、历史、文化,独钟于中国传统文化,具有自我深邃思想主张的人文学者。"把历史人物放到他所生存的历史时代中,从时代中探寻人物思想的生成,是一种典型的"知人论世"的认知方式,更体现了研究者高深的"史识"修养,由辜鸿铭所串联起的是中国自清末以来最为波诡云谲的历史风云,而正是在这一疾风骤雨的历史行程中,才能使生于这一历史、感于这一历史并思考着这一历史的历史人物辜鸿铭得到透彻的理解。

最能展现研究者大视野大格局的还是《辜鸿铭与中国近现代思想文化》一书的附录三"1840—1936 年社会历史文化场中的辜鸿铭与鲁迅",著者不但把研究视野拉长,纵向历史坐标轴一直延展到 1936 年,还设置了一个横向参照系——鲁迅,这样就把中国近现代思想文化史上"守成"与"激进"的两位代表人物同时放置在 1840~1936 年的中国社会历史文化场中进行扫描,这本身就是一个极具创意而又别有深意的比照方式,其潜在的话语是:两种近乎截然相反的思想文化认知,实际都内生于这样一个急剧变幻的历史风云之中，中国特有的历史语境造就了独特的历史个体。在本部分中，研究者几乎是用编年的方式，不但把这一时段中，作为历史行为主体的鲁迅与辜鸿铭的具体行为及相关事件，细密排列出来，而且把看似无关的诸多历史事件也条分缕析出来。诸如：1857 年中国第一个留英学生黄宽在爱丁堡大学医科毕业回国，后入广州博济医院行医，成为中国第一位西医，并开始培养中国国内第一代西医。又如：1890 年，梁启超拜康有为为师，从此告别旧学，走上了维新救国之路。1899 年 7 月，孙中山等在香港创办《中国日报》，该报是中国资产阶级革命派创办的第一份报纸。1903 年，浙江留日同乡会在日本创办《浙江潮》。上海《苏报》开始刊载宣传革命的文章。张炳麟发表《驳康有为论革命书》。邹容《革命军》一书在上海出版。清政府查封《苏报》。陈天华《猛回头》《警世钟》两书在东京相继出版。1905 年 8 月，同盟会在东京成立。1911 年，广州黄花岗起义。1919 年 10 月 10 日，武昌起义、辛亥革命爆发。1917 年 2 月，俄国发生资产阶级民主革命。1921 年 5 月 5 日，孙中山就任非常大总统。1921 年 7 月，中国共产党在上海召开了第一次全国代表大会，宣布中国共产党成立。1922 年 1 月到 1923 年 2 月，中国共产党发动和组织中国工人运动，出现了中国历史上第一次工人运动高潮。1922 年 1 月 21 日，共产国际在莫斯科召开远东各国共产党及民族革命团体第一次代表大会，瞿秋白等参加。1923 年 2 月，京汉铁路工人大罢工。1923 年 6 月，中国共产党在广州举行第三次代表大会，决定与国民党合作。1924 年 1 月 21 日，列宁逝世。1927 年 8 月 1 日，南昌起义爆发。1928 年 4 月，朱德与毛泽东井冈山会师。1931 年 11 月 7 日，中华苏维埃第一次全国代表大会召开，中华苏维埃共和国临时中央政府成立，毛泽东被选为中央执行委员会主席。中央红军和根据地人民粉碎国民党蒋介石集团的第二次和第三次军事"围剿"。1934 年 10 月，中共中央机关和工农红军开始具有伟大历史意义的战略转移——二万五千里长征。1935 年 1 月 8 日，红军长征到达贵州遵义，在毛泽东的主持下召开遵义会议，是中国共产党历史上的伟大转折点。1935 年 10 月，中央红军到达陕北。1936 年 10 月，红军一、二、四方面军在甘肃会宁会师，长征结束。上述这些历史事件看似与辜鸿铭和鲁迅的关系不大，但提及它们正是刘中树辜鸿铭研究的独到之处和深邃之处。马克思主义唯物辩证法承认现象的普遍联系和互相制约，各种现象之间和每个现象之间的各个方面都是互相依赖和联系的，社会生活的各个方面也是相互联系着的。而这样的一个网格设置，不但把鲁迅和辜鸿铭放置在中国历史的近现代转型进程中，还使得二者与世界的、中国自身的革命历史进程，尤其是无产阶级历史进程产生了深层的关联，而这也正体现了刘中树身为马克思主义者和无产阶级革命者的独到关怀所在。如果说，鲁迅和五四是辜鸿铭研究的显在参照系，那么中国无产阶级的革命历史进程，则是其不可或缺的潜在参照系。

刘中树以中国与世界的总体历史进程作为透视辜鸿铭这一历史个体的大参照系，剖析其文化思想生成的来龙去脉、前因后果，使得这一独特的、无法归类以至于长时间被学界孤立出来的文化、思想个体及现象，重新获得了与中国乃至世界文化思潮和社会生活的深层关联。而在这一大的历史脉络中，辜鸿铭的价值和意义以及怪诞不羁的言论行为也得到了更为鲜明有效、更为深切、更为合理的阐释。

参考文献

一 报刊史料

《甲寅》(月刊)第 1 号至第 10 号，1914 年创刊，甲寅杂志社印刷发行。

《新青年》(月刊)第 1 卷至第 9 卷，1915 年创刊，上海群益书社印行。

《每周评论》第 1 期至第 37 期，1918 年创刊，每周评论社编辑及发行。

《新申报·蠢叟丛谈》，1919 年至 1920 年。

《甲寅》周刊第 1 号至第 45 号，1925 年创刊，甲寅周刊社发行。

《学衡》第 1 期至第 79 期，1922 年创刊，中华书局印刷，学衡杂志社编辑兼发行。

二 文集、著作、日记、年谱

马其昶：《抱润轩文集》，1909 年石印本。

林纾：《畏庐文集》，商务印书馆 1923 年版。

林纾：《畏庐续集》，商务印书馆 1927 年版。

林纾：《畏庐三集》，商务印书馆 1927 年版。

林纾：《畏庐诗存》，商务印书馆 1931 年版。

胡适编选《中国新文学大系·建设理论集》，上海良友图书印刷公司 1935 年版。

郑振铎编选《中国新文学大系·文学论争集》，上海良友图书印刷公司 1935 年版。

朱羲胄述编《贞文先生学行记》，世界书局 1949 年版。

朱羲胄述编《春觉斋著述记》，世界书局 1949 年版。

《章炳麟论学集》，北京师范大学出版社 1982 年版。

姚永朴：《文学研究法》，许振轩校点，黄山书社出版 1989 年版。

梁启超：《清代学术概论》，《饮冰室合集·专集之三十四》，中华书局 1989 年版。

朱羲胄编《林畏庐先生年谱》，上海书店 1989 年影印。

李家骥等整理《林纾诗文选》，商务印书馆 1993 年版。

高平叔：《蔡元培年谱长编》（上、中、下），人民教育出版社 1996 年版。

辜鸿铭：《辜鸿铭文集》（上、下），黄兴涛等译，海南出版社 1996 年版。

章太炎撰，陈平原导读《国故论衡·文学总略》，上海古籍出版社 2003 年版。

胡适：《五十年来中国之文学》，《胡适全集》第 2 卷，安徽教育出版社 2003 年版。

严复：《严复全集》卷八，福建教育出版社 2014 年版。

周作人：《周作人自编文集》，止庵校订，河北教育出版社 2002 年版。

鲁迅：《鲁迅全集》，人民文学出版社 2005 年版。

林纾：《林纾文选（注释本)》，百花文艺出版社 2006 年版。

姚永概：《慎宜轩日记》，沈寂等标点，黄山书社 2010 年版。

孙应祥：《严复年谱》，福建人民出版社 2014 年版。

张旭、车树昇编著《林纾年谱长编》，福建教育出版社 2014 年版。

三　近人研究著作

陈子展：《中国近代文学之变迁》，中华书局 1929 年版。

陈子展：《最近三十年中国文学史》，太平洋书店 1930 年版。

钱基博：《现代中国文学史》，世界书局 1932 年版。

李何林编著《近二十年中国文艺思潮论》，生活书店 1938 年版。

王瑶：《中国新文学史稿》，开明书店 1951 年版。

张毕来：《新文学史纲》，人民文学出版社 1955 年版。

丁易：《中国现代文学史略》，作家出版社 1955 年版。

傅乐诗等：《近代中国思想人物论——保守主义》，时报文化出版事业有限公司 1980 年版。

钱钟书等：《林纾的翻译》，商务印书馆 1981 年版。

钱理群、温儒敏、吴福辉、王超冰：《中国现代文学三十年》，上海文艺出版社 1987 年版。

〔美〕艾恺：《世界范围内的反现代化思潮——论文化守成主义》，贵州人民出版社 1991 年版。

钱锺书：《石语》，中国社会科学出版社 1996 年版。

阿英：《晚清小说史》，东方出版社 1996 年版。

黄兴涛：《闲话辜鸿铭》，海南出版社 1997 年版。

孔范今：《走出历史的峡谷》，山东文艺出版社 1997 年版。

陈平原、夏晓虹编《二十世纪中国小说理论资料》第 1 卷，北京大学出版社 1997 年版。

关爱和：《古典主义的终结》，上海文艺出版社 1998 年版。

黄兴涛编《旷世怪杰》，东方出版中心 1998 年版。

沈卫威：《回眸"学衡派"——文化保守主义的现代命运》，人民文学出版社 1999 年版。

喻大华：《晚清文化保守主义思潮研究》，人民出版社 2001 年版。

杨联芬：《晚清至五四：中国文学现代性的发生》，北京大学出版社 2003 年版。

陈平原：《从文人之文到学者之文》，生活·读书·新知三联书店 2004 年版。

关爱和：《中国近代文学论集》，中华书局 2006 年版。

刘黎红：《五四文化保守主义思潮研究》，中国社会科学出版社 2006 年版。

张俊才：《林纾评传》，中华书局 2007 年版。

张宝明：《多维视野下的〈新青年〉研究》，商务印书馆 2007 年版。

沈卫威：《“学衡派”谱系——历史与叙事》，江西教育出版社 2007 年版。

朱寿桐：《新人文主义的中国影迹》，中国社会科学出版社 2009 年版。

薛绥之、张俊才编《林纾研究资料》，知识产权出版社 2010 年版。

钱理群：《与周氏兄弟相遇》，复旦大学出版社 2010 年版。

陈平原：《中国现代学术之建立——以章太炎、胡适之为中心》，北京大学出版社 2010 年版。

严家炎主编《二十世纪中国文学史》，高等教育出版社 2010 年版。

朱德发、魏建主编《现代中国文学通鉴（1900—2010）》，人民出版社 2012 年版。

温源宁：《不够知己》，江枫译，外语教学与研究出版社 2012 年版。

刘中树：《治学之道》，长春出版社 2014 年版。

张福贵：《文学史的命名与文学史观的反思》，北京大学出版社 2014 年版。

刘中树、付兰梅、吴景明：《辜鸿铭与中国近现代思想文化》，生活·读书·新知三联书店 2015 年版。

图书在版编目（CIP）数据

新文化与旧传统：五四文化守成派十论 / 王桂妹著
. -- 北京：社会科学文献出版社，2021.7
ISBN 978 - 7 - 5201 - 8338 - 3

Ⅰ.①新…　Ⅱ.①王…　Ⅲ.①五四运动 - 研究　Ⅳ.
①K261.107

中国版本图书馆 CIP 数据核字（2021）第 166560 号

新文化与旧传统
——五四文化守成派十论

著　　者 / 王桂妹

出 版 人 / 王利民
责任编辑 / 赵　晨
文稿编辑 / 韩欣楠

出　　版 / 社会科学文献出版社
　　　　　地址：北京市北三环中路甲 29 号院华龙大厦　邮编：100029
　　　　　网址：www. ssap. com. cn
发　　行 / 市场营销中心（010）59367081　59367083
印　　装 / 北京玺诚印务有限公司

规　　格 / 开　本：787mm × 1092mm　1/16
　　　　　印　张：17.25　字　数：231 千字
版　　次 / 2021 年 7 月第 1 版　2021 年 7 月第 1 次印刷
书　　号 / ISBN 978 - 7 - 5201 - 8338 - 3
定　　价 / 128.00 元